Freiheit erüben

Jörgen Smit, Georg Kühlewind,
Rudolf Treichler, Christof Lindenau

Freiheit erüben

Meditation in der Erkenntnispraxis der Anthroposophie

Verlag Freies Geistesleben

CIP-Titelaufnahme der Deutschen Bibliothek

Freiheit erüben: Meditation in d. Erkenntnispraxis d.
Anthroposophie / Jörgen Smit... – Stuttgart:
Verl. Freies Geistesleben, 1988

ISBN 3-7725-0762-x

NE: Smit, Jörgen [Mitverf.]

Einband: Michael Englert
© 1988 Verlag Freies Geistesleben GmbH, Stuttgart
Gesamtherstellung: Clausen & Bosse, Leck

Inhalt

Vorbemerkung

Den eigenen Lebensweg selbständig zu gestalten, ist heute das Bedürfnis von immer mehr Menschen. Daß es dazu einer inneren Freiheit bedarf, die das eigene Lebensschiff unabhängig von allen äußeren Instanzen zu steuern vermag, wird bald jeder bemerken, der sich um eine solche Lebensgestaltung bemüht. – Meditation bedeutet im anthroposophischen Sinne das Erringen dieser inneren Freiheit, die es ermöglicht, das eigene Menschsein wirklich zu entfalten. Meditation ist dabei nicht nur ein inneres Zur-Ruhe-Kommen, sondern sie erschließt gleichzeitig die Erkenntnis neuer Weltbereiche. Mit der verstärkten inneren Tätigkeit geht eine aktive Öffnung nach außen einher. Den anthroposophischen Meditationsweg zu beschreiten, erfordert jedoch Geduld und Ausdauer, denn nicht nur Erziehung, auch die Selbsterziehung will gelernt sein.

Die Autoren des vorliegenden Bandes möchten Erfahrungen und Erkenntnisse vermitteln, die sie selbst auf dem von Rudolf Steiner geschilderten Meditationsweg (etwa in dem Buch «Wie erlangt man Erkenntnisse der höheren Welten?») gemacht haben. Mit welcher Übung soll ich beginnen? Was muß ich tun, wenn es zunächst nicht geht? Welche Übungen ergänzen sich gegenseitig? Diese und andere Fragen stellen sich immer wieder; dabei will dieses Buch eine Hilfe sein.

Gleichzeitig wird aber der Meditationsweg in seinem Aufbau dargestellt. *Jörgen Smit* erschließt im einleitenden Beitrag einen Zugang zu den Stufen der höheren Erkenntnis und beschreibt Schritt für Schritt Übungen auf dem meditativen Erkenntnisweg der Anthroposophie.

Georg Kühlewind zeigt, daß es einer Schulung jener Aufmerksamkeitskräfte bedarf, die die Meditation überhaupt erst ermöglichen. Er beschreibt die Grundlagen und Entwicklungsbedingungen der meditativen Tätigkeit.

Rudolf Treichler schreibt als Arzt und Psychiater über den Lebenslauf des Menschen. Seelische Entwicklung und geistige Schulung stehen dabei in engem Zusammenhang. Auch können biographische Krisen durch geistige Hilfen überwunden werden.

Abschließend weist *Christof Lindenau* auf den sozialen Aspekt geistiger Entwicklung hin. Nicht nur uns selbst, sondern vor allem die Beziehungen zu den Mitmenschen und letztlich die ganze menschliche Gesellschaft gilt es zu verwandeln.

Allen gemeinsam ist das Anliegen, dem Leser einen Zugang zur Erübung der inneren Freiheit, zur Meditation und Erkenntnispraxis der Anthroposophie zu verschaffen.

Der Verlag

Jörgen Smit

Der meditative Erkenntnisweg
der Anthroposophie

Einleitung

In der folgenden Darstellung soll versucht werden, den meditativen Erkenntnisweg, den Rudolf Steiner für die Gegenwart ausführlich und umfassend begründet und entwickelt hat, in einigen Grundzügen durch eigene Erfahrungen zu beleuchten.

Der meditative Erkenntnisweg der Anthroposophie bildet eine direkte Fortsetzung der naturwissenschaftlichen Forschungsmethode. Mit der experimentellen, auf Sinnesbeobachtungen gestützten wissenschaftlichen Methode und der daran anschließenden Theoriebildung stößt man in bezug auf das *Wesen* des Menschen und der Welt an innere und äußere Grenzen, an denen keine befriedigenden Antworten mehr gefunden werden können. Die kritische Lage, in der die Menschen der Gegenwart sich in bezug auf das individuelle und soziale Leben und das Verhältnis zur Natur befinden, weist deutlich auf diese Aporie hin. Sie läßt sich nur dann überwinden, wenn an diesen Grenzen der Naturwissenschaft mit Hilfe neuer Fähigkeiten eine Bewußtseinserweiterung stattfindet. Dabei können sich den menschlichen Erkenntniskräften durch eine Umgestaltung des Denkens, Fühlens und Wollens neue Tatsachengebiete erschließen. Es geht also nicht um weitere «geniale» Theoriebildungen oder um subjektive, «mystische» Gefühlserlebnisse; entscheidend ist allein, ob ein Zugang zu den geistig-wesenhaften *Tatsachen* der Welt und des Menschen gefunden werden kann.

Jeder Mensch der Gegenwart befindet sich zunächst in einer *Kluft*, einer Spaltung von *Innenerlebnissen* und *Eindrücken der Außenwelt*. Beide ergeben, in der Form, in der sie sich zunächst darbieten, für die eindringliche Erkenntnisfrage nach dem Wesen des Menschen keine Erkenntnisse. Die Innenerlebnisse stellen in allen ihren Einzelinhalten Einwirkungen von Außenerlebnissen dar. Wenn ein bestimmter Inhalt dieser Innenerlebnisse als «Wesenskern» festgehalten werden soll, löst er sich bei genauerer Betrachtung als «Illusion» auf, oder er erweist sich als Summe mehrerer Außeneinwirkungen. Werden dagegen die Inhalte der Außenerlebnisse genauer geprüft, so sind sie immer von verschiedenen subjektiven Elementen der Innenwelt gefärbt und beeinflußt. Nach beiden Seiten ergibt sich zunächst ein Labyrinth von Unsicherheiten, Zweideutigkeiten oder völlige Unklarheit. Mit der Frage nach dem wahren Wesen des Menschen blickt man deshalb, sowohl bei den Innenerlebnissen wie bei den Eindrücken der Außenwelt, zunächst in eine Erkenntnis-*Finsternis*. Innerhalb dieser doppelten Finsternis ist freilich ein deutliches *Gefühl* der Existenz des eigenen Wesens vorhanden, aber keine zureichende Einsicht, was dieses Wesen wirklich ist, wie wenn man hinter einem Vorhang durch die Bewegungen des Vorhanges sicher weiß, daß da etwas vorhanden sein muß, ohne dieses Etwas direkt wahrnehmen und verstehen zu können.

Welches sind nun die Schritte eines Erkenntnisweges, der das Geistig-Wesenhafte im Inneren des Menschen mit dem Geistig-Wesenhaften der Außenwelt zusammenführt, so daß eine stufenweise Erhellung jener Finsternis und eine Überwindung der Kluft zwischen Innen und Außen erreicht werden können? Im folgenden sollen vier Hauptstufen auf diesem Erkenntnisweg charakterisiert werden:

1. Das Erleben des selbständigen Denkens durch Erhellung und Verstärkung der inneren Tätigkeit.

2. Entwicklung und Entfaltung einer lebendigen inneren Bildfähigkeit.

3. Herstellung eines «leeren» Bewußtseins als geistiges Resonanz-Organ, Entwicklung der Fähigkeit das Geistige zu «hören».

4. Wesenserfassung des menschlichen Inneren und der Umgebung, stufenweise Überwindung der Kluft zwischen dem Inneren und Äußeren in der Erkenntnis und im sozialen Leben.

Erhellung und Verstärkung des selbständigen Denkens

Eine erste Konzentrationsübung zur Erhellung und Verstärkung der Sicherheit des Denkens kann zu wichtigen Erfahrungen führen.

Man nehme für diese Konzentrationsübung einen ganz einfachen Gegenstand, z. B. ein Taschenmesser. Für eine kurze Zeit, etwa fünf Minuten, konzentriere man sich auf einfache Gedanken, die man bei der Betrachtung des Taschenmessers machen kann: Farbe, Form, Funktion, Herstellung, besondere Gestaltung des Taschenmessers zum Unterschied von anderen Messern, etc. – Alle anderen, nicht sachgemäßen Gedanken, die dabei auftauchen könnten, werden bewußt ferngehalten. Es kommt auf die Klarheit und Stärke der Konzentration an. Man geht in den Gedanken nur so weit, wie man selbst bewußt bestimmt, man denkt nur so viele Gedankeninhalte, wie man selbst hervorbringen will. Es gibt keine Regel oder Verpflichtung, was und wieviel man denken sollte. Es kommt nur auf die eigene Tätigkeit, Klarheit und sachliche Sicherheit an.

Wenn man diese Konzentrationsübung zum ersten Mal macht, ist es durchaus möglich, daß sie sofort einen gewissen Vollkommenheitsgrad erreicht. Alles ist klar und sicher, keine störenden Gedanken, die den sachgemäßen Gedankengang unterbrechen. Wenn aber dieselbe Konzentrationsübung dann zehn Tage lang jeweils ca. fünf Minuten durchgeführt wird, ist es durchaus möglich, daß sie am zehnten Tag wesentlich schlechter ist als am ersten Tag. Zunächst ist das eine überraschende Tatsache, weil man meinen könnte, daß jede Übung beim Wiederholen langsam besser werden müßte. Das ist aber nicht der Fall. Beim ersten Versuch war die Sache noch neu und interessant, so daß alle Kräfte frisch eingesetzt wurden und den guten Erfolg bewirkten. Beim zehnten Mal ist die Sache nicht mehr neu und deshalb auch nicht so interessant, ja sogar ein wenig langweilig. Und sofort kommen unsachgemäße, ablenkende Gedanken und stören den Verlauf der Übung.

Dadurch erscheint die Fähigkeit der Konzentration beim zehnten Mal sozusagen «nackt», ohne davon gestützt und getragen zu sein, daß die Sache neu und interessant ist. Das Interesse muß nun ganz aus den inneren Denkkräften neu erzeugt werden, auch wenn die Sache nicht mehr «neu» ist. Dies führt dann zu einer gesteigerten Stufe der Konzentration, die einen mehr und mehr unabhängig von äußeren Stützen macht.

Eine nächste wichtige Erfahrung kann das Folgende sein. Nach längerer Zeit beherrscht man den Verlauf der Konzentrationsübung so gut, daß man innerlich eine lange, in sich geschlossene «Wortreihe» lautlos «spricht». Der Kehlkopf mag sich dabei bewegen, auch wenn keine Laute hörbar sind. Gleichzeitig denkt man jedoch an etwas ganz anderes, so daß das Bewußtsein gewissermaßen «zweigleisig» wird. Das ist aber keine wirkliche Konzentration. Die falsche Richtung wird durch die Macht der Sprache erzeugt. Wenn man etwas gut formulieren kann, beginnt die Sprache sehr oft von selbst zu laufen, und das wirkliche Denken hört dabei auf. Die Sprache ist das beste Ausdrucksmittel des Denkens. Die eigentliche Natur des Denkens ist aber «sprachlos». Ein Begriff kann auch ohne Worte gedacht werden, und seine sprachliche Form lautet in den verschiedenen Sprachen jeweils anders. Die Sprache verfestigt also die ursprüngliche Kraft des Denkens. Man kann nun diese «Sprachmacht» dadurch überwinden, daß man die Konzentrationsübung erneut durchführt und sich dabei verbietet, auch nur ein einziges Wort innerlich lautlos zu «sprechen». Man kann den Kehlkopf vollständig stillegen und versuchen, wortlos zu denken, trotzdem aber deutlich und sicher die Gedankeninhalte der Konzentrationsübung erfassen. Man tut dies durch eine fortlaufende Reihe von inneren Vorstellungsbildern, die alle sachgemäßen Gedankeninhalte der Konzentrationsübung ohne Worte darstellen und bewußt werden lassen. Nachdem man dies gemacht hat, kann man die Worte wieder als Ausdrucksmittel der Gedanken aufgreifen, aber jetzt voll bewußt, von innen ergriffen, so daß die Sprache nicht von selbst rollt.

Bei diesen Konzentrationsübungen wird das Denken von innerer Willenskraft durchdrungen. Es kann vorkommen, daß ein Teil dieser Willenskraft in die Muskeln schießt, was dann zu Muskelanspannungen während der Konzentrationsübung, zum Beispiel im Hals, im Nacken, in der Kopfhaut, in den Füßen oder im Magen, führt, oder sogar zu Krampferscheinungen. Dabei handelt es sich allerdings um eine falsche Einstellung. Der Wille soll nicht in die Muskeln schießen, denn die Muskeln sollen bei der Konzentrationsübung vollständig entspannt sein. Der Wille soll vielmehr losgelöst vom Körper in das Denken hineinströmen.

Das Denken wird mehr und mehr selbständig, es richtet sich gegen zwei Störenfriede. Einerseits wird die Neigung zu willkürlichen, irrlichtelierenden Gedankenassoziationen überwunden, andererseits wird die Neigung zu Zwangsgedanken aufgelöst. Bei Zwangsgedanken bleibt man auch bei einem bestimmten Gedankeninhalt stehen, wird aber dazu gezwungen. Das ist keine Gedankenkonzentration. Denn die besteht vielmehr darin, daß man bei einem Gedankeninhalt nur so lange verweilt, wie es die innere Denkkraft selbst bestimmt.

Diese Selbständigkeit des Denkens zeigt sich in einem feinen, subtilen Gefühl der inneren Festigkeit und Sicherheit. Rudolf Steiner empfiehlt in seiner Darstellung[1] beim Abschluß der Konzentrationsübung sich auf dieses feine Gefühl der inneren Sicherheit zu konzentrieren, es zunächst im vorderen Teil des Kopfes zu empfinden und durch Gedanken dann dieses Gefühl ins Gehirn und ins Rückenmark hineinzugießen. Die Gedankenklarheit findet man zunächst im «vorderen Teil» an der Oberfläche des Denkens. Das Denken hat aber auch andere, tiefere Bereiche in sich, in denen die Gedankenklarheit nach und nach auch durchgeführt

15

1 „Anweisungen für eine esoterische Schulung"

werden soll. Die entsprechenden physischen Grundlagen dieser tieferen Bereiche sind das hintere Gehirn und das Rückenmark. Durch die Empfindung des Hineingießens der Gedankenklarheit auch in diese Bereiche wird die Willensintensität der Konzentrationsübung verstärkt.

Eine nächste Stufe der Verstärkung der selbständigen Denktätigkeit kann durch die folgende Übung erreicht werden. Man denke sich zunächst ein Dreieck ABC durch drei unendlich lange Linien, die sich in den drei Punkten A, B und C kreuzen, gebildet. Man lasse die Linien AB und AC ruhen. Die Linie BC läßt man aber um den festliegenden Punkt B rotieren, so daß der Punkt C entlang der Linie AC sich verschiebt. Es entstehen dadurch unendlich viele neue Dreiecke mit der Grundlinie AB und dem Winkel CAB konstant. Dann lasse man auch die Linie AC um den festen Punkt A ganz langsam herumrotieren, und zwar so, daß bei jeder kleinen Rotationsverschiebung die Linie BC einmal um den Punkt B ganz herumrotiert. Man bekommt dann unendlich mal unendlich viele Dreiecke. Schließlich lasse man nun den Punkt B entlang der Linie AB bis ins Unendliche laufen. Bei jeder kleinen Punktverschiebung läßt man die Linie AC einmal ganz um den Punkt A herumrotieren, und bei jeder Linienverschiebung von AC läßt man die Linie BC einmal ganz herumrotieren um den jetzt selbst an der Linie AB entlanglaufenden Punkt B. Man bekommt dann unendlich mal unendlich mal unendlich viele Dreiecke. Wenn man diesen Gedankenprozeß mit geschlossenen Augen ruhig und konsequent durchführt oder eine entsprechende andere selbsterfundene geometrische Linienbewegung, wird man innerlich eine starke Denktätigkeit wahrnehmen können. Je intensiver und deutlicher die Einzelheiten der Linienbewegungen gedacht werden, desto klarer kann die eigene Denktätigkeit als *übersinnliche, geistige Wahrnehmung* erfaßt werden. Eine Voraussetzung für diese erste übersinnliche Wahrnehmung ist zunächst, daß die Linienbewegungen nicht in nebulosen, allgemeinen Gedanken verbleiben, sondern durch innere Stärke ganz konkret vorgestellt werden (nicht nur als «formale» mathematische Bestimmung), und daß dann die innere Aufmerksamkeit mit entschiedener Stärke auf diese Tätigkeit gerichtet wird.

Eine weitere Steigerung dieser übersinnlichen Wahrnehmungsmöglichkeit bildet die folgende Übung. Man male eine rote kreisförmige Fläche und eine grüne ebenfalls kreisförmige Fläche um den roten Kreis herum, daneben umgekehrt eine grüne kreisförmige Farbfläche mit einer entsprechenden roten Farbfläche als Umgebung. Indem man diese beiden Farbflächen betrachtet, erzeuge man nun innerlich einen kontinuierlichen Übergang von dem einen Farbenbild zum anderen und wieder zurück. Man kann dann im Innern deutlich die innere bildschaffende Tätigkeit wahrnehmen. Nachdem man diese Übung zuerst mit offenen Augen gemacht hat, kann man sie mit geschlossenen Augen wiederholen. Es geht darum, im Innern leuchtend starke Farbbilder in der vorher ausgeführten gesetzmäßigen Bewegung zu erzeugen. Dabei wird die eigene bildschaffende Tätigkeit noch deutlicher wahrgenommen.[2]

Die Fähigkeiten zu diesem inneren Farbbildsehen sind bei den Menschen sehr verschieden. Einige behaupten, daß sie überhaupt keine Farbbilder im Innern sehen könnten, auch bei größter Anstrengung nicht. Bei dieser Übung würden sie nur *denken*, daß es rot bzw. grün werden sollte, dabei aber nur die Buchstaben *rot*

2. Vortrag GA84 20.4.23

sehen, jedoch keine Farbe. Andere dagegen haben ohne die geringste Anstrengung helleuchtende Farberlebnisse. Es gibt Menschen, die auch in völliger Finsternis ohne Druck auf das Auge Farberscheinungen sehen und dies schon von Kindheit auf gehabt haben. Es kommt aber bei dieser Übung nicht darauf an, welche inneren Fähigkeiten bereits vorhanden sind, sondern nur auf die Kraft der Anstrengung, die man braucht, um zu dem bereits Vorhandenen bewußt etwas hinzuzufügen.

Wenn man auch bei großer Anstrengung keine inneren Farben, sondern nur Buchstaben sieht, können einige Vorübungen gemacht werden, die dann die inneren Farbbilder erzeugen. Eine einfachste Vorübung ist, eine rote oder grüne Farbfläche anzuschauen und zu versuchen, die Qualität der Farbe beim Anschauen so stark zu fühlen, daß man selbst innerlich ganz «rot» oder «grün» wird. Dann schließt man die Augen, behält aber dieses deutliche Qualitätsgefühl im Innern. Und aus diesem Gefühl erzeugt man mit geschlossenen Augen das innere leuchtende Farbbild. Wenn das nicht gelingt, wird diese Vorübung wiederholt und durch andere, entsprechende Farbübungen ergänzt. Dadurch, daß man die reine Farbqualität fühlt, *saugt* man sie gewissermaßen in sich herein. Wenn dabei nichts gefühlt wird, kann die Farbqualität auch nicht eingesaugt werden. Aus der Kraft des Fühlens der Farbqualität wird dann wiederum das innere Farbbild erzeugt. Diese Vorübung läßt sich auch erweitern: Man schaut in den blauen Himmel, bis man die innere Gefühlsqualität des Blau deutlich erlebt. Dann schließt man die Augen und läßt aus diesem starken Gefühl das innere Bild des blauen Himmels hervorsteigen. Entsprechend bei einer grünen Wiese, bei einem Tannen- oder Birkenwald, bei einem wogenden, rauschenden Meer, bei einem Berggipfel. Bei jedem äußeren Sinneseindruck gibt es ein entsprechendes Gefühlsecho. Aus diesem bestimmten, qualitätserfüllten Gefühl wird das innere, farberfüllte Bild erzeugt. In der heutigen Zeit huschen wir nur allzuleicht von einem Eindruck zum nächsten und bleiben dabei immer an der Oberfläche, oder wir vermischen die Eindrücke, die von außen kommen mit unse-

18

ren persönlich bestimmten Gefühlen, ohne daß ein klares und deutliches Gefühl entsteht.

Solche Vorübungen sind nicht nur für Menschen geeignet, die überhaupt keine inneren Farbbilder erzeugen können. Sie sind heute beinahe für jeden Menschen aktuell, weil sich durch die Zivilisationsgewohnheiten immer häufiger die Neigung entwickelt, die Welt nur noch oberflächlich und grau zu erleben, mit dem Ergebnis, daß die innere Erlebniswelt ebenfalls grau wird. Man prüfe sich einmal selbst, indem man zuerst eine rote Rose mit offenen Augen anschaut, dann die Augen schließt und ein inneres Bild der roten Rose erzeugt. Jetzt vergleiche man die beiden Rosen miteinander: Welche der beiden Rosen hat die stärkeren Farben? Bei den meisten Menschen wird die Rose, die man mit offenen Augen sieht, stärkere Farben haben als das innerlich erzeugte Bild. Das muß aber nicht so bleiben. Das innere Bild kann in der Farbstärke sogar so weit gesteigert werden, daß es stärker als die mit offenen Augen gesehene Rose wird. Diese Steigerung ergibt sich aber nicht nur durch Willensanstrengung. Zuerst muß ein vertieftes, ruhiges *Gefühl* der Sinnesqualität vorhanden sein. Die Willenskraft erzeugt die konzentrierte Aufmerksamkeit nach außen und auch die konzentrierte Hingabe an das vertiefte Gefühl. Als Ergebnis stellt sich dann das starke innere Farbbild ein.

Wenn man in dieser Weise einige Vorübungen gemacht hat, wird die Übung mit den bewegten Farbbildern immer deutlicher werden. Nun ergibt sich die Möglichkeit, diese innere Tätigkeit direkt wahrzunehmen. Das erfordert eine starke, willentlich geführte Aufmerksamkeit. Man erlebt dann die tätige Wirklichkeit des Denkens, die bei jedem Denkakt unbewußt und im Hintergrund bleibt. Im gewöhnlichen Denken werden nur die schattenhaften, abstrakten Schlußergebnisse bewußt. Die Wahrnehmung einer tieferen Schicht in der Wirklichkeit des Denkens ist eine übersinnliche Erfahrung.

Durch diese Entwicklung wird das gewöhnliche, alltägliche Bewußtsein nach zwei Seiten hin erweitert, ergänzt und befruchtet. Zunächst haben wir es mit einem aus abstrakt schattenhaften Denkinhalten und aus abgedämpft schemenartigen Sinneserlebnissen instinktiv gemischten Vorstellen zu tun. Durch die innerliche, aktive Verstärkung der reinen Denktätigkeit kann dieses bewußt zurückgehalten werden. Dadurch werden die Sinneserlebnisse von den sie sonst zudeckenden Vorstellungen befreit und erscheinen in ihrer ursprünglichen, reinen Fülle und Stärke. Je stärker und reiner die Sinneswahrnehmungen erlebt werden können, desto klarer kann das reine, von den Sinneserfahrungen gelöste Denken sich entfalten. Die Stärke des reinen Denkens ermöglicht wiederum ein reines Hereinsaugen der ungetrübten Sinnesqualitäten. Es ist ein Pendelschlag, der nach beiden Seiten sich langsam verstärken kann. Es ist wie ein Ausatmen und Einatmen. Je stärker und vollkommener man ausgeatmet hat, desto besser kann man einatmen.

Hierbei wird eine besonders grundlegende Fähigkeit für Erkenntnisfortschritte teilweise wiedergefunden und teilweise neu erzeugt: Es ist die Fähigkeit des *Staunens*. Alle Kinder haben mehr oder weniger diese Fähigkeit. Im Laufe des Erwachsenenlebens wird diese Fähigkeit jedoch allzuoft durch Gewohnheit, Lebensroutine und konventionelles Vorstellen getrübt und abgeschwächt. Man glaubt zu wissen, wie die Dinge sich verhalten. Das ursprüngliche Staunen ist verschwunden. Nur in außergewöhnlichen Fällen taucht es wieder auf. In Wirklichkeit ist das Staunen aber die Voraussetzung jeder neuen Sinneswahrnehmung, jeder neuen Denkbewegung und in der Folge auch jeder neuen Erkenntnis. Sobald die festgelegten Vorstellungen an die Stelle des Staunens treten, erstirbt die lebendige Erkenntnistätigkeit. Deshalb ist eine Wiederbelebung, ein Wiederfinden des kindlichen Staunens auf einer höheren Stufe notwendig, aber auch eine Vertiefung und Verstärkung dieser Fähigkeit, wie sie bei Kindern noch nicht möglich ist. Auf diesem Wege wird allmählich eine neue Qualität der inneren Bildfähigkeit erreicht, die zu einer nächsten Stufe der Erkenntnis führt. Diesen Vorgang zu verdeutlichen, ist die folgende Übung besonders geeignet.

Man betrachte im Pflanzenreich das sprießende, sprossende Leben, die gedeihende und blühende Entfaltung der Pflanzen auf der einen Seite und damit abwechselnd das verwelkende, verblühende Leben der Pflanzen. Es kommt dabei auf das unmittelbare Anschauen und auf die vorbehaltlose Hingabe an die Naturvorgänge an. Man fühle oder denke nichts im voraus, sondern nehme durch die offenen Sinne wahr, was einem hier entgegenkommt. Erst nach der Anschauung treten dann auch Gefühle und Gedanken im Innern auf, die ganz sachgemäß dem entsprechen, was draußen in der Natur vorgeht. Man sieht z. B., wie das kleine hellgrüne Birkenblatt sprießt, ganz in Einheit mit der Sonnenwärme, mit dem Licht, mit der Feuchtigkeit in der Luft, so daß jeder kleinste Teil des Birkenblattes mit dem ganzen Blatt und mit dem ganzen Baum und mit der ganzen Umgebung zusammenstimmt. Dann sieht man, wie auf dem Boden daneben die verwelkenden Blätter auseinanderfallen, so daß jeder kleinste Teil des verwelkenden Blattes den Zusammenhang mit den anderen Teilen verliert, und wie dieselbe Umgebung der Wärme, des Lichtes und der Luft, die fördernd auf das sprießende Blatt wirkt, beim verwelkenden Blatt das Sterben noch beschleunigt. In den feinen Formen des verwelkenden Blattes bemerkt man noch die Reste des gewesenen Lebens. Diese beiden Vorgänge des Sprießens und des Verwelkens beginnen nun im Innern der Seele langsam selbst zu sprechen. Bestimmte, ganz verschiedenartige Gefühle leben in der Seele auf.

Man befindet sich nun an einer entscheidenden Stelle dieser Übung. In der Darstellung Rudolf Steiners heißt es diesbezüglich: «Man wird *neue Arten* von Gefühlen und Gedanken in seinem Innern aufsteigen sehen, *die man vorher nicht gekannt hat.*»[3] Was kann mit diesen Worten gemeint sein? Bestimmte Gefühle und Gedanken beim Sprießen und Verwelken der Natur hat man von Kindheit und Jugend auf immer gehabt. Alle diese Gefühle sind also hier nicht gemeint. Es geht um eine neue Art von Gefühlen und Gedanken, die man vorher nicht gekannt hat. Jeder Mensch mischt zunächst seine persönlichen Gefühle, die aus der Leibessituation und Lebenslage hervorgehen, mit den Gefühlen in bezug auf die umgebende Natur. Persönlicher Schmerz oder Freude mischen sich unvermerkt in das Verhältnis zur Natur hinein. Das ist die *alte* Art von Gefühlen, die man auch vorher gekannt hat. In dieser Übung geht es nun darum, daß man diese persönlichen Gefühle zurückschiebt und schweigen läßt und nur die Gefühle, die unmittelbar aus der Anschauung der beiden Naturvorgänge emporsteigen, im Innern walten läßt. Diese reinen, von persönlichen Verhältnissen ungetrübten Gefühle sind zunächst noch schwach, werden aber nach und nach *deutlicher* und *bestimmter*. Jedes Gefühl dieser Art hat eine eindeutige Gebärde; das Gefühl des Sprießenden ist verschieden von dem Gefühl des Verwelkenden. Lassen sich diese verschiedenen Gefühle genauer beschreiben? Hier gibt nun Rudolf Steiner einen Hinweis, aus dem man sehr vieles lernen kann: «Es ist möglich, annähernd richtig zu beschreiben, wie diese Gefühle sind. Eine vollständige Vorstellung kann sich davon jeder selbst verschaffen, indem er diese inneren Erlebnisse durchmacht. Wer oft die Aufmerksamkeit auf den Vorgang des Werdens, des Gedeihens, des Blühens gelenkt hat, der wird etwas fühlen, was der Empfindung bei einem Sonnenaufgang *entfernt ähnlich* ist. Und aus dem Vorgang des Welkens, Absterbens wird sich ihm ein Erlebnis ergeben, das in ebensolcher Art mit dem langsamen Aufsteigen des Mondes im Gesichtskreis zu vergleichen ist.»⁴ Zwei Empfindungen bei zwei völlig verschiedenen Naturphänomenen werden hier mit den schon gefundenen lebendigen Gefühlen am Sprießen und Wachsen, am Welken und Absterben zusammengebracht. Und diese vier Empfindungen oder Gefühle beginnen sich gegenseitig zu verdeutlichen, zu vertiefen, abzuklären, wie in einer inneren Empfindungsbildersprache.

Es wird nicht gesagt, das Sprießen sei die Sonne oder der Sonnenaufgang, oder das Welken sei der Mond oder der Mondenaufgang. Es sind zwei Empfindungen, die mit den beiden anderen Gefühlen verglichen werden. Die bewegliche Denk-Aufmerksamkeit kann diese aber nur zusammenführen, wenn die vier Gefühlserlebnisse genügend stark sind. Dann können die geistigen Tatsachen, die durch die Bewegungsgebärden dieser Gefühle hindurchwirken, durch die Bildersprache sprechen. Jedes lebendige Bild wird aus dem Gefühl geboren.

In welcher Form tritt diese Empfindungsbildersprache zuerst auf? Sie taucht ebenso auf wie unsere Kindheitserinnerungen, das heißt, man ist selbst unmittelbar innerhalb des Bildes. Es wird in jedem Augenblick neu hervorquellend erzeugt.

Eine weitere, innere Erfahrung kann nun das Folgende sein. Man schaue mit diesen beiden Gefühlserfahrungen im Hintergrund auf das eigene Denken. Dieses erscheint jetzt so, daß das Wachsen und Gedeihen, das Verblühen und Verwelken auch in unserem eigenen Denken vorhanden sind. Denken ist nur möglich, wenn jeder Gedanke aus dem Ganzen der Denkmöglichkeiten fließt und die lebendige Beziehung zu diesen unendlich vielen Denkmöglichkeiten dauernd behält. Ein Gedanke, vollständig von allen anderen Gedankeninhalten getrennt, würde sofort seinen eigenen Gedankeninhalt verlieren. Jeder wirkliche Gedankeninhalt lebt aus der Gnade des gesamten Denkens. Aber jedes Denken muß auch, wenn die nötige Klarheit erreicht werden soll, Konturen gewinnen, Unterschiede betonen und deutliche Ausprägung erstreben; es braucht das Stützgewebe der konturierten Form. Wenn dieses aber die Lebendigkeit des Gedankens überwiegt, beginnt im Denken etwas zu verwelken, bis nur noch tote Formulierungen und Definitionen übrigbleiben, die aber, je fester und abgetrennter sie sind, in Wirklichkeit unklarer und inhaltloser werden.

Im Denken sind also diese beiden Grundgebärden ebenfalls vorhanden, das Aufsteigende und das Absteigende, das Blühende und das Verwelkende. Naturprozesse lassen sich im Innern des Menschen wiederfinden. Die anfangs erwähnte Kluft zwischen dem Inneren und dem Äußeren wird auf einer ersten Stufe anfänglich überwunden.

Die innere Bildfähigkeit in der Erkenntnistätigkeit. Übungen auf dem Wege zur Imagination

Die innere Bildfähigkeit beginnt zuerst in unmittelbarer Anknüpfung an die Sinneswahrnehmungen. Die innere Bewegung der Farbflächen hat als Inhalt dasselbe, was mit offenen Augen wahrgenommen wurde. Sie braucht aber eine nächste Steigerung, indem sie sich von dieser unmittelbaren Beziehung zur Sinneswahrnehmung loslöst: das symbolische Bild. Die folgende Übung kann die Vielfalt der hier vorhandenen Möglichkeiten verdeutlichen. Die Übung hat drei Phasen: die Vorbereitung, in der durch Gedankeninhalte ein Zusammenhang aufgebaut wird, die eigentliche Meditation, in der mit aller inneren Kraft das symbolische Bild, das durch die Vorbereitung aufgebaut wurde, in der Seele lebt, und einen Nachklang, bei dem im Gefühl ein Ergebnis der Meditation weiterwirkt.

Zuerst schaue man auf die Ereignisse der letzten Tage zurück, sowohl im ganzen als auch im Detail. Dann richte man den Blick auf die Ereignisse und Taten, die wahrscheinlich im Laufe der nächsten Tage kommen werden. Dann denke man sich diese Betrachtung nach beiden Seiten erweitert. Dabei würde sich nach und nach eine vollständige Biographie ergeben. Hat man diese Übung bis zu einem gewissen Grade durchgeführt, sage man sich: Dies ist ja nur ein Teil des wirklichen Lebenslaufes. Ich habe nämlich alles, was im Tiefschlaf der Nächte vorgeht, unberücksichtigt gelassen. Erst durch die Vorgänge im nächtlichen Tiefschlaf sind auch die Erlebnisse und Taten während des Tages möglich. Nicht nur die nächtliche Erfrischung nach der Müdigkeit am Abend, auch die Vertiefung, Abklärung und Verarbeitung des vorigen Tages, neue Impulse für den nächsten Tag quellen aus dem Tiefschlaf der Nacht. Jetzt versuche man sich auf die Tiefschlafperioden der Nächte zu konzentrieren und diese in einem Strom durch das ganze Leben ins Bewußtsein zu rufen. Diese beiden Ströme, der Tagesstrom und der Tiefschlafstrom der Nacht, sind beide gleichermaßen wichtig für das Leben. Der Lebenslauf kann nun aber erst richtig erfaßt werden, wenn die Aufmerksamkeit auf die rein *individuelle* Entwicklungskraft des Menschen gerichtet wird. Dabei wird bewußt, *wie* sich der Mensch durch das Zusammenwirken des Tagesstromes und des Tiefschlafstromes weiterentwickelt. Nachdem diese drei Grundgesichtspunkte, diese drei Ströme im Lebenslauf durch Gedanken erfaßt sind, gieße man sie hinein in ein symbolisches Linienbild:

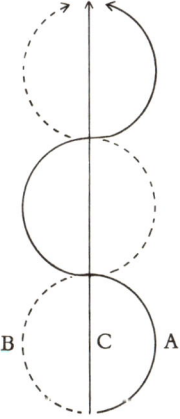

Der Tagesstrom des Lebenslaufes sei in der Schlangenlinie A erfaßt; der Tiefschlafstrom der Nacht durch die punktierte Schlangenlinie B und der individuelle Entwicklungsstrom in der mittleren Linie C.[5] Nach der einleitenden, aufbauenden Gedankenbetrachtung folgt nun die eigentliche Meditation. Man lebt jetzt innerlich in dem einfachen, symbolischen Bild der drei Linien. Man kann das symbolische Bild im Innern vor sich sehen.

Größere Kraft gewinnt die Meditation, wenn man sich ganz in das Bild, in den Kraftstrom der drei Linien einfühlt, so daß man selbst in jedem Augenblick die drei Linien erzeugt. Es ist dies wiederum vergleichbar mit der Art, wie unsere Erinnerungen spontan auftauchen. Nur ist es hier keine Erinnerungsvorstellung, sondern ein frei erzeugtes Bild.

Wenn die Meditation zu Ende geführt ist, kann man die dadurch erzeugte Wirklichkeit im Gefühl nachklingen lassen. Man betrachtet dann den gewöhnlichen Tageslauf in einer ganz neuen Weise. Der gewöhnliche Tageslauf verliert dadurch nichts an Bedeutung. Er wird aber in einem größeren Zusammenhang erfühlt. Während man sonst nur allzuleicht den äußeren Verlauf des Tages als das *ganze* Leben betrachtet, wird diese Anschauung jetzt durch jenes Gefühl erweitert. Es bildet einen Schritt auf dem Wege des gewöhnlichen Bewußtseins zu neuen Höhen und Tiefen der eigenen Wirklichkeit.

Dieses aufgebaute Symbol ist das bekannte, alte Symbol des Merkurstabes, das durch einige Jahrtausende in verschiedenen Zusammenhängen und mit unterschiedlichen Bedeutungen benützt worden ist. Bei der vorliegenden Meditation kommt es nicht darauf an, ob man etwas von diesen alten, geschichtlichen Zusammenhängen weiß oder nicht. Entscheidend ist allein die eigene geistige Kraft, die durch die vorbereitende, aufbauende Gedankenarbeit und dann durch die konzentrierte Kraft der Meditation beim Verweilen in dem symbolischen Linienbild aufgebracht wird. Durch die symbolische Struktur der Bildmeditation wird eine noch tiefere Kraft erweckt als in der oben erwähnten Übung mit den bewegten Farbflächenbildern. Ein sinnlichkeitsfreies Element ist auch in jener Übung durch die Kraft der Bewegung der Farbflächenbilder vorhanden. In der Meditation des symbolischen Bildes mit den drei Linien tritt dieses sinnlichkeitsfreie Element stärker und direkter hervor.

Der Inhalt der Meditation kann ein solches symbolisches Bild sein, das zuerst durch Gedankenarbeit aufgebaut wird und dann als innere Bildtätigkeit zur Entfaltung kommt. Die Meditation kann aber auch durch Worte angeregt werden. Ein Beispiel für eine solche Wort-Meditation ist:

«Die Weisheit lebt im Licht.»[6]

Die Voraussetzungen für diese Meditation sind bei den meisten Menschen außerordentlich verschieden. Bei einigen kann diese Meditation schon nach kurzer Zeit zu entscheidenden geistigen Erfahrungen führen. Bei anderen geschieht zunächst einmal gar nichts. Das Entscheidende bei dieser Meditation ist die geistige Kraft, die der einzelne Mensch in der Meditation erzeugt, die Kraft, mit der er selbst die Gedanken entwickelt. Eben deshalb gibt es keine bestimmten Inhalte, die dem Meditierenden im voraus beigebracht werden könnten und die ihm sagen könnten, was er nun denken sollte. Es kommt gerade darauf an, diese selbst zu erzeugen. Es ist aber möglich, eine *Vorstufe* darzustellen, die noch nicht die Meditation selbst ist, die aber zu der Stelle hinführen kann, an der die Meditation erst *beginnt*.

Es kann folgende Betrachtung sein. Man befindet sich nachts in einem Wald. Der Himmel ist bewölkt, und es herrscht vollständige Finsternis. Man kann von der ganzen Umgebung nichts sehen. Aber langsam kommt die Morgendämmerung, bis das Licht des hellen Tages die ganze Umgebung mit allen Farben und Formen in Erscheinung treten läßt. Wie wäre es nun, wenn das Licht nicht existieren und statt dessen ewige Nacht herrschen würde? Man konzentriere sich auf diesen Gedanken. Dann lasse man in Gedanken die Morgendämmerung noch einmal heraufkommen. Die Weltbedeutung des Lichtes, durch das alles erst in Erscheinung treten kann, wird deutlich. – Dann stelle man sich eine möglichst verworrene, absurde soziale beziehungsweise antisoziale Situation vor: Mißverständnisse zwischen ehemaligen Freunden, völlig unverständliche Taten von anderen und völlig unverständliche Mißdeutungen der eigenen Absichten: soziale Finsternis. Dann lasse man die Morgendämmerung der Erkenntnis eintreten. Alles klärt sich allmählich auf und erscheint in seiner wahren Gestalt. Dann lasse man in Gedanken erneut die soziale Finsternis eintreten und stelle sich vor, daß diese nun ständig andauern würde, weil das Licht der Erkenntnis nicht existierte. Dann lasse man die Erkenntnisaufklärung von neuem eintreten. Die Weltbedeutung des Erkenntnislichtes wird dabei offenbar.

Nachdem man sich diese beiden Situationen vergegenwärtigt hat, füge man beide zusammen und vergleiche das äußere Sonnenlicht und das innere Erkenntnislicht. Es ist dieselbe Tatsache, von zwei Seiten kommend. Diese Einheitlichkeit der Qualität des Lichtes bildet eine Brücke zwischen Innen und Außen und damit eine Voraussetzung unserer Meditation.

Der Inhalt dieser vorbereitenden Stufe ist mit der genannten Meditation *nicht* identisch. Durch diese vorbereitende Stufe ist es aber möglich, dorthin zu gelangen, wo die Meditation «Die Weisheit lebt im Licht» *beginnt*.

Gelingt es, die Sinneserfahrungen beiseite zu lassen, dann können diese Worte eine Tür bilden, durch die man in eine geistige *Tätigkeit* eintritt. Diese Tätigkeit ist ganz individuell und kann in den Inhalten nicht vorgeschrieben werden. Dazu ist allerdings ein gewisser vorbehaltloser innerer Willenseinsatz erforderlich, bei dem die ganze eigene Existenz eingesetzt wird. Richtig durchgeführt, stellt sich bei dieser Meditation das Gefühl einer gewissen Unabhängigkeit von der äußeren leiblichen Grundlage ein, man beginnt, das eigene Selbst in seiner wahren Form zu ahnen. Es ergibt sich ein deutliches, gegenüber der Meditation selbst freilich ganz sekundäres Gefühl des *Schwebens*. Woher kommt dieses Gefühl? Im gewöhnlichen Alltagsbewußtsein hat man ein natürliches, überzeugendes Gefühl, daß man nicht schwebt. Man steht auf dem Erdboden und fühlt die Schwerkraft, den Druck unter den Füßen oder beim Sitzen den Druck unter den Schenkeln. In allen diesen Tastwahrnehmungen ist unsere Willenskraft in Auseinandersetzung mit der Schwerkraft tätig. Während der Meditation wird diese Willenskraft nun aus den Sinnesorganen herausgezogen und in die geistige Tätigkeit der Meditation übergeführt. So lange dieser Zustand andauert, hören die entsprechenden Sinneswahrnehmungen tatsächlich auf. In dieser Lage hat man also keine Tastwahrnehmung und spürt deshalb keine Schwerkraft mehr, das heißt, man erlebt sich schwebend. Dies gilt auch für die anderen physischen Sinneswahrnehmungen. Man *hört* z. B. auch nichts. Besonders deutlich kann dies beim Übergang von der Meditation zum gewöhnlichen Bewußtsein beobachtet werden. Für wenige Sekunden ist dann selbst das leiseste Rascheln von Blättern im Wald – wenn man etwa die Meditation auf einer Bank im Wald durchgeführt hat –, wie Sturmbrausen. Es dauert nur Sekunden, weil dann sofort die Verstandeskraft im Gehirn wieder einsetzt und alle Sinneswahrnehmungen mit ordnenden, herabdämpfenden Vorstellungen durchzieht. Kinder haben manchmal, unmittelbar bevor sie einschlafen, dasselbe Erlebnis. Die ordnende Verstandeskraft hat sich ein wenig herausgezogen, und noch hat das Kind Gehörwahrnehmungen, die dann, ungetrübt und unkontrolliert, als lautes «Brausen» schon bei einer leisen Verschiebung der Bettdecke erscheinen.

Der geordnete Übergang von der Meditation zum gewöhnlichen Alltagsbewußtsein ist in vieler Hinsicht besonders wichtig. Zunächst begibt sich ein sonderbares Gefühl: Das gewöhnliche Bewußtsein erscheint als eingeschränktes und wird dadurch in einen größeren Zusammenhang hineingestellt, denn es ist nicht mehr das allein existierende. Es verliert aber dadurch nichts von seiner existentiellen Bedeutung. Denn nur durch diese Ausgangslage des gewöhnlichen Bewußtseins ist selbständige, freie Urteilskraft möglich. Sie darf daher nie ausgelöscht werden. Sie ist dem sicheren Ankerplatz eines Schiffes im Hafen vergleichbar, der immer wieder zu Fahrten auf das Meer verlassen werden kann. Manche Menschen der Gegenwart – besonders Jugendliche – haben eine so große spirituelle Begabung und Neigung, daß sie sehr schnell zu dem genannten Erleben des «Schwebens» kommen. Es kann so stark sein, daß dann eine Furcht entsteht, sich dabei zu verlieren und nicht wieder «zurückkommen» zu können. Eine langsame und geduldige Verstärkung der Seelenkräfte, die ordnende, zusammenhaltende Kraft des Ichs ist dann unerläßlich, um diese Furcht, die zunächst ganz begründet und berechtigt ist, zu überwinden. Nur so kann die Erweiterung des Bewußtseins ohne jede Gefahr durchgeführt werden.

Im gewöhnlichen Alltagsbewußtsein werden Denken, Fühlen und Wollen durch die Gesetzmäßigkeiten der physischen Außenwelt ständig korrigiert. Jeder Fehltritt wird meist sofort bemerkt. Dadurch ergibt sich im Laufe des Lebens eine von außen gestützte Sicherheit im Bewußtsein. Nun soll bei der Erweiterung des Bewußtseins auf dem meditativen Erkenntnisweg die entsprechende Sicherheit und Tüchtigkeit ohne diese äußere Stütze entwickelt werden. Die innere geistige Tätigkeit muß dazu so weit verstärkt werden, bis der oben beschriebene Pendelschlag, der «Atemzug» des reinen Denkens und des reinen Wahrnehmens möglich wird. Er stellt deshalb eine höhere Stufe der gewöhnlichen Selbständigkeit und Sicherheit des menschlichen Bewußtseins dar. Er ist zugleich eine höhere Stufe des gewöhnlichen Atemprozesses, des Einatmens und des Ausatmens der Luft. Die höhere Stufe besteht in einem Ausatmen und Einatmen im reinen Denken und im reinen Wahrnehmen; es ist dies ein «Licht-Seelen-Prozeß»[7].

Das gewöhnliche Bewußtsein ruht gesichert und abgestützt von außen im dreidimensionalen Raum. Die höhere Stufe des Licht-Seelen-Prozesses entfaltet sich in einem *Zeitorganismus*. Die Zeit wird hier zum «Raum». Was in kleinen und größeren Zeitenrhythmen vor sich geht, wird als Ganzheit erfaßt. Das Ganze ist in jedem kleinen Teil anwesend, und der kleinste Teil klingt mit dem Ganzen zusammen. Dieser Zeitorganismus ist das Feld des Lebens. Durch die beschriebene Erweiterung des Bewußtseins und der Erkenntnisfähigkeit entwickelt sich im Denken zu der analytischen, kritischen Fähigkeit, die im gewöhnlichen Bewußtsein zuerst zureichend geübt und entwickelt werden muß, und die ihm seine Sicherheit verleiht, eine neue Fähigkeit, die *gestaltendes Denken* genannt werden kann. Es hat die genannte Fähigkeit, im Werdeprozeß des Lebens, im Zeitorganismus die entstehenden Formen selbst von innen zu erzeugen, mit derselben Sicherheit, mit der das analytische Denken das Punktuelle des Raumes oder einen jeweiligen zeitlichen Abschnitt erfaßt.

«Leeres» Bewußtsein – die Erweckung der geistigen Wahrnehmungsorgane. Übungen auf dem Wege zur Inspiration

Mit der Entwicklung des bildhaften, gestaltenden Denkens, in dem das verstärkte Denken mit der reinen Wahrnehmung zusammenwirkt, wird schon ein wesentlicher Schritt zur Überwindung der Kluft zwischen Subjekt und Objekt, zwischen Innen und Außen getan. – Das bedeutet zunächst eine wesentliche Verstärkung und Erweiterung der eigenen, aktiven Kräfte des Menschen. Es kommt aber zusätzlich zu einer Einseitigkeit und Einschränkung, die erst in einer nächsten Stufe überwunden werden kann.

Worin besteht diese Einschränkung? – Jeder Mensch bringt in seiner Entwicklung bestimmte Färbungen, Eigenheiten und Einseitigkeiten mit, bestimmte Eigenschaften fehlen ihm völlig, was er oft selbst nicht einmal bemerkt. Durch die dargestellte Intensivierung und Erweiterung des Bewußtseins wird diese Einseitigkeit nicht aufgehoben, sie wird sogar zunächst noch verstärkt.

Die nächste Stufe besteht deshalb darin, diese ganze Verstärkung der eigenen Kräfte «zurückzunehmen». Die geistige Welt jenseits von Subjekt und Objekt soll im Innern sprechen, gehört und aufgenommen werden. Dabei muß die eigene Seele, das Ich lernen, schweigen zu können. Es ist ein Weg der Überwindung des Egoismus. Dieser Weg muß zuerst im alltäglichen Leben beginnen. Jede wahre Liebe wird den Egoismus ein wenig überwinden. Jede selbstlose, hilfsbereite und opferwillige Tat bedeutet eine kleine Wegstrecke hin zu diesem Ziel. Aber jeder Mensch mit etwas Selbsterkenntnis weiß, daß ein großer Teil des Egoismus trotzdem unbewußt vorhanden bleibt. Um diesen zu überwinden, ist eine Steigerung der Liebefähigkeit erforderlich, was zunächst in der Erkenntnistätigkeit erreicht werden kann. Dabei treten in der Gegenwart besonders viele Mißverständnisse auf. Es wird zum Beispiel gesagt: Wer übersinnliche, geistige oder göttliche Erkenntnisse erreichen will, muß dabei das eigene Ich auslöschen. Dieses Argument wirkt überzeugend, enthält aber nur die halbe Wahrheit. Oft ist aber die halbe Wahrheit irreführender als die vollständige Unwahrheit, weil sie nicht so leicht durchschaut wird. Wenn das Ich nämlich so, wie es zunächst sich betätigt, unterdrückt oder gar ausgelöscht wird, verliert der Mensch dabei seine Selbständigkeit. Er wird abhängig von einer äußeren Macht, einem «Guru» oder von einem anderen Menschen, er wird ein Spielball von unkontrollierten Kräften, die ihn mehr oder weniger bestimmen. Damit wird die Ausgangslage des natürlichen Egoismus noch verschlechtert. Die Selbständigkeit des einzelnen Menschen darf in der Gegenwart niemals, und am allerwenigsten, wo es um Wahrheit und Erkenntnis geht, aufgegeben werden. Das Problem ist also viel schwieriger, denn zuerst müssen die eigenen aktiven Seelenkräfte und die ordnenden Kräfte des Ichs verstärkt werden. Dann aber muß das Ich durch «Zurücknehmen» bewußt einen Hohlraum bilden, innerlich vollständig schweigen und eine aufnahmefähige «Schale» bilden, die dann Resonanzorgan für die geistige Welt werden kann. Das Ich schweigt, aber die dabei gebildete «Schale» ist innerlich stark. Wenn ein Mensch, der sein Denken nur schwach ausgebildet und sein Wissen nicht erweitert hat, schweigt, dann ist dieses Schweigen leer. Wenn dagegen ein anderer, der sich mit kräftigem Denken vieles wissend erarbeitet hat, sich selbst zurückhält, schweigt und zuhört, kann er auch vieles wahrnehmen und tiefgehend hören. Die aus solchem Hören gebildete Schale ist ein Resonanzorgan, das zum geistigen «Hören» führt; es wird als das «leere» Bewußtsein bezeichnet.

Es gibt viele vorbereitende Übungen, die zu dieser entscheidenden Stufe der geistigen *Inspiration* führen. Schon eine aufmerksame Neuentdeckung des gewöhnlichen, physischen Hörens ist dabei unerläßlich. Die Klangfarben der verschiedenen Stoffe und Dinge haben unendliche Tiefen in sich, die ein oberflächliches Hören nicht bemerkt. Wie klingen verschiedene Holzarten, verschiedene Metalle, verschiedene Steine, wie rauscht das Wasser, wie flüstert der Wind in den Blättern einer Eiche anders als in einer Ulme, wie raunt der Wind im tiefen Tannenwald? Alle diese Klangfarben unterscheiden sich wiederum wesentlich von den Klangfarben, die seelisch durchströmt sind, wie beim wohlzufriedenen Grunzen des fressenden Schweines oder beim Angstschrei desselben Schweines, wenn es geschlachtet wird. Wo eine seelische Gebärde durch die Klangfarbe hindurch wahrgenommen wird, öffnet sich ein großes Feld des Hörens, denn das Hören geht hier weit über das Physisch-Akustische hinaus. Kommt man von diesem Feld des Hörens wieder zu den Klangfarben der Holzarten und Metalle etc. zurück, in denen kein bewußt Seelisches mitschwingt, beginnen auch diese Klangfarben neue Tiefen zu offenbaren.

Diese Wahrnehmungsübungen beim Hören bilden eine unerläßliche Vorstufe für das geistige Hören, wo das erstarkte Ich sich selbst so weit zurückhalten kann, daß die geistigen, inneren «Töne», und dann auch das geistige «Wort» wahrgenommen werden können.

Doch ist der sich selbst behauptende, geistige Egoismus, der eigentlich nur sich selbst hören will, viel stärker, als man im Anfang vermutet. Die ganze Stärke dieses Egoismus zeigt sich erst stufenweise. Dabei ist eine erkenntnismäßige Verarbeitung des eigenen Lebenslaufes, eine Lebensrückschau notwendig.

In dieser Rückschau wähle man eine beliebige Situation aus, die einen vor eine besondere Prüfung gestellt hat und wo es notwendig war, Lebensmut und Durchhaltekraft zu entwickeln. Schwierigkeiten, Behinderungen, Niederlagen, Krankheit, soziale Enttäuschungen oder Angriffe von außen mögen sich gehäuft haben. Jetzt versuche man, das ganze Geschehen von einer höheren Warte zu betrachten, als ob man selbst eine andere Person wäre. Das ist eigentlich nicht besonders schwierig, denn jeder Mensch trägt eine Art von innerem Beobachter in sich, der alles, was geschieht, mit einer gewissen distanzierten Objektivität anschauen kann. Das Ganze wird von oben wie ein Theaterschauspiel betrachtet, bei dem man selbst gleichzeitig mitspielt.

Viel schwieriger ist es aber, den nächsten Schritt zu tun: *das Wesentliche vom Unwesentlichen zu unterscheiden.* Zunächst kann das unerreichbar, ja sinnlos erscheinen, denn ich kann doch nicht Teile des Vorganges als unwesentlich ausscheiden, da doch alles sonst anders verlaufen wäre. Ein Schlüssel, der hier weiterführt, ist jedoch die Frage: Welche Entwicklungskräfte haben sich durch den Vorgang gebildet? Wenn der Lebensmut oder die eigene Durchhaltekraft verstärkt wurden, ist dies für das ganze folgende Leben entscheidend und offensichtlich wesentlicher als die vorübergehenden Inhalte der Episoden. Die Entwicklungsschritte, die man selber durch solche Ereignisse vollzieht, sind immer wesentlicher als die Inhalte der Ereignisse selbst.

Bei dieser Suche nach dem Wesenskern des eigenen Geschicks, in dem eine neue Tiefe der eigenen Existenz bewußt werden kann, entdeckt man notwendigerweise eine Reihe anderer Menschen, die in der nächsten Umgebung für einen bestimmten Vorgang unentbehrlich waren. Besonders deutlich wird dies, wenn man die Lebensverarbeitung von der ersten ausgewählten Situation nach und nach zu einer vollständigen Lebensrückschau erweitert. Die am eigenen Schicksal beteiligten Menschen erscheinen dem betrachtenden Bewußtsein in der Rückschau zunächst unbedeutender als die eigene Person. Man selbst spielt gewissermaßen die Hauptrolle im Theater des Lebens, die anderen sind Statisten. In diesem Bild drückt sich der eigene, versteckte Egoismus deutlich aus. Wird einem das bewußt, erschrickt man zunächst gewaltig. Dadurch kehrt sich die Gewichtung der Existenz der anderen Menschen gegenüber der eigenen um. Für das betrachtende Bewußtsein erscheint die Bedeutung der eigenen Person nun unwesentlich, man lebt jetzt im Bewußtsein nur in dem Wesen der anderen Menschen. Sie erscheinen als die eigentliche Wirklichkeit, während dieses Wirklichkeitsgefühl für die eigene

Person verschwindet. Was wäre man ohne den entscheidenden Ratschlag eines Lehrers geworden, wie wäre das eigene Leben anders verlaufen ohne einen bestimmten Unfall, der einen in einer Phase der Lethargie wieder ganz wach gemacht hat, was wäre man ohne die Eltern und Freunde, ohne die Geschwister und Verwandten? Wäre die eigene Existenz nicht vollkommen nichtig ohne diese entscheidenden Einflüsse der Mitmenschen? Man ziehe diese von der eigenen Entwicklungsfähigkeit ab, und man wird sehen, wie wenig von dem, was man für eigene Errungenschaften gehalten hatte, noch übrig bleibt. Das vermeintliche Selbst erweist sich als eine totale Illusion. Dies ist ein entscheidender Schritt, denn erst nachdem die eigene Person vorübergehend ganz zurückgetreten ist, kann das eigene Ich als Quellpunkt der Freiheit, der selbständigen Urteilskraft und der Liebe gefunden werden. Es wird dann als höheres Ich gleichzeitig im eigenen Innern und in den anderen Menschen gefunden. Das höhere Ich lebt gleichzeitig im Zentrum und im Umkreis.

Diese Verarbeitung der eigenen Biographie kann mit einer konkreten, kurzen Lebensepisode als Übungsbeispiel beginnen und sich dann mehr und mehr zum ganzen Lebenslauf erweitern. Die Erweiterung muß aber immer konkret, inhaltvoll vollzogen werden. Je bestimmter man dies für jedes Lebensjahr durchführt, um so stärker wird der Egoismus zurücktreten. Er läßt sich aber nicht mit einem Mal absetzen. Wenn man sich sagt: «Von jetzt ab werde ich nicht mehr egoistisch sein», so ist das natürlich eine bloße Selbsttäuschung. Nur durch die konkrete Entdeckung der Wesensbedeutung der anderen Menschen – und zwar für das ganze Leben, Jahr für Jahr, wird der Egoismus überwunden.

Durch die Neuentdeckung und Betrachtung des mitmenschlichen Umkreises erweitert sich auch das Verhältnis zur Naturumgebung. So wie das höhere Selbst in den anderen Menschen lebt, ist es auch im Umkreis der Natur wirksam, besonders stark in der Naturumgebung der Kindheit. Das wird aber nur dann bewußt werden, wenn die früher erwähnten Übungen zur Vertiefung der Sinneswahrnehmungen, der Farben und Töne und der ganzen Fülle der Natur zureichend weit gediehen sind. Sonst wird die Naturumgebung mehr oder weniger als blasse Kulisse erfahren. Sie ist aber in Wirklichkeit in allen ihren Kräften genauso bestimmend für das Schicksal wie die Kräfte der mit uns verbundenen Menschen. Verlief die Kindheit im Hochgebirge, im Tannenwald, an einer stürmischen Meeresküste oder in einer Großstadt? Das höhere Selbst kann im tiefsten Innern, aber immer auch gleichzeitig in der konkreten Begegnung mit anderen Menschen und in einer tieferen Schicht der Sinneswahrnehmungen der Natur gefunden werden.

Der Weg der Überwindung des Egoismus ist ein steiler, steiniger Weg. Viele konkrete, kleine Übungen können als Verstärkung hinzukommen. Als Beispiel sei die folgende dargestellt.

Man betrachte sich selbst in bezug auf kleine, an sich unbedeutende Lebensgewohnheiten, Gebärden, die man unbewußt oft macht, oder Lieblingsworte, die man auffällig oft benützt. Man wähle dann etwas von diesen Gewohnheiten aus und entscheide sich, diese Gebärde oder dieses Lieblingswort im Laufe der nächsten Monate nicht mehr zu benützen und an ihre Stelle eine andere Gebärde oder ein anderes Wort zu setzen. Man kann dann zwei interessante Erfahrungen machen. Der Widerstand gegen Veränderungen eingewurzelter Gewohnheiten, auch wenn diese an sich bedeutungslos zu sein scheinen, ist viel größer als erwartet. Es ist, als ob sich in diesen Gewohnheiten eine starke Macht geltend machte, die sagen würde: «Ich will mich auf keinen Fall ändern.» Aber die zweite Erfahrung ist noch wichtiger: Es ist doch möglich, sich zu verändern, sich selbst umzugestalten, es ist möglich, aus Entschluß und Einsicht heraus zu handeln. Das Freiheitsgefühl bei einer Veränderung, die man an sich selbst bewußt herbeiführt und gestaltet, ist für die weitere Entwicklung sehr wertvoll.

Die nächste Stufe bildet eine Übung der Willenskontrolle. Man erfinde eine kleine Tat, die man am folgenden Tag zu einer bestimmten Uhrzeit ausführen will. Die Tat soll nicht zu den Gewohnheitshandlungen oder sozialen Pflichten gehören und auch sonst keinen direkten Nutzen haben.

Völlig losgelöst von diesen Notwendigkeiten gibt es nichts, was zu dieser Tat führen könnte, als die eigene, freie Initiative. Bei der Ausführung besinne man sich auf diese Entschlußkraft, die zur Tat führt. Sowohl bei dieser Übung wie bei der Veränderung von Gewohnheiten empfindet man im Unterbewußtsein einen leisen Schmerz, der dann auch bewußt werden kann. Er gehört zu jeder Selbstüberwindung. Mit der Stärke der Selbstüberwindung wächst auch der Schmerz. Gerade bei der Erkenntnisstufe, auf der das starkgewordene Ich sich selbst zurücknimmt und den Hohlraum, das «leere» Bewußtsein erzeugt, spielt dieser Schmerz eine große Rolle. Deshalb wird diese Erkenntnisstufe zunächst auch in der Regel nicht erreicht, denn unterbewußt will man den Schmerz vermeiden. Je weiter sich diese Stufe verwirklicht, desto mehr wächst auch der Schmerz. Aber auch der Mut und der Wille zur Erkenntnis und Wahrheit kann entsprechend wachsen, die Feigheit überwinden und die Schmerzen ertragen helfen. Jede wirkliche Errungenschaft im Erkenntnisleben ist aus Schmerzen geboren.

Die Zivilisation der Gegenwart verhält sich grundsätzlich ablehnend gegenüber Schmerzen, auch wenn sie selbst ständig ungeheure Schmerzen verursacht. Um Schmerzen zu vermeiden, verwendet man Betäubungsmittel und sucht nach Ablenkungsmöglichkeiten. Unsere Zivilisation strebt nach Genuß und Wohlbehagen, dennoch hat keine bisherige Zivilisation so viele Menschen gefoltert und umgebracht. Oberflächlichkeit und Zerstreuungssucht sind nur zwei Symptome für diese Situation.

Es geht hier nicht um die Schmerzen an sich oder etwa um Selbstpeinigung und Askese. Das wäre nicht sachgemäß. Die Funktion des Schmerzes auf dem Erkenntnisweg muß nur richtig verstanden werden. Der Mensch braucht das Gefühl echten Genusses und wahrer Freude, denn es wirkt wie Wind in die Segel des Lebensschiffes. Aber zu jeder höheren Stufe des *Bewußtseins* gehört der Schmerz unweigerlich dazu. Er ist eine wesentliche Begleiterscheinung, nur muß der Mut zur Erkenntnis und zur Weiterentwicklung stärker sein. Wenn das nicht der Fall ist, können Schmerzen zunächst nur zerschmetternd und lebenszerstörend wirken. Der Irrtum des Asketen besteht darin, daß er glaubt, der Schmerz an sich könne erhöhend wirken. Die hier gemeinten Schmerzen sind wie Geburtswehen. Das Entscheidende dabei ist immer das werdende «Kind».

Eine weitere, die Kraft der Selbstüberwindung verstärkende Übung ist die tägliche Rückschau am Abend auf den zu Ende gehenden Tag. Dabei wird der Verlauf der Ereignisse und Erlebnisse in umgekehrter Reihenfolge vorgenommen, so daß man mit dem letzten Ereignis vor dem Schlafengehen beginnt und mit dem Aufstehen am Morgen abschließt. Außerdem kann jedes Ereignis auch noch in sich selbst rückläufig angeschaut werden. Diese vollständige Rückläufigkeit läßt sich zunächst kaum für den ganzen Tag erreichen. Man wird dann die vollständige Rückläufigkeit zunächst nur für einen kleineren Zeitabschnitt durchführen und das übrige nur in einem größeren, pauschalen Panorama an sich vorüberziehen lassen. Nach und nach mag dann der kleine Zeitabschnitt größer werden. Die erwähnte umgekehrte Folge bei der Rückschau ist deshalb wichtig, weil man sich dadurch von dem gewohnheitsmäßigen Vorwärtsstürzen von Ereignis zu Ereignis losreißt und in eine tiefere Schicht der eigenen Handlungen hineinschaut. Man kann sich selbst dabei mehr von der äußeren Seite oder auch von der inneren Erlebnisseite her sehen.

Alle diese Übungen führen dazu, dem Denken ein neues Feld der Erkenntnistätigkeit zu öffnen. Es ist dies die Fähigkeit, von einem Gesichtspunkt zu einem völlig entgegengesetzten Gesichtspunkt überzugehen, ohne die Erfahrungen und Erkenntnisse, die man am ersten Gesichtspunkt gewonnen hat, auszulöschen. Dadurch entstehen Spannungen zwischen den verschiedenen Positionen. Es beginnt ein «Gespräch», durch das etwas Höheres hereinspielen kann. Das Denken wird beweglich genug, um sich den wechselnden Positionen anzupassen. Nur allzuleicht entsteht aber auf dieser Stufe das Mißverständnis, das Denken müsse hier ausgeschaltet werden, damit ein höheres Geistiges sprechen könne, alles Denken sei hier nichtig, weil jeder einzelne

Gesichtspunkt immer einseitig bleiben müsse. – Ein Auslöschen des Denkens beruht meistens auf Bequemlichkeit oder auf einem Erkenntnisnihilismus und hat nichts mit dem hier Dargestellten zu tun. Das Denken bleibt vielmehr die unentbehrliche Stütze auf dem Weg von den einfachsten Sinneswahrnehmungen im physischen Bereich bis zum höchsten Geistig-Wesenhaften. Ohne das Denken ist jede Wahrheitssuche vergeblich. Nur muß das Denken auf jeder Stufe der Erkenntnis neue Möglichkeiten entfalten; das Erkennen verwandelt sich von Stufe zu Stufe.

Bei dieser Entwicklung entstehen im Seelenleben eines Menschen oft grelle Disharmonien, weil sich große Möglichkeiten und Fähigkeiten teilweise viel früher ankündigen, als der Mensch in der Lage ist, in seinem Leben zu verwirklichen. Wird dies aber zureichend deutlich durchschaut, braucht deswegen die Ruhe und unerschütterliche Gelassenheit nicht verloren zu gehen.

Vom ersten Schritt des Erkenntnisweges an muß diese «innere Ruhe» regelmäßig gepflegt werden. Sie stellt deshalb eine kontinuierliche und grundlegende Übung auf dem meditativen Erkenntnisweg dar.

Die innere Ruhe ist zunächst schwierig zu fassen, weil sich ihr Gegenteil, die Unruhe, gerade dann breitmacht, wenn man sie nicht gebrauchen kann. Es gibt die verschiedensten Typen von Unruhe: Sie entsteht durch Zorn, Beleidigtwerden, Angst, Ehrgeiz, Neid, Eitelkeit, Übereifrigkeit, Schamgefühl, Verzweiflung, Minderwertigkeitsgefühl, Größenwahn, Streß, Sensationsgier, Lampenfieber, Begierden etc. Jeder Typus von Unruhe hat eine eigene Färbung. Das Gegengewicht dazu ist aber nicht die phlegmatische Ruhe, denn sie ist weiter entfernt von der wirklichen Ruhe als alle diese Unruhe-Typen und besteht nur darin, daß man seine Umgebung überhaupt nicht bemerkt. Man muß ja erst einmal etwas bemerken und aus der schläfrigen Ruhe erwachen. Um dann aber die Unruhe zu überwinden, muß man zuerst prüfen, zu welchem Unruhe-Typ man besondere Neigung hat. Dann stelle man sich eine extreme, aber erfundene Situation vor, in der man in diese Unruhe gerät. Da man die Ursache der Unruhe durchschaut, läßt sich die aktive Ruhe im Bewußtsein wieder herstellen. Die stürmischen Wellen, die man innerlich erzeugt hat, werden geglättet. Die Ruhe ist eine aktive Kraft, die aus dem innersten Wesenskern des Menschen kommt. Sie muß die ganze Existenz mit ihrer Wärme durchströmen. Die bloß phlegmatische, passive Ruhe mag kaltblütig sein. Wirkliche Ruhe geht immer vom Herzen aus.

Jede Stufe der Erkenntnis bringt einen mit immer neuen stürmischen Kräften des Weltendramas in Berührung. Die Unruhe muß jedesmal wieder überwunden werden. Doch die Kraft der Ruhe wächst bei jedem Schritt der Erkenntnis. Ist dies nicht der Fall, muß ein Schritt zurückgegangen werden, bis die verstärkte Kraft der Ruhe zu wirken beginnt.

Beim Fortschreiten der Erkenntnis können wir eine Gesetzmäßigkeit wahrnehmen, die schon bei den ersten Schritten ihre Gültigkeit hat, und dann immer deutlicher in Erscheinung tritt. Das Fortschreiten verläuft nämlich in drei Phasen, wobei zwei verschiedene Tendenzen oder Typen zu unterscheiden sind.

Es gibt Menschen, die sehr krafterfüllt sind und sich in der Umgebung geltend machen. Sie verändern sich dabei kaum und bleiben eigentlich, wie sie sind. Eindrücke von außen scheinen keine besondere Wirkung auf sie zu haben. Sie könnten mit einem massiven Gummiball verglichen werden. Wird ein solcher von außen eingedrückt, hat er schon nach kurzer Zeit seine eigene Form wiederhergestellt. Wir können diese Tendenz im hier gemeinten Zusammenhang «positiv» nennen.[8] Die umgekehrte Tendenz findet sich genauso häufig. Die äußeren Eindrücke hinterlassen bleibende Spuren, ohne daß der Mensch selbst diese Formen besonders mitgestaltet. Er scheint ein Abdruck äußerer Einflüsse zu sein. Man könnte einen solchen mit weichem Wachs vergleichen. In diesem Zusammenhang können wir diese Tendenz «negativ» nennen. Nur in seltenen Ausnahmefällen zeigen sich diese einseitigen Typen in ganz extremer Form, aber die Neigung nach einer dieser beiden Richtungen ist bei jedem Menschen wahrzunehmen.

Ganz anders verhält es sich aber, wenn diese beiden Kraftrichtungen nicht alleinherrschend sind, sondern in ein und demselben Menschen abwechseln, denn durch die geistige Entwicklungskraft erschließen sich hier neue Möglichkeiten. Bei jedem Lernvorgang ist etwas von diesem Abwechseln der beiden Tendenzen vorhanden. Zuerst ist eine gewisse «positive» Kraft und Fähigkeit vorhanden. Dann hält aber der Mensch alles, was er von vornherein weiß und kann, zurück und öffnet sich für völlig neue Erfahrungen. Diese können dann einen tiefen Eindruck machen. Aber der Mensch läßt sich nicht von diesem Eindruck allein bestimmen und prägen. Letzterer wird aus den eigenen Kräften verarbeitet und vereinigt sich schließlich ganz mit dem Eigenwesen des Menschen. Hier zeigen sich also jene drei Phasen: Zuerst die «positiven» Kräfte, dann die «negative» Haltung, dann wiederum «positive» Kraft, aber auf einer höheren Stufe. Was in dieser Weise bei jedem Lernvorgang und bei jeder Entwicklung des Menschen vor sich geht, können wir in einem vergrößerten und erweiterten Maßstab auch bei der Entwicklung zu höheren Erkenntnisstufen wahrnehmen. Es geht nicht einfach linear vorwärts. Zuerst muß eine innere Verstärkung stattfinden: Der Mensch wird «positiv». Nun folgt die umgekehrte Richtung; die selbstlose Aufnahme von völlig Neuem in «negativer» Haltung. Dann erst ist die dritte Stufe möglich: die selbständige Wesensvereinigung mit dem Neu-Erkannten: eine höhere Stufe der «positiven» Einstellung.

Auf der ersten Stufe wird die sonst schlafende Willenskraft im Denken zum Leben, zur aktiv gestaltenden Tätigkeit erweckt. Auf der zweiten Stufe wird durch Lebensverarbeitung und Lebensumgestaltung Bewußtseinslicht in das sonst schlafende, unbewußte Willensleben geschickt. Auf der dritten Stufe vereinigen sich beide Richtungen in einem bewußten Pendelschlag. Die erste Phase ist die Erkenntnisstufe der Imagination. Die zweite Phase ist die Erkenntnisstufe der Inspiration. In der dritten Phase wird die Erkenntnisstufe der Intuition Wirklichkeit.

Wesensvereinigung.
Übungen auf dem Wege zur Intuition

Schon der einfachste Gedanke, insofern man den Gedanken versteht und nicht nur äußerlich Worte wiederholt, enthält Intuition, die Offenbarung eines Geistigen, das nicht durch physische Sinnesorgane erfaßt werden kann. Dieses im verstehenden Denken als Intuition vorhandene Geistige kann bildlich als Samenkorn einer Pflanze dargestellt werden. Das Samenkorn enthält als Möglichkeit die ganze Pflanze in sich, aber die ganze Pflanze ist in der Existenzform des Samenkorns noch nicht real entfaltet. Wie das Samenkorn sich zur voll entfalteten Pflanze verhält, so verhält sich die Intuition, die schon im einfachsten, verstehenden Denken vorhanden ist, zur voll entwickelten Erkenntnisstufe der Intuition, die erst erreichbar wird, wenn die Erkenntnisstufen der Imagination und der Inspiration zureichend entwickelt worden sind.

Wenn auch die Erkenntnisstufe der wahren Intuition dem Alltagsbewußtsein sehr fern ist, sind trotzdem auf dem meditativen Erkenntnisweg sehr bald Übungen möglich, die zur Intuition hinführen wie zum Beispiel die folgende.

Man versuche, sich innerlich drei Bilder von einem anderen Menschen zu erarbeiten. Diese drei Bilder sollen aber grundsätzlich voneinander verschieden sein. Im ersten Bild versuche man alles, was man von dem anderen Menschen weiß, zusammenzufassen, seine ganze Eigenart, Fähigkeiten, Gewohnheiten, Verhalten etc., alles als ein geschlossenes Bild seiner Individualität, wie aus einem Guß gemalt. Während dieses erste Bild, ein fertiges, vollendetes Bild ist, soll das zweite Bild ein unfertiges Bild sein, das sich noch im Entstehen befindet, der Maler ist gewissermaßen gerade dabei, das Bild weiter zu gestalten. In jeder Begegnung mit einem anderen Menschen kommt es nur allzuoft vor, daß man ausschließlich das erste Bild berücksichtigt, das nicht einmal mit der Wirklichkeit übereinzustimmen braucht. Man spricht dann nicht mit dem anwesenden Menschen, sondern mit dem, vielleicht sogar verfälschten, Bild seiner Vergangenheit. Wie gut man auch den anderen Menschen im ersten Bild erfaßt haben mag, es ergibt sich daraus niemals, was im jeweiligen Augenblick in ihm vorgeht. Dieses zweite zu erzeugende Bild hat deshalb nicht nur inhaltlich, sondern grundsätzlich einen anderen Charakter. Beim Erarbeiten des ersten Bildes müssen alle inneren Kräfte wachgerufen werden, damit mit der gestaltenden Kraft des lebendigen Denkens die Bildgestalt der anderen Individualität, so wie sie entstanden ist, nachvollzogen werden kann. Sie wird nicht aus äußeren Ursachen erklärt, sondern als gestalteter Ausdruck der geistigen Weisheit geschaut. Es ist eine Übung zur Erkenntnisstufe der Imagination.

Beim zweiten Bild genügt dies nicht. Hier müssen die inneren, bildgestaltenden Kräfte zurückgenommen werden, um eine Öffnung für dasjenige zu schaffen, was in jedem Augenblick neu hereintönt, hereinspricht aus der Wesenheit des anderen Menschen. Es ist also eine Übung zur Erkenntnisstufe der Inspiration.

Das dritte Bild ist das schwierigste, aber auch wichtigste. Es ist nicht fertig oder vollendet gestaltet aus der Vergangenheit heraus. Es befindet sich auch nicht unmittelbar im Werden. Der Maler hat hier gewissermaßen überhaupt noch nicht angefangen, das Bild zu malen. Was man vor sich hat, ist sozusagen der Maler, die leere Leinwand und die Farbentöpfe, aber nichts von dem zu schaffenden Bild. Es ist die *Zukunft* des Menschen. In jeder Menschenbegegnung ist nicht nur die Vergangenheit und das unmittelbare Geschehen in der Gegenwart zu berücksichtigen. Jeder Mensch hat auch Keime der Zukunft in sich; in all seinen Willensintentionen lebt diese Zukunft, aber vorläufig nur als Keim. Bei jeder Menschenbegegnung kommt es entscheidend darauf an, dieses Element zu erfassen. Da genügt nicht das gestaltende, lebendige

Denken, das die entstandenen Formen in ihrem Werdeprozeß nachvollziehen kann. Es sind noch keine fertigen Formen vorhanden, die verstehend angeschaut werden könnten. – Auch nicht das sich öffnende, geistige «Hören» (Inspiration) kann hier weiterhelfen, denn es «tönt» noch nichts herein. Der Mensch muß hier mit seinem eigenen innersten Willen in die Willensintention des anderen Menschen hineinsteigen, oder anders ausgedrückt, die Willensintention des anderen Menschen ganz in seinen eigenen Willen hereinnehmen. Es ist eine Wesensvereinigung im Willen. – Es ist eine Übung zur Erkenntnisstufe der Intuition.

Diese drei verschiedenartigen Bild-Übungen können dann auch auf den physischen Leib des Menschen gerichtet werden. Zuerst schaue man auf alles, was im physischen Leib fertige Struktur ist, vorzüglich die Nerven-Sinnesorgane des Kopfes, aber auch alles, was im ganzen Leib gegebene Struktur ist. Man versuche aber nicht, nach Naturgesetzen auf äußerliche Weise zu erklären, sondern sehe das Ganze, die Strukturgestalt als ein fertig gemaltes Bild der geistigen Individualität des Menschen (Imagination).

Das zweite, noch im Entstehen begriffene Bild wird geformt, wenn man versucht alle rhythmischen Vorgänge des Leibes, im Blut, im Herzen, in der Lunge zu erfassen (Inspiration).

Für das dritte Bild richte man seine Aufmerksamkeit auf die Vorgänge im Stoffwechsel- und Bewegungssystem des menschlichen Organismus. Hier sind die Willensintentionen zu finden, die als Keime der Zukunft wirken. Sie können nur erfaßt werden, in dem Erarbeiten eines quasi noch nicht angefangenen Bildes, dadurch daß die eigene, innerste Willensintention in der Übung der Intuition sich betätigt und mit der Willensintention des anderen Wesens sich vereinigt.[9]

Weiter kann die Frage gestellt werden: Wer ist der Maler in diesen drei Bildübungen? Es ist zunächst die geistige Individualität des Menschen, dem wir begegnen. Ohne ihn wären ja die drei Bilder nicht da. Indem wir nun die drei Bild-Übungen ihm gegenüber machen, erzeugen wir im Innern die drei Bilder neu, und je weiter uns das gelingt desto mehr vereinigen wir uns mit jener geistigen Individualität auf der Stufe der Intuition. Wir werden gewahr, daß diese Individualität göttlichen Ursprungs ist. So führt die Begegnung zwischen Menschen durch die Erweiterung und Vertiefung der Erkenntnis zu einer tiefen Ehrfurcht vor dem Göttlichen, das in dieser Begegnung erwacht. Ehrfurcht, Devotion ergibt sich als Grundhaltung auf dem Weg, der zur Erkenntnis des Geistigen im Menschen und in der Welt führt.

Verehrung gegenüber bestimmten Menschen mag in vielen Fällen wohlbegründet sein und ist berechtigt, so lange sie nicht zur Unselbständigkeit oder sklavischer Abhängigkeit führt. Die hier gemeinte Ehrfurcht oder Devotion gegenüber Wahrheit und Erkenntnis aber macht niemals unselbständig.

Wie verhält sich nun diese Grundhaltung der Ehrfurcht zu der heute stark ausgebildeten Kritikfähigkeit des Menschen? Diese kritische Fähigkeit läßt sich nicht abschaffen. Fehler und Schwächen, Unhaltbares und Verwerfliches sollen nicht blindlings übergangen werden. Es läßt sich aber beobachten, was durch die kritische Tätigkeit *auch* geschieht: Sie schafft immer Distanz, aber auch Kälte, der kritisierende Mensch wird selbständiger. Die Kluft zwischen Subjekt und Objekt, zwischen Innen und Außen wird durch jede Kritik zunächst vertieft. Daraus erwächst die Erkenntnisaufgabe, die Kritik wieder «aufzuheben», wobei «aufheben» hier nicht in der Bedeutung von «auslöschen» oder «bereuen» gemeint ist. Hinter allem Kritikwürdigen läßt sich oft auch etwas Positives bemerken, die Kritik wird so zu einem abklärenden Element. Der Inhalt der berechtigten Kritik wird dabei *aufbewahrt,* aber auf einer höheren Stufe mit einem neuentdeckten, stärkeren, positiven Inhalt vereinigt, in diesem Sinne wird hier von «aufheben» gesprochen. Man könnte den Vorgang verdeutlichen und die Bedeutung der Kritik mit der Bedeutung des Schattens bei der Betrachtung eines Gegenstandes im Sonnenlicht vergleichen. Die Schattenwirkungen lassen den Gegenstand noch deutlicher erscheinen. Wird aber *nur* der Schatten gesehen, so verschwindet der eigentliche Gegenstand.

Die Ehrfurcht darf berechtigte Kritik nicht auslöschen, kann aber so stark werden, daß sie jede Kritik in diesem Sinne zu einer höheren Stufe *aufhebt*. Die grundlegende Übung der *Positivität*, versucht, durch das Negative hindurch oder über das Negative hinaus ein neues Positives zu entdecken.

Diese Übung der Positivität ist auf dem meditativen Erkenntnisweg in der Gegenwart besonders wichtig, weil die einseitige kritische Neigung so groß geworden ist, daß sie den Menschen isoliert und von der wahren Wirklichkeit der Welt trennt.

Wie wird diese Positivität nun geübt? Zuerst gilt es, die eigene kritische Tätigkeit zu beobachten und dann bewußt an dem Kritisierten das jeweils auch vorhandene Positive zu entdecken. Wenn man die Aufmerksamkeit schärft und sich nicht von der berechtigten Kritik stören und ablenken läßt, kann immer wieder Neues, Wesentliches gefunden werden, das vorher durch die Kritik unbeachtet geblieben war. Die Konzentration auf dieses Positive bildet dann eine Fähigkeit, mehr und mehr Positives in der Umgebung zu entdecken.

Die Übung der Positivität schafft auch die notwendige seelische Grundlage für den oben beschriebenen «Licht-Seelen-Prozeß» zwischen Innen und Außen.

Im Denken und Fühlen der Übung der Positivität stellt man sich in einen größeren Weltzusammenhang hinein als man ihn vorher erlebt hat. Neue Möglichkeiten des Denkens und des Wollens öffnen sich, und dies ist immer eine Prüfung des Mutes. Wenn man eine umfassende und abgeklärte Erfahrung hat, fühlt man sich «sicher»; es kann ja nichts Neues passieren, was einen umwerfen könnte. Aber gerade in dieser Haltung liegt eine Täuschung, welche die Öffnung zu *neuen* Entdeckungen und *neuen* Taten verbaut. So ist es gut, sich mit der Übung der *Vorurteilslosigkeit* zu beschäftigen. Sie hat dasselbe Verhältnis zur schon bestehenden Erfahrung, wie die Übung der Positivität zur berechtigten Kritik – die Erfahrung muß auch «aufgehoben» werden, sowohl in bezug auf das Denken wie auf das Wollen. In bezug auf das Denken heißt dies: Wieviel ich auch schon weiß, es gibt immer überraschende neue Wirklichkeiten zu entdecken und zu erkennen, und das schon Gewußte kann sehr oft gerade dieses Neue verdecken. In bezug auf das Wollen heißt es: Wieviel ich auch schon ausführen kann, es gibt immer neue Fähigkeiten, die ich noch nicht beherrsche, die sich aber realisieren lassen. Diese werden sehr oft zugedeckt gerade durch das, was ich schon kann, denn nur allzugerne bleibt man so wie man ist.

Die vorher beschriebene Übung der Positivität würde falsch verlaufen, wenn man versuchen würde, jede Kritik auszulöschen und alles «gut» zu finden. Ebenso würde die Übung der Vorurteilslosigkeit unrichtig ausgeführt, wenn hier die Erfahrung unberücksichtigt bliebe oder gar ausgelöscht würde, nur um vorurteilslos sein zu können. Die Übung erfordert mehr. Die Erfahrung soll auf einer höheren Stufe «aufgehoben» werden. Die Übung der Vorurteilslosigkeit stärkt die Mutkräfte, denn man läßt sich bewußt ein auf das noch nicht Durchschaute und Geübte; niemand lernt schwimmen, ohne daß er in das noch unbekannte Wasser hineinsteigt. Hier wird die Kraft des werdenden Menschen, der ständig über sich selbst hinauswächst, geprüft und gestärkt.

Am Anfang des meditativen Erkenntnisweges wird das Erkennen oft als etwas bloß Theoretisches betrachtet gegenüber der «realen» Wirklichkeit der «Lebenspraxis». Nach und nach verändert sich diese oberflächliche Auffassung in zweifacher Weise. Die Erkenntnistätigkeit verdichtet sich stufenweise und wird nach und nach zu einem lebensentscheidenden Vorgang. Gleichzeitig erhellt sich die Sphäre der eigenen Handlungen und öffnet sich der Selbsterkenntnis. Die Lebenslage, in der man sich befindet, jedes alltägliche Geschehen beginnt eine deutliche Sprache zu sprechen. Das Schicksalsbild wird in die Erkenntnistätigkeit einbezogen. Geschieht dies nicht, wird die meditative Lebensverarbeitung vernachlässigt, und läuft die Lebenspraxis dumpf neben der Erkenntnistätigkeit einher, dann wird letztere immer die Neigung haben, zur bloßen Theorie abzustumpfen. Die Erkenntnis kann in Wirklichkeit erst dann zur lebendigen Erkenntnistat werden, wenn gleichzeitig in der Lebenspraxis das eigene Schicksal aufgehellt wird.

Auf dem meditativen Erkenntnisweg verwandelt sich das Denken von Stufe zu Stufe. Es muß immer die Bemühung gepflegt werden, durch die Gedankengestaltungen die geistigen Tatsachen bewußt werden zu lassen. Das bloße Erleben geistiger Tatsachen ohne die gedanklich verarbeitende Durchdringung bleibt subjektiv und führt nicht zu einer Geistes*wissenschaft*. Erst durch das Medium der Gedankengestaltungen, in dem die geistigen Tatsachen bewußt, durchsichtig und verständlich werden, kommt man zur Geisteswissenschaft. Dabei kommt es aber auf die Tatsächlichkeit des Geistigen an. Kluge Gedankenformulierungen ergeben ein mehr oder weniger gutes Gedankensystem, aber keine Geisteswissenschaft. Geisteswissenschaft bedeutet gedanklich durchdrungene geistige Erfahrung, die sich dadurch auch anderen Menschen mitteilen läßt, auch wenn sie diese Erfahrungen noch nicht selbst gemacht haben.

Grundsätzliche Fragen.
Die Bedeutung des Studiums der Geisteswissenschaft für den meditativen Erkenntnisweg

Das Studium der Geisteswissenschaft bildet eine erste unersetzliche Grundlage für den ganzen meditativen Erkenntnisweg. Denn dieser ist nur dann zureichend sicher, wenn er von Anfang an von einer aktiven Denktätigkeit durchdrungen ist. Ein bloß gefühlsmäßiges Erleben wird immer im Unsicheren und Unklaren verbleiben müssen, nur allzuleicht schleichen sich abergläubische Vorstellungen und Mißverständnisse ein, wo unklar geistig Erlebtes sich mit unklaren, physischen Sinneserlebnissen vermischt. Eine gründliche, denkende Verarbeitung jedes Schrittes ist unerläßlich. Und vom ersten Schritt an sind es die im Denken bewußt werdenden geistigen Tatsachen selber, die den Erkenntnisweg fördern. Bloße Gedankenformulierungen ohne den Hintergrund geistiger Tatsachen bilden für den meditativen Erkenntnisweg geradezu eine schwere Behinderung. Deshalb ist es beim Studium besonders wichtig, daß die Gedankeninhalte der Geisteswissenschaft nicht auf Autorität des Geistesforschers hin als wahr angenommen werden. Denn gerade eine solche autoritätsgebundene Haltung verhindert das direkte Wahrnehmen der geistigen Tatsachen. Es kommt darauf an, im geisteswissenschaftlichen Studium mit der energischen Gedankenarbeit nicht nachzulassen, bis man durch die Gedankengestaltungen hindurch auf die geistigen Tatsachen selbst stößt. Diese treten nur durch eigene Tätigkeit, aber zugleich objektiv auf, die Trennung zwischen Subjekt und Objekt überwindend, übergreifend. Die eigene Erfahrung überwindet eine fremde Autorität. Die anthroposophische Geisteswissenschaft enthält kein Dogma, kein Glaubensbekenntnis, ist kein Gedankensystem, keine Theorie. Sie ist eine «*Versuchsmethode* des Allgemein-Menschlichen», durch die reale, geistige Erfahrungen gemacht werden können.

Auch in bezug auf die einzelnen Übungen des meditativen Erkenntnisweges ist ein vorausgehendes, gründliches Studium notwendig. Wenn man eine Übung durchführen will, kann dies erst dann richtig und bewußt geschehen, wenn der Zusammenhang, in dem sie steht, deutlich ist, und zudem, ob nicht zu dieser einen Übung eventuell eine andere ergänzende Übung gehört, durch die erst ein harmonisches Gleichgewicht hergestellt werden kann. Im Vorwort zur dritten Auflage seines Buches «Wie erlangt man Erkenntnisse der höheren Welten?» betont Rudolf Steiner dies: «Ein intimes Hineinleben in die Darstellung ist notwendig; die Voraussetzung soll man machen, daß man die *eine* Sache nicht nur durch das begreifen soll, was über sie selbst gesagt wird, sondern durch manches, was über ganz anderes mitgeteilt wird. Man wird so die Vorstellung erhalten, daß *nicht in einer* Wahrheit das Wesentliche liegt, sondern in dem Zusammenstimmen aller. Wer Übungen ausführen will, muß das ganz ernstlich bedenken. Eine Übung kann richtig verstanden, auch richtig ausgeführt sein; und dennoch kann sie unrichtig wirken, wenn nicht von dem Ausführenden ihr eine andere Übung hinzugefügt wird, welche die Einseitigkeit der ersten zu einer Harmonie der Seele auslöst.» –

Jede Meditation ist nur möglich durch eine individuelle, freie Initiative. Eine Meditation kann niemals von außen in einen Menschen hineinversetzt werden, wenn sie einen Schritt auf dem Erkenntnisweg darstellen soll in der Weise, wie es hier charakterisiert worden ist. Sie wäre dann etwas völlig anderes und müßte anders benannt werden. Auch wieviel ein Mensch meditieren soll, kann nicht durch äußere Regeln bestimmt werden. Alles auf diesem meditativen Erkenntnisweg muß sich individuell und deshalb immer verschieden ergeben, je nach den Möglichkeiten der individuellen Lebenslage, der Konstitution und des sozialen Zusammenhanges. Dies kann aber nur jeder einzelne selbst beurteilen und entscheiden. Eine Darstellung des meditativen Erkenntnisweges ist eine Beschreibung von Erfahrungen und Möglichkeiten, die geprüft worden sind, und sollte niemals als verbindliche Vorschrift verstanden werden. Die Quelle solcher Erfahrungen liegt in der Kraft der Individualität selbst. Die Meditation ist immer eine Überschuß-Tätigkeit über dasjenige hinaus, was man von einem Menschen sonst «erwarten» oder gar «verlangen» könnte. Deshalb ist bei einem meditativen Erkenntnisweg auch immer eine individuelle Motivation wirksam, die wiederum bei jedem Menschen eine verschiedene Färbung und einen anderen Inhalt haben wird. Erst durch die bewußte, individuelle Motivation, wird eine Meditation ihre wirksame Kraft haben können. Wenn man nur probeweise oder gar aus Neugier meditieren würde, werden sich keine dauernden Wirkungen ergeben.

Es gibt sowohl innere wie äußere Hindernisse, die den Fortschritt auf einem meditativen Erkenntnisweg unmöglich machen können. Die inneren Hindernisse werden durch die Meditationen, die zu neuen Stufen des Bewußtseins führen, überwunden. Die äußeren Hindernisse werden durch die Grundlagen-Übungen überwunden, wenn diese sich zu wirklichen Lebensgrundhaltungen ausgestalten, wie sie im Laufe dieser Darstellung charakterisiert worden sind:

1. Gedankenkontrolle (S. 13 ff.)
2. Willenskontrolle (S. 36 f.)
3. Ruhe, Gelassenheit im Fühlen (S. 39 f.)
4. Positivität, Denken und Fühlen (S. 45 f.)
5. Vorurteilslosigkeit, Denken in Verbindung mit Wollen (S. 46 f.)

Die drei erstgenannten Übungen bilden einen Dreiklang im Denken, Wollen und Fühlen. Die Positivität entfaltet sich im Denken und Fühlen und führt zu einem geöffneten Verhältnis gegenüber der eigenen Umgebung. Die Vorurteilslosigkeit verleiht dem Denken in Verbindung mit dem Wollen eine gewisse Reife und führt zu einer Öffnung im Hinblick auf zukünftige Erlebnisse.

Diese fünf Grundkräfte oder Grundqualitäten werden dann in einer sechsten Übung zusammengefaßt, in der man alle fünf Verhaltensweisen gleichmäßig und regelmäßig pflegt, so daß ein Gesamtorganismus dieser menschlichen Entwicklungskräfte harmonisch reifen kann. Diese Grundlagen-Übungen werden oft «Nebenübungen» genannt. Dieses Wort meint aber nicht «nebensächliche Übungen», sondern Übungen die *neben* den anderen Meditationsübungen, die die inneren Hindernisse durch Bewußtseinsentwicklung und Erweckung schlafender Kräfte im Menschen überwinden, eine notwendige, harmonische Lebensgrundlage bilden. Sie erweisen sich für den meditativen Erkenntnisweg als das sichere Fundament, auf dem die anderen bewußtseinserweckenden Meditationen erst richtig durchgeführt werden können.

Georg Kühlewind

Die Schulung der Aufmerksamkeit

Grundlagen

«In keinem Momente des Lebens zwischen
der Geburt und dem Tode ist das Ich etwas so
Festes, daß es nicht gewissermaßen durch
seine eigene Willenskraft von innen heraus
geändert werden könnte.»[1]

In keiner Phase seiner Entwicklung, die immer vorwiegend Bewußtseinsentwicklung war, ist der Mensch rein natürliche Krea-
tur gewesen: immer war er zur Freiheit, zum Selbstbewußtsein
veranlagt. Das heißt, daß er immer über freie Lebens- und Empfindungskräfte verfügt hat, die nicht in der Formung und Erhal-
tung seines physischen Organismus beschäftigt waren, sondern
den spezifisch menschlichen Bewußtseinsfähigkeiten gedient haben, dem Sprechen, dem Denken, dem menschlichen Wahrnehmen. Diese freien Kräfte waren in das Gefüge des zunächst ganz-
heitlich sakralen Lebens eingebunden und wurden später in den
Gebräuchen des religiösen, zivilisatorisch-kulturellen Lebens,
den sozialen Gewohnheiten und Traditionen gebraucht. Somit er-
fuhren diese Kräfte des oberen Menschen immer eine Pflege, die
über alle «natürlichen» Instinkte, Bedürfnisse, biologischen Notwendigkeiten, Vererbungsströmungen hinausging. Die Bewußtseinskräfte, die auch als Kräfte der Aufmerksamkeit, der Intentionalität bezeichnet werden können, unterlagen immer einer Schulung, einer Disziplin. Diese Schulung war verschieden für die
große Masse der Menschen und für die kleine Gruppe der Auserwählten, durch die die Leitung und Lenkung des Lebens und der
Bewußtseinsentwicklung vermittelt wurde: denn die Bewußtseinsentwicklung war nie und ist auch heute nicht eine «natürliche», von selbst fortrollende, sondern ist immer von «obenher»,
von höheren Bewußtseinsstufen her impulsiert.

In der Neuzeit, dem von Rudolf Steiner sogenannten Zeitalter
der Bewußtseinsseele, hat sich durch das entwickelte Selbstbe-

wußtsein die Art und Weise der Bewußtseinspflege weitgehend geändert. Einerseits hat ein großer Teil der Menschheit jene Bewußtseinskonstellation erreicht, die früher nur erst den auserwählten einzelnen als Vorläufer und Vorbilder eigen war und wurde damit der Möglichkeit nach reif, die Pflege des Bewußtseins individuell selber in die Hand zu nehmen; andererseits war gerade das auch eine Notwendigkeit, da die früheren mehr kollektiven Methoden für die Entwicklung der Bewußtseinskräfte nicht mehr anwendbar sind. Ein jeder Mensch ist heute geeignet, das eigene Bewußtsein weiter zu entwickeln, insofern ihm die Struktur der Bewußtseinsseele anerzogen worden ist; das ist völlig unabhängig von Hautfarbe, Rasse, Religion, Herkunft, Klassenzugehörigkeit usw. Die zwei früheren Arten der Bewußtseinspflege sind einander ähnlich geworden und es blieb eigentlich bloß ein Stufenunterschied bestehen. Diese Pflege hat heute eine vorbereitende *seelenhygienische* Funktion und eine weitere, die zu erhöhten Bewußtseinsfähigkeiten zu führen berufen ist. Die zwei Stufen gehen lückenlos ineinander über.

Die moderne Seelenstruktur unterscheidet sich in zwei Haupteigenschaften von der archaischen Seele. Einerseits ist die archaische Kontinuität des alltäglichen Bewußtseins nach oben in die Richtung der höheren Bewußtseinsebenen unterbrochen: Das Alltagsbewußtsein ist durch einen sich stets vertiefenden *Abgrund* von der nächsthöheren imaginativen Ebene, an die sich weitere Ebenen anschließen, getrennt. Die Alltagsebene kann «gespiegelte» oder «Vergangenheits»-Ebene genannt werden, da auf ihr nur die *Ergebnisse* der Erkenntnis*prozesse* – des Denkens, Wahrnehmens, Vorstellens – bewußt werden: das Gedachte, Wahrgenommene, Vorgestellte. Die Vorgänge selbst, die zu diesen Produkten führen, bleiben, durch den Abgrund vom Alltagsbewußtsein getrennt, *überbewußt*. Immerhin wird dieses Überbewußte in jedem neuen – intuitiven – Verstehen und in jedem intensiven Wahrnehmen punktuell berührt.

Andererseits wurden die Aufmerksamkeitskräfte selten individuell gepflegt, und das hatte zur Folge, daß ein mehr oder weniger großer Teil dieser Kräfte sich abgespalten hat und in Formen festgehalten wurde, die in ihrer Gesamtheit das *Unterbewußte* der menschlichen Seele bilden. Dieses besteht aus Gedanken-, Gefühls- und Willensgewohnheiten, die mit einer Selbständigkeit gegenüber der bewußten autonomen Aufmerksamkeit ausgestattet sind. Die oberste Schicht des Unterbewußten bewirkt die unwillkürlichen Assoziationen, die in die vom Ich aus gerichtete Aufmerksamkeit störend eingreifen.

Wegen diesen zwei grundlegenden Unterschieden in der Seelenstruktur weicht die sachgemäße Pflege des modernen Bewußtseins von älteren Methoden ab. Die Hauptrolle kommt heute der autonomen, freien Aufmerksamkeit zu: alle Übungen sind Aufmerksamkeitsübungen. Da die willentliche Aufmerksamkeit vom Alltags-Ich ausgeht, hat die moderne Bewußtseinsschulung im Alltagsbewußtsein ihren Ausgangspunkt. Die archaischen Methoden zum Erwerb höherer Erkenntniskräfte versuchten gerade das Alltagsich, das gewöhnliche irdische Bewußtsein zum Schweigen zu bringen, es außer Wirksamkeit zu setzen; das war möglich, weil die noch gebliebene Verbindung zu den höheren Bewußtseinsebenen das Überwechseln des Bewußtseinskernes auf diese zuließ. Fällt heute die Ebene des Alltagsbewußtseins weg, dann schläft der Mensch mehr oder weniger ein, oder aber das Unterbewußte kommt verstärkt zum Wirken.

Es war den Wissenden und Weisen der Menschheit zu jeder Zeit bewußt, daß das Leben der Menschen von ihrer Erkenntnisfähigkeit abhängt; wie sie sich und die Welt erkennen, dadurch wird ihre Lebensweise bestimmt. Heute ist dies zwar nicht selbstverständlich, aber alle, die die Weltlage, wenn auch von ganz anderen Gesichtspunkten als die alten Wissenden untersucht haben, kamen zu derselben Einsicht: die Weltfragen sind Bewußtseins- und Gesinnungsfragen. Deshalb kann die moderne Bewußtseinsschulung allein eine der freien Aufmerksamkeitskräfte, d. h. Erkenntniskräfte sein. Und sie kann nur an den Stellen einsetzen, wo schon im Alltagsbewußtsein der Abgrund gegen das Überbewußte hin punktuell, für kurze Augenblicke überbrückt wird:

beim intuitiven Denken oder Verstehen, beim intensiven Wahrnehmen und Vorstellen, d. h. bei den seltenen Augenblicken der
starken Aufmerksamkeit und Hingabe.

Besinnung auf die Aufmerksamkeit

> *«Die hier gemeinte Seelenarbeit besteht in*
> *der unbegrenzten Steigerung von Seelenfä-*
> *higkeiten, welche auch das gewöhnliche Be-*
> *wußtsein kennt, die diese aber in solcher Stei-*
> *gerung nicht anwendet. Es sind die Fähigkei-*
> *ten der Aufmerksamkeit und der liebevollen*
> *Hingabe an das von der Seele erlebte.*[2]

Die menschliche Aufmerksamkeit ist im Prinzip frei, d. h. auf Beliebiges hinlenkbar. Die «Aufmerksamkeit» der Tiere ist artbestimmt beschränkt. Wie erwähnt kann auch die menschliche Aufmerksamkeit durch die im Unterbewußten festgehaltenen Auf-
merksamkeitsteile teilweise eingeschränkt werden. Über diese
verfügt das Ich nicht mehr frei. Die freie Aufmerksamkeit kann
von Themen angezogen werden – ein interessantes Buch, ein Problem –, aber sie bleibt darüber hinaus versetzbar.

In der Aufmerksamkeit ist ein *heller* Wille tätig, wie im Denken; zunächst ist ja die Aufmerksamkeit eine denkende, auch
wenn sie im Wahrnehmen beschäftigt ist. Das Denken ist beim
modernen Menschen die einzige durchsichtige, helle, unmittelbar
verständliche Seelenfunktion: durchsichtig, hell, verständlich für
sich selbst, denn allen anderen Seelenfunktionen leiht das Denken
Verständlichkeit. Das Denken ist zunächst, was das Alltagsbewußtsein anbelangt, *das* Verstehen selbst. Zugleich ist das Denken
diejenige Seelenfunktion, über die das Ich die größte Macht hat,
in der es sich willentlich frei bewegen, artikulieren kann. Ich kann
Beliebiges denken; keineswegs kann ich Beliebiges fühlen; der
Wille wird durch das Denken oder Vorstellen gelenkt, wenn das

Handeln vom Ich ausgeht. So ist das Denken die Quelle der menschlichen Freiheit; es steht auch im Beginn von Tätigkeiten, wie die künstlerische oder kultische, die aus dem Überbewußten impulsiert werden. Auch zu den sogenannten instinktiven Handlungen, die vom Unterbewußten stammen, muß das Denken seine Zustimmung, vielleicht stillschweigend, geben. Daher kann für den modernen Menschen eine Bewußtseinsschulung nur *scheinbar* anderswo als beim Denken beginnen: es wird höchstens nicht bemerkt, daß das Tun durch Denken beschlossen, formuliert und gelenkt wird.

Die Aufmerksamkeit des heutigen Erwachsenen ist *intentional*, d. h. gerichtet auf etwas: er kann ohne Objekt nicht aufmerksam sein. Beim kleinen Kind ist eine andere Art der Aufmerksamkeit zu finden. Auf *etwas* kann man die Aufmerksamkeit nur richten, wenn man «etwas» schon kennt, d. h. wenn dieses für das Bewußtsein begrifflich konturiert erscheint. «Etwas», «das» bedeutet Einzelheiten – sei es eine Farbe – die man von der Umgebung abgrenzt: dadurch werden sie eben Einzelheiten. Die ersten und grundlegenden Begrifflichkeiten erwirbt sich das Kind mit der Muttersprache. Der Spracherwerb ist ein höchst intuitiver, einzigartiger Vorgang, der – wie auch die späteren Intuitionen – nicht auf intentionaler Aufmerksamkeit beruht, beruhen kann. Die intentionale oder greifende Aufmerksamkeit ist schon durch ein Objekt besetzt, kann also Neues nicht entgegennehmen. Dazu muß die Aufmerksamkeit zwar konzentriert, aber «leer», empfangend sein. Man kann daher die Aufgabe der Bewußtseinsschulung so formulieren: *Wie kann der Erwachsene, sein Ichbewußtsein bewahrend, die empfangende Aufmerksamkeit des Kindes, die beim Sprechenlernen bis zur Sprechintention oder zum «Wort des Herzens»* (Thomas von Aquin) *reicht, wieder erlangen?* Man kann sich an die Stelle des Neuen Testamentes (Matth 18,3) erinnern: «Es sei denn, daß ihr euch umkehret und werdet wie die Kinder, so werdet ihr nicht ins Himmelreich kommen.»

Die Geschichte der Aufmerksamkeit beginnt beim kleinen Kind mit einer großen empfangenden Hingabe. Durch «Belehrung» wird die Aufmerksamkeit befähigt auf Laute, Worte, Begriffe zu achten. Die freie Aufmerksamkeit ist auf das Worthafte, Ideelle angelegt. Durch die Belehrung wird sie intentional – durch die Begriffe – und zugleich gebunden an eine stets wachsende Anzahl von Begriffen, Erinnerungen und Inhalten, vor allem aber durch die Bildung der Egoität. Denn diese besteht aus Aufmerksamkeit, die in der Selbstempfindung gefangen ist. Eine der Aufgaben der Bewußtseinsschulung wird es sein, die gefangenen Teile der Aufmerksamkeit zu befreien, damit sie zur Intensität der Hingabefähigkeit, der *freien* Aufmerksamkeit beitragen können.

Besinnung auf das Ich

> «*Wenn wir bei Tag das gegenwärtige Bewußtsein als Mensch haben und uns ein Ich nennen, so ist dieses Wort Ich der Hinweis auf etwas, was nicht in dieser physischen Welt vorhanden ist, was in dieser physischen Welt nur sein Bild hat.*»[3]

Daß die Aufmerksamkeit frei sein kann, ist eine Erfahrung des Alltagsich. Dieses kann der Aufmerksamkeit frei Ziele setzen. Das gewöhnliche Ichbewußtsein vermag auch leicht die eigenen Grenzen abzutasten: eine Grenze in der Richtung der Erkenntnisprozesse, eine andere in der Richtung des Willens, der Mächtigkeit. Die erste wird erlebbar, wenn man z. B. sich die Frage stellt: Woher weiß ich, daß ein Gedanke richtig, d. h. logisch ist? Keineswegs durch das Studium von Büchern über Logik, denn um diese zu verstehen muß ich längst die Fähigkeit des logischen Denkens besitzen. Die Besinnung stößt letztlich auf ein Fühlen: das Fühlen der Logizität, der Evidenz. Dieses Fühlen ist aber nur *wirkend* im Denken, nicht bewußt erlebt, und durch die Besinnung kann man auch bloß seine Anwesenheit feststellen, ohne es zu erfahren. Einer weiteren Grenzerfahrung derselben Art begegnet man, wenn man sich klarmacht, daß kein Erkenntnisvorgang in das Bewußtsein fällt, sondern bloß seine Ergebnisse. Man kann zunächst nur von dem Zunehmen der Ergebnisse auf die Vorgänge folgern. Diese bleiben wie das Fühlen der Evidenz an der Grenze des Überbewußten. Am auffälligsten kann uns darüber die Erfahrung belehren, wenn wir intuitiv eine neue Idee erfassen. Wir müssen sie in eine Sprache bringen, in Sätzen formulieren, damit sie auch *für uns* bewußt wird. Und doch muß sie schon *vorher* «da» sein, sonst wüßten wir nicht, mit welchem Wort zu beginnen, mit welchem fortzusetzen ist. Und es passiert oft, daß wir nachträglich feststellen: Der Ausdruck ist nicht ganz entsprechend. Dabei vergleichen wir den Ausdruck mit etwas, das wir noch gar nicht bewußt erleben und das doch so nahe ist, daß wir anhand dieser Nähe den Ausdruck finden, ihn zu beurteilen und zu korrigieren imstande sind. Es steht aber nicht in unserer Macht, zu beliebigem Zeitpunkt eine neue Intuition zu fassen.

Die Grenze der Macht des Ichbewußtseins ist am leichtesten in einem Konzentrationsversuch zu erfahren. Wir nehmen uns vor, mit unserem Denken und Vorstellen bei einem indifferenten Gegenstand – Stecknadel, Bleistift – zu bleiben. Fast ausnahmslos ertappen wir uns nach kurzer Zeit bei ganz anderen Bildern und Gedanken. In diesem assoziativen Rumoren zeigt sich das Unterbewußte in seiner Eigenständigkeit, denn wir wollten ja beim vorgegebenen Thema bleiben. Im Bereich der Gefühle ist der Mensch noch viel weniger Herr im Hause: Die Gefühle kommen und gehen weitgehend unabhängig vom Willen und der Absicht des Ich.

Zwischen diese zwei Gebiete ist die moderne menschliche Seele gestellt, auf dem Wege, ihre Freiheit zu erringen. In früheren Bewußtseinsepochen war sie von oben, vom Überbewußten her nicht frei; heute ist sie nach obenhin abgeschirmt; ihre mögliche Freiheit wird durch das Unterbewußte bedroht.

Das gewöhnliche Ichbewußtsein entsteht in frühem Alter um die Zeit herum, in der das Kind beginnt, seine Körperlichkeit als Ich zu bezeichnen. Vor diesem Zeitpunkt spricht das Kind, das sich das Sprechen und Denken angeeignet hat, seine Körperlichkeit durch die dritte oder zweite Person an: es identifiziert sich noch nicht mit der Leiblichkeit empfindungsmäßig. Die Empfindung des Körpers bleibt meistens lebenslang der Kern des Ichbewußtseins, soweit daran durch bewußte Schulung nicht gearbeitet wird.

Die Erkenntnisse, Beobachtungen, Verständnisse sind *für* dieses Ichbewußtsein; man kann aber nicht sagen, daß sie *durch* dasselbe entstehen. Auch beim Spracherwerb kann das Ichbewußtsein nicht tätig sein, es kommt erst viel später und infolge der Sprech- und Denktätigkeit zustande.

Es sind noch weitere Paradoxien zu beobachten. Wenn der Mensch schläft, erlischt das gewöhnliche Selbstbewußtsein. Beim Aufwachen leuchtet es wieder auf. Man kann daher im strengen Sinne nicht sagen: «Ich wache auf.» Die Frage ist: Wie wird beim Aufwachen oder im Schlaf die Kontinuität des Ichbewußtseins bewahrt?

In der intensiven Hingabe an eine Wahrnehmung, an einen Gedanken oder eine Vorstellung, in den Augenblicken der tiefen intentionalen Aufmerksamkeit ist man nicht im gewöhnlichen Selbstbewußtsein, man kann sich nicht gleichzeitig auf sich besinnen[4]; die Aufmerksamkeit ist entweder bei ihrem Objekt *oder* beim Selbstempfinden; meistens schwingt sie rasch hin und zurück[5]. Ebenso vergißt sich das Selbstempfinden und das Ichbewußtsein im Verstehen einer Wahrheit oder eines Menschen. Man kann sagen: Das Ichbewußtsein schläft gewissermaßen in all diesen Prozessen, es «wacht auf» an ihren Ergebnissen. Alle diese Vorgänge gehören zu den spezifisch menschlichen Fähigkeiten und alle – Spracherwerb, Denkenlernen, Denken, Wahrnehmen, Vorstellen, Verstehen, freie Aufmerksamkeit – sind Ichtätigkeiten. In diesen ist das *gewöhnliche* Ichbewußtsein, je nach Intensität, *abwesend;* aber es weiß trotzdem *nachträglich* von dem, worin die Aufmerksamkeit sich vertieft hat. Das alltägliche Ichbewußtsein kann sich hingeben – an eine Wahrnehmung, an einen Gedanken –, dann verschwindet es, vergißt sich für die Zeit der Hingabe; nachher wacht es auf und weiß über das Wahrgenommene, das Verstandene und zwar um so mehr, je mehr es in der Hingabe sich vergessen hat: ganz wie während des Schlafes hat sich seine Kontinuität bewahrt, und – im Gegensatz zum Schlaf – weiß das Ichbewußtsein doch von dem in der Hingabe Erlebten.

Die Erklärung dieser Paradoxien liegt darin, daß das Alltagsich in der intensiven Aufmerksamkeit in ein höheres Ich aufgesaugt wird, das auf dem anderen Ufer des Abgrundes, auf der Ebene der Gegenwärtigkeit («Geistesgegenwart») des Imaginativen heimisch ist: daher überbewußt. Das Alltagsich ist das Spiegelbild dieses höheren Ich, das für alle spezifisch menschlichen Fähigkeiten und Tätigkeiten verantwortlich ist; sie sind als Vorgänge überbewußt. Die Kontinuität des Alltagsich wird im Schlaf und im Verstehen durch das höhere Ich gesichert. Dieses ist es, das im Sprach- und Denkerwerb tätig ist: daher spricht und denkt der Mensch meistens lebenslang überbewußt, d. h. ohne Kenntnis der Grammatik seiner Muttersprache und der Denkgesetze. Die letzteren können gar nicht erschöpfend formuliert werden. Die überbewußten Fähigkeiten bedeuten *Können,* ohne Wissen des Wie. Alle die entsprechenden Fähigkeiten sind nicht vererbbar. Das Sprechenlernen ist ein Inkarnationsprozeß des Ich. Es muß den physischen Körper ergreifen, um seinem Bewegungssystem die kompliziertesten ausgeformten Bewegungen beizubringen: die Sprechbewegungen.

Im und am Körper erwacht das gewöhnliche Ichbewußtsein: Ein Teil der Hingabefähigkeit oder der denkenden, fühlenden, wollenden Aufmerksamkeit verbindet sich dauernd mit dem Körper, und zwar nicht erkennend, sondern empfindend. Das denkende Alltagsbewußtsein erwacht am Gedachten, am Gespiegeltwerden des Denkvorganges am zentralen Nervensystem. Damit verbindet sich die Empfindung des Leibes. Es ist, als ob jemand sein Spiegelbild für seine Wirklichkeit halten würde, während er in Wahrheit derjenige ist, der das Bild für wirklich *hält.*

Die Verbindung zwischen dem Spiegelbild und dem höheren Ich ist zunächst die worthaft belehrte Aufmerksamkeit. Das ist zu begreifen, wenn man bedenkt, daß das Alltagsich durch das Sprechenlernen veranlagt wird. Das Wort hat seinen Ursprung im intuitiven Verstehen, im höheren Ich; es tritt aber in die Wahrnehmungswelt durch den menschlichen Organismus, durch das Alltagsich. Immer wenn der Mensch aus Intuition versteht oder handelt, berührt er punktuell die Ebene des Imaginativen: Die zwei Formen des Ich berühren sich. Gewöhnlicherweise ist die Intuition ein Augenblick und wird deshalb als Vorgang nicht erlebt, nur im Nachklang ihr Ergebnis. Es ist die Aufgabe der Bewußtseinsschulung die «Berührung» zu verlängern und sie dadurch Erfahrung werden zu lassen.

Zwischen dem höheren und dem Alltagsich klafft derselbe Abgrund, der auch die Bewußtseinsebenen des Imaginativen und des Gespiegelten trennt. Er wird durch die erwähnten überbewußten-bewußten Seelenfunktionen, im Allgemeinen durch intensive Aufmerksamkeit oder Hingabe augenblicklich überbrückt. Die nicht-bewußt funktionierende Verbindung stellt das alltägliche Ichbewußtsein auf sich selbst und bürgt für seine Freiheit, wie auch für die Möglichkeit, von sich aus an der *bewußten* Überbrückung arbeiten zu können. So muß die moderne Bewußtseinsschulung – im Gegensatz zu früheren Geistesbestrebungen, die es abzuschaffen bemüht waren – beim Alltagsich beginnen, und die Arbeit wird mit und an der Aufmerksamkeit getan, der Verbindungsmöglichkeit der zwei Ich-Wirklichkeiten.

Besinnung auf den Übungsweg

> *«Der Mensch ist eigentlich mit dem Teil, der
> erkennt, immer außerhalb seines Leibes und
> seiner Lebensfunktionen. Der lebt in den
> Dingen... und daß er etwas erkennt, das be-
> ruht darauf, daß sich sein Erleben in den Din-
> gen an seinem Leibe spiegelt.»*[6]

Wenn die Aufmerksamkeit intensiv genug ist, wird das Ichbewußtsein vom Objekt wie aufgesaugt, es schläft darin ein und
vergißt sich. Das zeigt, daß die Aufmerksamkeit oder Hingabefähigkeit mit dem Wesen des Ich verwandt bzw. identisch ist. Das
Ich ist dort, wo die Aufmerksamkeit ist. Man muß bei offenen
Augen und Ohren nicht sehen oder hören, wenn die Aufmerksamkeit nicht dabei ist – während die physikalisch-physiolo-
gischen Vorgänge, die zum Wahrnehmungsprozeß gehören, alle
normal verlaufen. Das Ich ist nicht anwesend – man sagt: Es ist
abwesend –, und das kann aus Zerstreutheit geschehen oder aber
durch konzentriertes Aufmerksamsein auf etwas anderes, einen
Gedanken z. B.

Man sollte sich das Ich nicht statisch, ohne Tätigkeit vorstellen, ohne daß es sich hingibt. Das Ichbewußtsein leuchtet auf,
wenn die denkende – worthaft-begrifflich belehrte – Aufmerksamkeit ihrer selbst gewahr wird. Die Begegnung kann auf verschiedenen Bewußtseinsebenen stattfinden. Ihre schwächste
Form ist, wenn sich die Aufmerksamkeit in den Spiegelbildern
ihrer Produkte wiedererkennt, im Gedachten, im Wahrgenom-
menen, auf der Ebene der Vergangenheit. Diese Begegnung ergibt im Zeitalter der Bewußtseinsseele das gewöhnliche Ichbewußtsein. Dieses ist wegen seines Vergangenheitscharakters so
schwach, daß es andauernde Bestätigung – «Selbstbestätigung»,
«Selbstverwirklichung» – erfordert. Das kann auch kaum anders
sein; die Aufmerksamkeit, die Ich-Substanz ist durch die Ab-
trennung der Vergangenheitsebene von den oberen, heute über-

bewußten Schichten der Seele so dünn geworden, daß wir sie selbst nicht bemerken, nicht erfahren, bloß ihr Objekt. *Eine Aufgabe der Konzentrationsübungen ist, die Aufmerksamkeit so zu steigern, daß sie für sich selbst bemerkbar wird.*

Das Alltagsich als eine Spiegelung des wirklichen, d. h. wirksamen Ich, ist in sich keine eigenständige Wesenheit: Es bezieht alle seine Fähigkeiten von dem höheren Ich. Ohne dieses gäbe es kein Alltagsich, weil kein Spiegelbild. Immerhin ist die Verbindung durch den trennenden Abgrund so geschwächt, daß das Alltagsich sich frei fühlt und es in der Handhabung der freien Aufmerksamkeit auch ist. Die Aufmerksamkeit ist in ihrem Ursprung das wirkliche, höhere Ich; das gewöhnliche Ich kann den gespiegelten Strahl der Aufmerksamkeit beliebig auf etwas lenken: Darin ist es frei. Je intensiver die Aufmerksamkeit ist, um so stärker wird die Verbindung der zwei Ichwesenheiten, bis zum Hineinwachsen des Alltagsich in das Höhere, zum Eingehen in seinen Ursprung. In der Bewußtseinsschulung werden die Seelenfunktionen aufgesucht und gepflegt, in denen die Überbrückung des Abgrundes auch im Alltagsleben berührungsweise vor sich geht: das intensive Wahrnehmen, das Verstehen, das intuitive Element.

Die Kultivierung der Berührungspunkte zwischen den zwei Bewußtseinsebenen, zwischen welchen das Leben der Bewußtseinsseele normalerweise verläuft, geschieht in der Schulung mit bewußter Absicht und ohne Hinblick auf ein praktisches Ziel, um dessen willen die Aufmerksamkeitsentfaltung im Alltagsleben gewöhnlich geschieht. Es geht um ein Denken, Wahrnehmen, Vorstellen um ihretwillen, nicht um ein Problem zu lösen, etwas richtig wahrzunehmen oder vorzustellen: Die Objekte dieser Tätigkeiten dienen zunächst als Vorwände, um die entsprechende Seelenfunktion in Bewegung zu bringen. Das bewirkt, daß durch die bewußt gewollte Hingabe, die keinen Zweck außerhalb des Übens hat, die Aufmerksamkeit ihrer selbst gewahrwerden kann – sonst ist sie allein mit ihrem Objekt beschäftigt. Um sich selbst wahrnehmen zu können, muß sie in einem Maß erstarken, das für das Alltagsbewußtsein unvorstellbar ist.

Die Steigerung der Aufmerksamkeit bringt einerseits ihre Selbstbegegnung mit sich, und zwar auf einer nichtgespiegelten Ebene, auf der des Imaginativen. Andererseits ergibt sich für die erkraftete Aufmerksamkeit die Möglichkeit, daß sie «leer», auf das Objekt verzichtend und empfangend wird: vorbereitet auf neues, höheres Verstehen, auf neue höhere Intuition. Das ist die Gebärde der Meditation.

Das Studium

«Man glaubt gewöhnlich nicht, daß die Begriffe, die in der geistigen Welt etwas taugen, ja außerordentlich verschieden sind von den Begriffen, die hier in der physischen Welt etwas taugen.»[7]

Im Zeitalter der Bewußtseinsseele und des Selbstbewußtseins ist der Mensch selber allein verantwortlich für seine Taten, sein Leben und sein Bewußtsein. Wenn er sich zu einer Bewußtseinsschulung entschließt, muß er nicht nur ausreichende Gründe dafür haben, sondern er muß sich auch über das Wesen des Menschen, der Welt, die Struktur des Bewußtseins orientieren, um eine Verantwortung auf sich nehmen zu können. Die Orientierung kann er durch das Studieren solcher Mitteilungen erhalten, die über Erfahrungen durch erhöhte Bewußtseinsfähigkeiten berichten.[8] Zu solchen Fähigkeiten soll die Schulung letztlich führen. Dabei stellen sich zwei schwere Fragen. Erstens: Wie können solche höheren Erfahrungen mitgeteilt werden? Zweitens: Wie können solche Mitteilungen von denen verstanden werden, die keine entsprechenden Erfahrungen haben?

Mitgeteilt können nur *Ideen* werden. So muß der Erforscher geistiger Welten seine Erlebnisse in die für andere Menschen zugängliche Ideen-Form bringen. Dabei kann er nicht umhin, eine heutige Sprache zu gebrauchen, deren Ausdrücke gewöhnlicherweise zur Beschreibung der Sinnes- und Gedankenwelt des modernen Menschen dienen. Diese sind aber die Welten des *Erkannten,* während die Welten des Geistes die des *Erkennens* sind. Das bedeutet, daß es über diese Welten *keine Informationen* geben kann. Informationen beziehen sich auf Tatsachen, Dinge und Vorgänge zwischen diesen. Die Qualität dieser Elemente ist durch die jeweilige Bewußtseinsstruktur des Erkennenden bestimmt. Steigt die Ebene des Erkennens, so wird dem Erkennen-

68

den eine Welt offenbar, durch die die Tatsachen- und Dingeswelt des gewöhnlichen Bewußtseins *entstehen:* eine Welt des *Werdens* oder des Erkennens, sofern Erkennen wahrhaftig den *erfahrenen* Prozeß – und keine Abstraktion – bedeutet, der zum Erkannten führt, zu unserer Welt der Erkenntnisprodukte. Nicht nur ist *Erkennen* Wirklichkeit in den höheren Welten, sondern es verändert diese andauernd.

Die Qualität der Ideen, die zur Beschreibung dieser Welten dienlich sind, ist höher als die unserer alltäglichen oder wissenschaftlichen Ideen. Es sind lebende, fühlende, wollende Ideen dazu notwendig. Lebende Ideen – zum Ausdruck der imaginativen Welt und zum Verstehen der Pflanzenwelt – sind ein Vorgänger unserer mehr oder weniger festen bekannten Ideen; wenn diese «fest» genannt werden können, so sind die lebendigen «flüssig», noch nicht kristallisiert; nichtsdestoweniger aber bestimmt: so wie eine Pflanze zwar nicht in ihrer äußeren Gestalt, aber in ihrer Art festgelegt ist.

Es wurde schon erwähnt, wie die innere Geregeltheit des Denkens durch das Fühlen – der Evidenz – erfolgt. Das weist darauf hin und kann nur dadurch geschehen, daß die Ideen eine Gefühlskomponente haben, die es dem Fühlen ermöglicht, mit ihnen nach ihren Gesetzmäßigkeiten umzugehen. Diese Welt der fühlenden Ideen wird die inspirative Welt genannt. Ihre Ideen sind noch großzügiger, aber keineswegs weniger bestimmt, als die lebenden. Mit solchen Ideen arbeitet die Kunst, allerdings unter Umgehung des denkerischen Elementes; in diesem Sinne spricht man von musikalischen oder malerischen Ideen. Für das Verstehen solcher Ideen ist kein Denken notwendig, denn sie enthalten noch in sich, was sich später auf dem Weg nach unten als das Denken aus dem erkennenden Fühlen herauslöst. Als Ideen entsprechen sie z. B. dem Wesen einer Tierart; in diesem Fall kommen sie in deren Verhaltensweise zum Ausdruck.

Wenn eine Idee entstehen soll, muß ein intuitiver Wille tätig sein. In diesem ist erkennendes Fühlen und Denken enthalten und als ursprüngliche schöpferische Regung weist er auf das Ichwesen, dessen Wille er ist. Erkennender Wille und Wesen, die des *Anfanges* fähig sind, d. h. *freie* Wesen kennzeichnen die Welt des Intuitiven.

Alle die genannten Ideenhaftigkeiten liegen über der Ebene des menschlichen Wortes[9]; daher können sie in einer Sprache – sei es eine Wort- oder Bildersprache – nur indirekt zum Ausdruck gebracht werden. Die moderne Geistesforschung verwendet zwei Beschreibungsarten. Beide verfolgen das Ziel, den Menschen zur intuitiven Bildung höherer Begrifflichkeiten zu verhelfen oder ihm wenigstens die Richtung anzugeben, in der diese zu suchen sind.

Die erste Beschreibungsmethode verwendet Bilder, Qualitäten und Ausdrucksweisen unserer Sinneswelt. Diese Elemente sind für die Wahrnehmungswelt entsprechende abbildende Zeichen; ursprünglich gliedern sie die Sinneswelt in die Einzelheiten, in deren Gestalt wir die Welt wahrnehmen. Für die höheren Welten sind sie nicht abbildend, sondern bloß hinweisend, wie die Schriftzeichen die Dinge nicht abbilden, ihnen gar nicht ähnlich sind. Der Studierende muß diese Ausdrucksweise «lesen» lernen. Sie geben nicht die Realität des Geistigen wieder, sondern *können* im Menschen das entsprechende seelisch-geistige Erlebnis entfachen. «Löwe» bedeutet gewöhnlich das Vorstellungsbild des Tieres; «Löwe» als Schriftzeichen einer geistigen Realität, z. B. in der Astrologie, ist eine bestimmte Qualität, auch ein Weltaspekt, eine Idee höherer Art. Die älteren geistigen Traditionen haben diese Mitteilungsart als einzige verwendet.

Die zweite Beschreibungsmethode lenkt die Aufmerksamkeit auf die Bewußtseinsvorgänge im Erkennen. Erst werden die zunächst beobachtbaren Prozesse bewußt gemacht; dadurch hellt sich das innere Bild des Bewußtseins immer mehr auf. So ergibt sich die Möglichkeit, auch die üblicherweise überbewußten Vorgänge in die Beobachtung einbeziehen. Diese gehören schon zur «geistigen Welt»[10], durch sie nimmt der Mensch an dieser Welt teil, und so lernt er den Stil oder Geschmack der höheren Erkenntnisse und Ideen kennen. Das hilft ihm die entsprechenden

Begrifflichkeiten für die Bilder zu erfassen. Wie die gewöhnliche Begriffsbildung des Kindes sowohl der Sinneswahrnehmungen wie der Muttersprache, die ihm die ersten Begriffe schenkt, bedarf, so der Übende der Bildhaftigkeit der Beschreibungen und der Anleitung zur Beobachtung der Bewußtseinsprozesse. Die letzteren entsprechen den Ideenhaftigkeiten auf der Ebene des Imaginativen. Die einseitigen Lektüren in *einer* Mitteilungsart führen meistens, besonders wenn sie mehr oder weniger naiv genommen werden, zu Mißverständnissen. Allzusehr neigt das Bewußtsein zur Bequemlichkeit, die Bildhaftigkeit durch das gewohnte Vorstellungsvermögen – das in der Schulung überwunden werden sollte – hinzunehmen oder anstelle von *Beobachtungen* der Bewußtseinsvorgänge *abstrakte* Begriffe zu bilden auf der Ebene des Gespiegelten – die in der Schulung ebenfalls zu überwinden ist. Die Bewußtseinsbeobachtungen erfordern eine neuartige Denkweise: ein beobachtendes – nicht folgerndes – Denken.

Im Ausdruck «Beobachtendes Denken» kommt andeutungsweise die Wesensart der höheren Begrifflichkeiten zum Vorschein: daß sie *monistische* Ideen sind, d. h. sie enthalten nicht nur das Objekt eines Verstehens, sondern auch das Verstehen selbst; anders ausgedrückt: Beobachtung – inneres Wahrnehmen – und Verstehen, das sonst durch das Denken *neben* dem Wahrnehmen verwirklicht wird, sind eins.

Das wahre Ziel des Studiums ist also nicht, daß man Informationen, «Wissen» sammelt, sondern, daß man sich übt, *im* Verstehen zu sein, und zwar in einem Verstehen höherer Art.

Die monistischen Begriffe, das Aufheben des Dualismus Außen–Innen, das unser ganzes Leben durchzieht, charakterisieren den «gesunden, unvoreingenommenen Menschenverstand», der die Mitteilungen des Geistesforschers verständnisvoll entgegennehmen kann.[11] Der Mensch verfügt zunächst nicht über den gesunden Menschenverstand, der hier gefordert wird; denn dieser wird als ein Denkvermögen bezeichnet, das nicht an das Gehirn gebunden ist.[12] Die gewöhnlichen Begriffe reichen zum Auffassen dieser Mitteilungen nicht aus, und um neue zu bilden, muß ein besonderer Wille aufgebracht werden. Das Denken muß sich selbst durchleuchten, es genügt nicht, wenn es bloß scharf logisch ist: Es darf das eigene Tun nicht außer acht lassen und bloß auf das Gedachte schauen, denn gerade in diesem «Vergessen» des aktuellen Tuns besteht die zentrale Erkrankung des heutigen Bewußtseins. Die Gesundung liegt aber im Erleben des Denkens, das schon im Studium angelegt wird: «Der Mensch kann in das gewöhnliche bewußte Denken eine stärkere Willensentfaltung einführen, als in diesem im gewöhnlichen Erleben der physischen Welt vorhanden ist. Er kann dadurch zum *Erleben des Denkens* übergehen. Im gewöhnlichen Bewußtsein wird nicht das Denken erlebt, sondern durch das Denken dasjenige, was gedacht wird.»[13] Das ist gleichbedeutend mit der Forderung nach lebendigen, nicht-fertigen Begriffen.[14]

Das Studium dient zum wiederholten neuen Verstehen. Das wird durch die Übung und Einübung des *reinen Denkens* auch an den bildhaften Darstellungen vorbereitet. Der Ausdruck hat drei Bedeutungen: *Rein* von Wahrnehmungselementen und ihren Vorstellungen, die nicht zu denken sind, weil das Denkvermögen dazu noch zu schwach ist; *rein* von gedanklichen oder gefühlsmäßigen Assoziationen; und endlich *rein* vom Gedachten, d. h. es geht um das lebendige gegenwärtige Denken: das ist das letzte Ziel des Studiums. Der Mensch kann die erste Art des reinen Denkens auf den Gebieten der Logik, Mathematik, theoretischen Physik usw. verwirklichen; im Studium soll diese Fähigkeit auf den Bereich der Bewußtseinsphänomene übertragen werden. Dadurch wird diese *durchsichtige* erkennende Tätigkeit selbst in die innere Beobachtung hereingenommen: Ein Schritt zum monistischen Erkennen.

Aus alledem ist es verständlich, wenn empfohlen wird, das Studium mit einem Werk zu beginnen, das das beobachtende Denken beansprucht, d. h. in der Sprache der Bewußtseinsvorgänge gehalten ist[15] und nach einigem Fortschritt in dieser Beobachtungsfähigkeit dazu parallel eine bildhafte Darstellung der geistigen Erfahrungen, beide langsam, in kleinen Portionen, zu lesen.

Dabei ist zu beobachten, daß das Studium *nach* dem Lesen, in der Aufarbeitung des Textes liegt. Es soll an zwei Beispielen kurz veranschaulicht werden, wie das geschehen kann. Zuerst soll eine Textstelle aus der «Philosophie der Freiheit» (Kap. VIII. Zusatz 1918) dazu herangezogen werden. Es ist ratsam das ganze Kapitel und auch den Zusatz ganz zu lesen.

«Die Schwierigkeit, das Denken in seinem Wesen beobachtend zu erfassen, liegt darin, daß dieses Wesen der betrachtenden Seele nur allzuleicht entschlüpft ist, wenn diese es in die Richtung ihrer Aufmerksamkeit bringen will. Dann bleibt ihr nur das tote Abstrakte, die Leichname des lebendigen Denkens... Man wird es absonderlich finden, wenn jemand in ‹bloßen Gedanken› das Wesen der Wirklichkeit ergreifen will. Aber wer sich dazu bringt, das *Leben im Denken* wahrhaft zu haben, der gelangt zur Einsicht, daß dem inneren Reichtum und der in sich ruhenden, aber zugleich in sich bewegten *Erfahrung* innerhalb dieses Lebens das Weben in bloßen Gefühlen oder das Anschauen des Willenselementes nicht einmal verglichen werden kann, geschweige denn, daß diese über jenes gesetzt werden dürften. Gerade von diesem Reichtum, von dieser inneren Fülle des Erlebens rührt es her, daß sein Gegenbild in der gewöhnlichen Seeleneinstellung tot, abstrakt aussieht... Doch dies ist eben nur der stark sich geltend machende Schatten seiner lichtdurchwobenen, warm in die Welterscheinungen untertauchenden Wirklichkeit. Dieses Untertauchen geschieht mit einer in der Denkbetätigung selbst dahinfliessenden Kraft, welche Kraft der Liebe in geistiger Art ist... Wer nämlich zum *wesenhaften* Denken sich hinwendet, der findet in demselben sowohl Gefühl wie Willen, die letzteren auch in den Tiefen ihrer Wirklichkeit; wer von dem Denken sich ab- und nur dem ‹bloßen› Fühlen und Wollen zuwendet, der verliert aus diesen die wahre Wirklichkeit. Wer im Denken *intuitiv erleben* will, der wird auch dem gefühlsmäßigen und willensartigen Erleben gerecht...»

Solange das Bewußtsein die Ebene der Vergangenheit oder der Gespiegeltheit, in Anlehnung an den Nervenapparat, nicht verläßt, bleibt das Wesen des Denkens, sein Vorgang, sein Leben überbewußt. Sein Leichnam, das Gedachte, weil es *Vergangenheit* ist, ist abstrakt, keine Erfahrung, ermangelt der Empfindung der Wirklichkeit, von der jede Wahrnehmung begleitet ist. Die Aufmerksamkeit, die sich auf das Denken, auf den Vorgang richten will, kommt zwangsweise immer zu spät: es ist bloß das Gedachte zu finden. Wer es noch nicht dazu gebracht hat, das «Leben im Denken wahrhaft zu haben», kann es ahnen, daß das Wesen des Denkens viel mehr enthält, als was gewöhnlich zu erfahren ist. Man kann im Denken noch den Saum des Evidenzgefühles erhaschen, und man kann hinter einer gedanklichen Intuition einen schaffenden Willen ahnen. Es kann die Frage aufkommen: Warum erleben wir diesen oberen Teil des Denkens nicht? Der Lesende kann Antwort finden, wenn er sich zu dem Gedanken wendet: «Gerade von diesem Reichtum...» Je mehr von der wahren Wesenheit verborgen bleibt, um so armseliger, unwirklicher nimmt sich ihre Erscheinung aus. Die Seele fühlt die Wesenheit im Überbewußten und vergleicht damit unwillkürlich die Erscheinung. Wenn man den Leichnam eines Vogels und sein Schicksal sieht, kann man ohne vorhergehende Erfahrung wissen, daß er nicht die ursprüngliche Wirklichkeit darstellt. Das Gegenbild, der Schatten ist um so mehr unbefriedigend, je reicher, leuchtender das Licht ist. Und doch beruht das ganze Erkennen des modernen Menschen auf diesem toten «Denken». Es muß in seinem Vorgang mit dem Wesen der Welt zusammenhängen, sonst wäre es kein geeignetes Werkzeug für die Welterkenntnis. Es kann sich in alle Welterscheinungen hineinschmiegen, sich an sie anpassen. Die Kraft macht das möglich, die in der Denkbetätigung überbewußt wirksam ist: Die Affinität, die Verwandtschaft des Denkens mit den Welterscheinungen. Wenn durch das Denken das Wesenhafte der Welt erfaßt werden kann, – und das zu leugnen wäre selbst eine wesenhafte Erkenntnis –nicht nur formell ein prinzipiell Nichterkennbares in eine zugängliche Form für das menschliche Bewußtsein übersetzt, dann müssen die Schöpfungsideen und das Denken etwas miteinander zu tun haben. Die «warme» Kraft in der Denkbetätigung – ihr Schatten ist das Fühlen der Evidenz – ist kein subjektives, sondern erkennendes Fühlen, eine Art Denken im Fühlen und ebenso der Wille: Daher kann das wesenhafte, lebendige Denken in sich «sowohl Gefühl wie Willen, die letzteren auch in den Tiefen ihrer Wirklichkeit» finden. Es kann einem aufdämmern, daß ursprünglich Fühlen und Wollen in ihrer tiefsten Wirklichkeit schöpferischen, erkennenden Charakters sind. [16] Das wahre Fühlen und Wollen arbeitet in den höheren Regionen der Ideenwelt mit dem inspirativen und intuitiven Teil der Ideen. Die Wärme im fühlenden Erkennen kann sich zum Feuer des Logos (Heraklit) steigern: «Wer das wahrhafte Leben in der Ideenwelt lebt, der fühlt in sich das Wesen der Welt in einer Wärme wirken, die mit nichts zu vergleichen ist. Er fühlt das Feuer des Weltgeheimnisses in sich auflodern.» [17]

Es zeigt sich, daß anhand des scheinbar einfachen beschreibenden Textes zahlreiche und stets weiterführende Fragen auftauchen. Und durch die Antworten auf diese erscheinen neue Fragen. Die Gründlichkeit soll die Geschwindigkeit bzw. Langsamkeit des Aufarbeitens bestimmen.

Das zweite Beispiel ist aus der «Geheimwissenschaft», Kap. «Das Wesen der Menschheit» genommen, an der Stelle, wo die Unterscheidung zwischen Leib und Seele vorgenommen wird. Vorangehend wird das Ich als Quelle von solchen Wünschen, Begierden, Tätigkeiten charakterisiert, deren Veranlassung weder innerhalb, noch außerhalb des Leibes zu finden sind. Das Ich ist das *erlebende* Prinzip alles dessen, was an den wechselnden Empfindungen und inneren Erlebnissen ein *Bleibendes* ist: Die sich-erinnernde Wesenheit im Menschen. Unter «sich erinnern» ist hier das absichtliche, durch nichts bedingte Heraufholen eines vergangenen Erlebnisses gemeint, nicht etwa ein spontan assoziatives Auftauchen einer Empfindung, das auch beim Tier als Pawlowscher Reflex zu beobachten ist und auch kein Erinnern, das einen Grund im äußeren oder inneren Leben hat. In diesem Sinn kann «Sich-Erinnern» nur bei Ich-Wesen gefunden werden, die über Begrifflichkeiten verfügen, sonst könnte ein Vorstellungsbild, ein «Das» nicht zustande kommen. «Das» bedeutet – wie schon erwähnt – begriffliche Konturiertheit, Wiedererkennbarkeit und absichtliche Erinnerbarkeit von innen aus, ohne äußere Veranlassung. Wiedererkennen ist *nicht* gleichbedeutend mit der Wiederholung eines bestimmten Verhaltens.

«Schon das ist die einfachste Form der Erinnerung, wenn der Mensch einen Gegenstand wahrnimmt und er dann nach dem Abwenden von dem Gegenstande die *Vorstellung* von ihm wieder erwecken kann. Diese Vorstellung hat der Mensch sich gebildet, während er den Gegenstand wahrgenommen hat. Es hat sich da ein Vorgang abgespielt zwischen seinem astralischen Leibe und seinem Ich. Der Astralleib hat den äußeren Eindruck von dem Gegenstande bewußt gemacht. Doch würde das Wissen von dem Gegenstande nur so lange dauern, als dieser *gegenwärtig* ist, wenn das Ich nicht das Wissen in sich aufnehmen und zu seinem Besitztum machen würde. – Hier an diesem Punkte scheidet die übersinnliche Anschauung das Leibliche von dem Seelischen. Man spricht vom *Astralleibe,* solange man die Entstehung des Wissens von einem gegenwärtigen Gegenstande im Auge hat. Dasjenige aber, was dem Wissen Dauer gibt, bezeichnet man als *Seele.* Man sieht aber zugleich aus dem Gesagten, wie eng verbunden im Menschen der Astralleib mit dem Teile der Seele ist, welcher dem Wissen Dauer verleiht. Beide sind gewissermaßen zu einem Gliede der menschlichen Wesenheit vereinigt. Deshalb kann man auch diese Vereinigung als Astralleib bezeichnen. Auch kann man, wenn man eine genaue Bezeichnung will, von dem Astralleib des Menschen als dem *Seelenleib* sprechen, und von der Seele, insofern sie mit diesem vereinigt ist, als der *Empfindungsseele.*»

In der menschlichen Seele ist das Ich tätig. Als Empfindungsseele ist sie schon mit Begrifflichkeiten ausgestattet, deshalb ist sie erinnerungsfähig und nimmt die Welt in der Form von Einzelheiten wahr. Die Begriffe müssen selber erinnert werden; beim kleinen Kinde und in der frühen Menschheit sind die Begriffe an die Worte der Sprache gebunden oder als implizierte Begrifflichkeiten in der Grammatik verborgen. Jede Zeichensprache setzt Erinnerungsfähigkeit voraus, bzw. sie bewirkt sie.

Die Muttersprache wird je nach Umgebung erworben: Das ist, wie alle spezifisch menschlichen Fähigkeiten, von der Vererbung völlig unabhängig. Die Leiblichkeit ist aber zunächst vererbt und weitgehend festgelegt. Dazu gehört auch der ätherische und astralische Leib im Sinne der obigen *strengen* Unterscheidung im Text. Worin unterscheiden sich nun der Seelenleib oder Empfindungsleib[18] und die Empfindungsseele bzw. der tierische und menschliche Astralleib?

Die menschliche Aufmerksamkeit ist frei und kann durch verschiedenste Begriffssysteme – auch in der Form der verschiedenen Sprachen – strukturiert werden. Das kann vom tierischen Seelenleib nicht behauptet werden; das Verhalten ist weitgehend artbestimmt, damit auch die Aufmerksamkeit des Tieres. Der Seelenleib ist mit den Vorgängen der Natur, mit der natürlichen Umgebung verbunden, daher die instinktive Weisheit des Tieres: Es ist *eins* mit der Natur. Der Mensch besitzt solche Weisheit nicht.

Die freie Aufmerksamkeit und seine prinzipiell grenzenlose Bildsamkeit – Belehrbarkeit – deuten auf freie, nicht in Verhaltensformen oder sonstigen Formen gebundene Empfindungskräfte. Diese nehmen je nach dem Objekt der Aufmerksamkeit die verschiedensten Formen an, um dann wieder aus ihnen frei zu werden, den Intentionen des Ich zur Verfügung zu stehen. Immerhin hat auch der Mensch einen Astral*leib,* genauer ausgedrückt: Seelenleib oder Empfindungsleib; dieser ist, wie bei den Tieren in der Steuerung biologischer Prozesse und im Vermitteln der Sinneseindrücke (beim Tier reichen die Sinne viel weiter und tiefer in die Natur) tätig. Beim Menschen ist der Seelenleib offensichtlich nicht mit den äußeren Naturkräften, sondern mit der Seele verbunden: Nach seelischen Regungen steuert der Seelenleib z. B. die Chemie des Blutes. Daher kann auch die Seele durch ihre freien Empfindungs- und Lebenskräfte[19] auf den Seelenleib wirken. Und dadurch kann auch der menschliche Leib vom Ich belehrt werden, eine künstlerische Tätigkeit oder das Sprechen selbst auszuführen.

Weil in ihrem Zentrum das Ich ist, bleibt die menschliche Seele im Gegensatz zu der tierischen *offen*, belehrungs- oder erziehungsfähig. Durch die «enge» Verbundenheit der freien und nicht-freien, d. h. im strengen Sinne im Äther- und Astral*leib* gebundenen Lebens- und Empfindungskräfte, durch ihre Wechselwirkung kann der Ich-Mensch auf den natürlichen Menschen einwirken, sich in dem letzteren ausdrücken.

Die betrachtete Stelle ist insofern von großer Wichtigkeit, als in ihr eine Differenzierung angedeutet wird, die für die Menschenkunde grundlegend, aber oft unklar ausgeführt ist.[20]

Der Schulungsweg in der Form von Übungen sollte beginnen, wenn das Studium so weit gediehen ist, daß der Mensch Bewußtseinsphänomene eigenständig beobachtend verfolgen kann und ihm ein Bild von der Struktur des Bewußtseins erfahrungsgemäß entstanden ist. Im Sinne einer Seelenhygiene können natürlich elementare Bewußtseinsübungen vorangehen.[21] Das Studium verwandelt sich im Laufe der Bewußtseinsschulung zum meditativen Lesen: Man kann aus den Mitteilungen des Geistesforschers andauernd Themen für das Meditieren schöpfen. Dazu sind die Mitteilungen grundsätzlich da. So ein Stoff ist die Beschreibung des Studiums selbst: «Das Studium ist nicht das Lernen, wie es gewöhnlich geschieht, sondern man muß darauf kommen, daß es für den Menschen ein Denken gibt, welches noch ein flüssiges, wirkliches Denken ist, wobei der Mensch alle sinnlichen Wahrnehmungen um sich herum ausschließt... Der Mensch muß lernen, alles zu vergessen, von allem absehen, was äußerlich auf die Sinne wirkt, ohne jedoch ein leeres Gefäß zu bleiben. Das ist möglich, wenn man sich in einen reinen, sinnlichkeitsfreien Gedankeninhalt vertieft, wie er in den Mitteilungen des Geistesforschers enthalten ist, und über das, was sich fortspinnt, sinnt... Wer höher hinauf will, muß geisteswissenschaftliche Mitteilungen so lesen. Wer nicht höher hinauf will, kann sie wie ein gewöhnliches Buch lesen.»[22]

Konzentrationsübungen

«Der Mensch hat es in seiner Hand, sich selbst zu vervollkommnen, sich mit der Zeit ganz zu verwandeln. Aber es muß sich diese Verwandlung in seinem Innersten, in seinem Gedankenleben vollziehen.»[23]

Gewöhnlicherweise erlebt der Mensch nicht sein Gedankenleben als sein «Innerstes», sondern eher seine Gefühle und Willensimpulse. So wie sich letztere aber für das Bewußtseinsleben zeigen, kann man sie auch die «Außenseite» des Seelischen nennen.[24] Denn allein die Gedanken sind es, die sich ganz aussprechen, ohne die Notwendigkeit, ein anderes Prinzip von außen zu ihrem Verstehen heranzuziehen, wie es bei allen anderen Seelenregungen geschehen muß. Deshalb beginnt die Bewußtseinsschulung beim «Innersten», dem sich selbst aussprechenden Gedankenleben des Menschen, und dessen Helligkeit darf im Laufe der Übungen im Bewußtsein nur zu-, nie abnehmen.

Die Grundkraft der Seele ist die Aufmerksamkeit, und durch diese ist sie immer *hingegeben*. Das Hingegebensein kann absichtlich sein, aus innerem Anlaß oder – als anderes Extrem – dadurch, daß das Objekt die Aufmerksamkeit fesselt; natürlich sind auch alle Zwischenstufen möglich. Die zwei extremen Hingabearten wirken sehr verschiedentlich auf die Seele. Nur im ersten Fall handelt es sich um eine klare Ich-Tätigkeit, aus innerer Veranlassung. Wird die Aufmerksamkeit durch das Objekt angezogen, so wird es schwierig, meistens unmöglich, die eigene Tätigkeit der Seele dabei zu erleben oder sogar zu bemerken. Das führt bekanntlich, bewußt oder nicht bewußt, zu der Weltansicht des naiven Realismus und seinen Varianten, die die Rolle des Erkennens nicht in Betracht ziehen oder mißverstehen.

Immerhin ist die denkende Aufmerksamkeit *die* autonome

Kraft der Seele. Das bedeutet auch Unabhängigkeit vom leiblichen Apparat der Seelenfunktionen. Je mehr autonom, vom Ich aus gewollt die Aufmerksamkeit erfolgt, um so mehr hebt sich das Ich aus der Gebundenheit an den Leib – das Nervensystem – heraus. Zugleich wird die Funktion frei von den sie sonst färbenden Einflüssen, die nicht aus der autonomen Quelle herrühren: Assoziationen, Emotionen, Unruhen usw.

Denkkonzentration

Zur Konzentrierung der Denk- und Vorstellungskraft wählen wir einen einfachen menschengeschaffenen Gegenstand.[25] Das Ziel ist, ein *Verstehen* zu erreichen und in ihm zu bleiben; und wir können zunächst nur Menschengeschaffenes begrifflich, der Funktion nach verstehen, keine Naturgegenstände, auch keine Sinnesqualitäten: *Ihre* Ideen sind für das Alltagsbewußtsein zu mächtig, nicht zugänglich.

Die erste Zielsetzung der Übung ist, einige Minuten lang im Denken und Vorstellen, mit Ausschluß des Wahrnehmens, bei dem Gegenstand zu bleiben. Der soll weder interessant, noch ästhetisch anziehend sein, damit die Aufmerksamkeit gänzlich aus dem autonomen Willen stammen könne.

Die erste Erfahrung, die man sicherlich macht, ist, daß man sehr bald vom Thema abschweift, durch Assoziationen verschiedenen Ursprungs. Dann kehrt man zum Thema zurück, man kann auch die Assoziationskette bis zur Abzweigung vom Thema zurückverfolgen. Das Wichtigste ist, *erfahrend* zu üben, nie mechanisch. Wie weit es auch gelingt, beim Objekt zu bleiben, die *Wachheit*, Helligkeit des Bewußtseins nimmt zu und strahlt nach und nach auch auf die denkende-vorstellende Tätigkeit aus, ohne aber dadurch vom Thema abgelenkt zu werden. Im Gegenteil: Gerade dadurch wird man zur Erfahrung gebracht, daß das Thema selbst ein Gedachtes, Vorgestelltes ist, aus Aufmerksamkeit «gemacht». Der «Stoff» des gedachten und vorgestellten Objektes ist die Aufmerksamkeit selbst.

Beim wiederholten Konzentrieren auf dasselbe Objekt stellt sich bald die Langeweile als gefährliches Hindernis ein: Man weiß schon im voraus, «was kommt», «gestern habe ich dasselbe gedacht», usw. Das kann aber nur vorkommen, wenn die Aufmerksamkeit von vornherein nicht *ganz* beim Gegenstand ist: Sie ist ja imstande, festzustellen, daß die Gedanken und Vorstellungen schon öfters durchlaufen worden sind. Daraus kann ein wesentliches Charakteristikum der Seele erfahren werden: Wenn Denken und Vorstellen *wirklich* konzentriert sind, dann können sie nur *improvisierend* sein; denn in diesem Fall hat die Aufmerksamkeit keine Möglichkeit auf Erinnerungen als Hilfsmittel oder auf Beobachtungen, ob das Gedachte neu oder bekannt ist, zu achten. Es wird ersichtlich, wie selten die Aufmerksamkeit diese Konzentriertheit erreichen kann. Doch eben dies ist das Ziel der Übung.

Daran knüpft sich eine weitere Frage. Wenn das Üben eine unangenehme Pflicht bleibt, wird es früher oder später aufgegeben, denn man empfindet seine Unfruchtbarkeit. Ähnlich ist es mit dem Üben z. B. im Musikunterricht. Führen die musikalisch unbedeutenden Fingerübungen nach einer Zeit nicht zu einer *Freude*, dann hat der Übende keine Aussicht, Musiker zu werden. Die Quelle der Freude ist, daß der angehende Musiker das *Element* der Kunst, in diesem Fall das der musikalischen Töne, entdeckt, die vielfältige Möglichkeit des Anschlags, das freie *Spiel* in diesem Element. Ähnlicherweise kann der Übende in allen Bewußtseinsübungen ein wesenhaftes Element entdecken – nur ist dieses mehr verborgen als in der Musik –, namentlich das worthafte oder ideenhafte Element, in dem jede Übung im Sinne eines modernen Erkenntnisweges vor sich geht, in dem er improvisierend seine grundsätzlich *menschliche* Fähigkeit, mit diesem Element umzugehen, aus-übt. Das Üben ist Aus-Üben. Wird die Übung nach nicht allzulanger Anlaufzeit nicht mit Freude begleitet, dann soll an dem Wie – in der Richtung der Spielhaftigkeit, Lockerheit usw. – etwas geändert werden.

Wird erlebt – nicht bloß gedacht –, daß das Thema selbst aus Aufmerksamkeit gewoben ist, dann erfolgen bald zwei weitere Erfahrungen. Die Bewegung der Aufmerksamkeit geschieht beim Erwachsenen stets entlang von Begrifflichkeiten, auch wenn diese keine Namen haben. Es kommt zur Entdeckung, daß der menschgeschaffene Gegenstand durch eine Idee entstanden ist, und er ist anhand dieser Idee zu denken und vorzustellen. Diese Idee ist die *Funktion* des Gegenstandes, von allen Gegenständen, zu deren Klasse er gehört. Alle Messer dienen dem gleichen Zweck und durch dasselbe Prinzip. Dieses Prinzip oder diese Funktion ist nicht vorzustellen – das Vorstellungsbild gehört immer zu *einem* bestimmten Gegenstand. Die Idee ist auch kein Wort: Wer nicht weiß, was «Messer» ist, wird es aus dem Wort nicht erfahren. Die Idee ist wort- und bildlos: Ein Verstehen, das der Erfinder hatte, bevor das erste Stück verfertigt wurde. Dieses Verstehen haben wir uns als Kind überbewußt angeeignet, daher können wir *alle* Messer als solche identifizieren.

Was unseren Gegenstand zu dem macht, was er ist, hängt nicht mit seinem Aussehen, Stoff, Farbe usw. zusammen – die werden der Funktion gemäß gewählt –, sondern in ihm ist eine Idee zur Erscheinung gekommen. Wir können nun versuchen, diese Idee selbst zum Thema der Konzentration zu wählen: *Das* ist ja letztlich der Gegenstand, sie macht ihn zu dem, was er ist. Wer die Idee des Messers nicht kennt, *sieht* kein Messer, sondern ein Stück Metall z. B. Im Anfang wird diese Stufe der Übung kaum gelingen, wir fallen immer wieder zur Vorstellung, zum Wort zurück. Eine Idee ist nicht ohne weiteres zu denken. Sie kann nur im reinen Denken *aufleuchten*. Sie *ist* Verstehen, kann nicht Verstandenes werden, denn dann sind wir nicht mehr im Verstehen. Das Denken fällt gewöhnlich auch bei großer Intensität aus seinem Vorgang heraus. Wenn aber die Konzentriertheit vorangehend intensiv genug war, kann das Verstehen der uns «bekannten» Idee wiederholt werden, als ob wir den Gegenstand in seiner Funktion das erste Mal begreifen würden: eine Intuition, jetzt bewußt vorbereitet und erlebt, kein «Etwas», sondern *Geschehen*, reines Denken höherer Art. Der nächste Schritt nach dem Aufdämmern, Aufblitzen, Aufleuchten des Verstehens ist, in diesem zu verweilen: im nunmehr lebendigen Denken.

Die Idee und die Tätigkeit des Übenden sind eins: *Erinnern* kann man – im Gegensatz zu einer Vorstellung – die Idee nicht. Das Erinnern widerspricht der Improvisation: Daraus kann die Verwandtschaft dieser mit dem Verstehen erahnt werden. Das Erleben, daß Thema und Aufmerksamkeit eins sind, beginnt schon *vor* der Ideen-Konzentration. Eben das führt zur zweiten Erfahrung: daß die Aufmerksamkeit beginnt, sich selbst wahrzunehmen, ohne sich vom Thema abzuwenden. Ohne Thema würde sie sich gleich zerstreuen. Die Selbstbegegnung der Aufmerksamkeit ist die Erfahrung des wirklichen, höheren Ich, des Geistselbstes. Da sie Wirklichkeit – keine Vergangenheit – ist, verleiht sie dem Menschen «Sicherheit und Festigkeit»[26].

Im Ideenerleben begegnet das Bewußtsein *dem* Lichte, das für das Bewußtsein, sonst nicht bemerkt, überhaupt *das* innere Licht ist, in dem die Seele lebt. Alles seelisch Erlebbare ist aus diesem gewoben. Es ist dem physischen Licht nicht ähnlich, denn es hat «Form», es beleuchtet nicht etwas Anderes, sondern die Seeleninhalte selbst sind aus ihm: Aus einem «sagenden», mitteilenden Wort-Licht. Die Idee spricht sich als Licht aus.

Durch die Denkkonzentration* versucht der Übende, die Autonomie des Denkens – gegenüber unwillkürlichen Assozia-

---

* Die Denkkonzentration wird oft als «Nebenübung» angeführt.[26] Das geschieht aus dem Grunde, weil sowohl das Werk «Wie erlangt man Erkenntnisse der höheren Welten?» wie auch die «Anweisungen für eine esoterische Schulung» Menschen gegeben wurden, die im Meditieren bewandert waren; für sie war die «Gedankenkontrolle» als eine ständige begleitende Übung empfohlen. Das ist sie auch heute für die Meditierenden. Sie war aber offensichtlich auch eine unumgängliche Vorbereitung zur Meditation und ist es heute in erhöhtem Maße, da die Konzentrationsfähigkeit in den letzten Jahrzehnten weitgehend zurückgegangen ist.

tionen –, das Licht des Bewußtseins, die Unabhängigkeit vom Gehirn – einen Charakterzug des «gesunden Menschenverstandes» – wiederherzustellen.

Diese Wiederherstellung ist ein Teil dessen, was die *Reinigung* der Seele genannt wird. Diese beginnt natürlicherweise beim Denken, weil nur dieses weitere Bewußtseinsgebärden erfassen und steuern kann. Reinheit heißt für das Denken, daß nichts *anderes* in seine Bewegung einsickere, nichts, was nicht durch die Denkbetätigung selbst in das Bewußtsein gelangt. Das ist die Grundbedingung für jede andere Art der Seelenreinigung.

Wahrnehmungs- und Vorstellungskonzentration

Das Wahrnehmen des Erwachsenen wird immer mehr zu einer *informativen* Tätigkeit: Man nimmt nur soweit wahr, bis man feststellen kann, um *was* es geht, bis zum Minimum, das notwendig ist, um das Wahrgenommene in seinem Was wiederzuerkennen.[27] Je bekannter es ist, um so weniger Sinnestätigkeit ist dazu aufzubringen. Dabei ist allein die begriffliche Konturiertheit wichtig. Die lebende, gefühlsreiche, farbige Wahrnehmung des Kindes ist ganz reduziert worden. Ausnahmen sind das Betrachten einer schönen Landschaft, künstlerisches Wahrnehmen oder das diagnostische intuitive Wahrnehmen des Arztes oder Pädagogen – das heute im Schwinden begriffen ist.

Die einfachste Übung zum Wiederherstellen eines umfänglicheren Wahrnehmens besteht im gründlichen Anschauen eines womöglich naturgeschaffenen Gegenstandes. Danach versuche man das Geschaute sich vorzustellen, ohne es anzuschauen. Man wiederhole diese zwei Gebärden.

Dabei kann erfahren werden, daß man das Wahrgenommene sehr unvollkommen vorstellen kann, weil man auch unvollkommen wahrnimmt. Besonders gilt das für die unregelmäßigen Eigenschaften, z. B. die genaue Form eines Steines oder Pflanzenblattes, wofür es auch kein Wort gibt. Das leitet an, die Beobachtung besonders auf diese Züge zu richten.

Die zweite Erfahrung zeigt, wie sehr *gedanklich* vorgestellt wird: nach dem Wissen, nicht nach dem aktuellen Wahrnehmen. So stellen wir einen Becher fast immer mit kreisförmigem Querschnitt vor, obwohl wir ihn so nur genau zentral von oben her sehen können. Wie die *gesehene* Form ist, hängt sogar von dem Beleuchtungswinkel ab, ebenso die gesehenen Farben.

Wir können mit anderen Sinnestätigkeiten, besonders mit dem Hören ähnliche Erfahrungen machen. Besonders auffällig wird dabei der sonst kaum bemerkte Unterschied zwischen Wahrnehmung und Vorstellung, der auch bei sehr intensivem und gründlichem Vorstellen unverändert bleibt: Das Wahrnehmen wird von dem Gefühl der Wirklichkeit begleitet, das beim Vorstellen fehlt.

In den Wahrnehmungsübungen soll versucht werden, das gedankliche Element womöglich zu vermeiden. Das wird um so mehr gelingen, je genauer das Wahrnehmen wird. Die Genauigkeit bedeutet nicht «Nähertreten» oder Mikroskopieren: Von dem gegebenen Standort her soll die Aufmerksamkeit dem Ganzen des Objektes gelten, ohne den Versuch, Einzelheiten einzuprägen, damit das Vorstellen besser gelingt. Es geht um das Tun, nicht um das Gelingen.

Im Vorstellen soll die Aufmerksamkeit auch nicht auf das begriffliche Was des Objektes gerichtet sein, sondern auf das Wie seiner Qualitäten – Farbe, Gestalt, Oberflächenbeschaffenheit, usw.

Eine weitere Übungsart lenkt die Aufmerksamkeit auf feine Unterschiede im Wahrnehmen: Farben – das unterschiedliche Blau nach Himmelsrichtungen –, Gestalt – Vergleich von Blättern derselben Pflanze –, Töne – die nacheinander folgenden Zwitschertöne eines Vogels, usw. Es ist ratsam, zwischen den Beobachtungen Pausen zu halten, vor dem Wahrnehmen mit beruhigten Sinnesorganen zu warten, um nachher «wie zum erstenmal» zu erleben.

Bei allen Übungen soll darauf geachtet werden, daß man Spekulation, Phantasieren, Assoziieren sorgfältig meidet. *Sachlichkeit*, genaues Beobachten ist das Ideal.

Eine nächste Übung besteht darin, daß man durch das Objekt des Wahrnehmens mehrere Sinne ansprechen läßt. Wie hört sich eine Landschaft? Oder wie schmeckt sie? Dabei ist die Gefahr des Assoziierens besonders groß. Es geht aber darum, daß durch jede Wahrnehmung eigentlich jeder Sinn, wenn auch nur leise, *wirklich* berührt wird: Diese leise Berührung ist zu erfassen. Künstlerisches Wahrnehmen leistet dabei große Hilfe.

Im Gegensatz zur Denkkonzentration übt man die Wahrnehmung mit Naturgegenständen, gerade weil wir für diese keine entsprechenden Ideen haben: Wir wissen, was das Wesen des Messers ist, nicht aber was «Rose» oder «Quartz» in Wirklichkeit bedeutet, was ihr Sinn ist. An die mächtigen Ideen der Natur sich heranzutasten ist die Aufgabe der Wahrnehmungsmeditation. Durch die *Wirkung* der mächtigen Ideen entsteht das Wahrnehmen überhaupt. Deshalb ist es möglich, daß, wenn die Intensität des Beobachtens zunimmt und das Gewicht von dem Informativen auf die Qualitäten hin verschoben wird, die Naturwahrnehmungen mit leisen, neuartigen Gefühlen begleitet werden. Dazu verhilft besonders die erwartende, aber nichts Bestimmtes erwartende Aktivität der Aufmerksamkeit, die womöglich nichts der Wahrnehmung entgegenbringt – ähnlich wie beim künstlerischen Wahrnehmen. Diese Gefühle, die schon bei dem intensiven Wahrnehmen von Sinnesqualitäten erscheinen, können ebensowenig in Worte gefaßt werden, wie die Kunsterlebnisse.

Die Wahrnehmungsübungen können in zahllosen Variationen ausgeführt werden; die erwähnten und die folgenden sind nur als Typus-Beispiele aufzufassen.

Man kann Farben untereinander vergleichen, aber auch unter dem Aspekt, ob sie an Pflanzen, Tieren, Mineralien auftreten oder menschengefertigt sind. Diese Übung ist mit mehreren Sinnesqualitäten ausführbar; auch mit Aggregatzuständen, Formen, Bewegungen. Man kann auf die Qualität der Bewegung eines

Astes im Wind und z. B. einer Fahne aufmerksam werden. Die Aufmerksamkeit wird differenzierter und gefühlsgesättigter. Das ist dann besonders bei der Beobachtung von Lebenszuständen wie Sprießen, Blühen, Reifen, Welken behilflich oder bei anderen Naturgeschehnissen wie das Herannahen, der Ausbruch und Wegzug eines Sturmes, Zug der Wolken, Meeresstille und Wellenbrandung usw.

Es ist wohltuend, abwechselnd Denk- und Wahrnehmungs- bzw. Vorstellungskonzentration zu üben, denn sie fördern sich gegenseitig.

Es kann durchaus vorkommen, daß jemand mit sämtlichen Konzentrationsübungen unüberwindliche Schwierigkeiten erlebt. In diesem Fall kann eine sehr einfache Übung helfend sein. Man achte für eine bestimmte Zeit am Tag darauf, daß man nur *das Eine* tut, was man eben tut und das mit voller Aufmerksamkeit. Wenn man z. B. kocht, dann ist man ganz beim Kochen und läßt seine Gedanken und Vorstellungen nicht davon schweifen. Ist man unterwegs auf der Straße, dann beobachtet man wach die wechselnden Objekte, Menschen, Schaufenster, Verkehrsmittel, immer die aktuellen Sichtbarkeiten oder Hörbarkeiten und verbietet sich die Assoziationen: man läßt es nicht zu, daß von einem Objekt etwas aus der persönlichen Vergangenheit «einfällt», sondern wendet sich dem nächsten Objekt zu. Diese Übung kann in kurzer Zeit die Konzentrationsfähigkeit bedeutend steigern.

Über den Sinn der Konzentrationsübungen

Die älteren Methoden der Bewußtseinsschulung haben immer versucht, den *Gegen-Stand*, als Phänomen des gespiegelten Bewußtseins, zu vermeiden, zu entfernen und damit auch jedes alltägliche Ichbewußtsein, das fähig ist und dem es allein möglich ist, gegenüber-zu-stehen. Die moderne Schulung benützt gerade den Gegenstand, um die Aufmerksamkeit mit seiner Hilfe zu steigern, soweit, daß sie ihren sonst nicht erlebten Vorgang erfahren kann, den Vorgang, aus dem und durch den der Gegenstand – auch beim Wahrnehmen – entsteht.

Die Aufmerksamkeit wird erst, womöglich ungeteilt, auf das Objekt gerichtet und an diesem so erkraftet, daß ihre Wirklichkeit bemerkt wird: das flüssige Element, auf dessen Boden das Thema oder das Objekt «ist», die Gebärde des Bewußtseins, das das Thema in seinem und aus seinem eigenen Lichtelement entstehen läßt. Wird diese Erfahrung stärker, so erlebt man: Dieses Element ist konkretere, mächtigere Wirklichkeit als das Thema – eine Beschränkung des Elementes – und ist unabhängig vom Thema, da es verschiedene Themen zu verwirklichen imstande ist. Dieses Medium in Bewegung zu setzen, zu gliedern, ihm Richtung zu geben oder sich in ihm zu bewegen, wie das Kind am Boden sich bewegen lernt, bedeutet auf der Ebene des Imaginativen zu meditieren.

Die Aufmerksamkeit ist in den Konzentrationsübungen intentional. In der Ideen-Konzentration – Idee eines menschengeschaffenen Gegenstandes – gelangt die intentionale Aufmerksamkeit an die Grenze ihrer Möglichkeiten: Die Idee kann in ihr nicht aufgehen. Dazu muß der Aufmerksamkeitswille sich umwenden, empfangend werden, und doch so konzentriert bleiben, daß die Aufmerksamkeit als Wachs für die Idee prägbar wird. Das ist das weitere Ziel der Konzentrationsübungen: die intentionale Aufmerksamkeit so zu erkraften, daß sie sich nicht zerstreut, wenn sie auf ihr Thema verzichtet, sondern zusammengehalten bleibt und für die Intuition aufnehmende Aufmerksamkeit wird. Die Gebärde der Umkehrung wird im gewöhnlichen intensiven – nicht-informativen – Wahrnehmen vorgebildet, ja vorgeübt: da läßt der Mensch seine Aufmerksamkeit von der Wahrnehmungswelt gestalten, als ob er sagen würde: «Dein Wille geschehe».

In diesen Übungen sucht und findet die Aufmerksamkeit das Strömen, das sie aufrecht hält und weiterbringt, nicht in ihrem Objekt, wie gewöhnlich, sondern in ihrer früheren Phase, *vor* dem Objekt; das beginnt damit, daß sie bemerkt, wie sie selbst das Objekt hervorbringt. Erst wird bloß das Objekt bewußt, worauf die Aufmerksamkeit gerichtet ist; dann nimmt sie Schritt für Schritt, vom Objekt aus gesehen rückwärts, sich selbst, ihre eigene Quelle wahr.

In den Konzentrationsübungen soll sich die Aufmerksamkeit so voll und ungeteilt wie möglich in das Thema hineinschmiegen. Das alltägliche Ichbewußtsein wird vergessen; und je vollständiger dies geschieht, um so mehr kann das höhere Ich zur Selbsterfahrung erwachen: Dieses Ich ist schon identisch mit dem Thema. Empfangende Aufmerksamkeit entsteht, wenn das Alltagsbewußtsein in das höhere Ich hineinschmilzt. Das geschieht auch bei jeder gedanklichen Intuition für einen Augenblick. Die Früchte der Konzentrationsübungen werden im Meditieren gebraucht.

Meditation

*«Wenn der Mensch einmal beginnt, Medita-
tionen zu machen, so vollzieht er damit die
einzige wirklich völlig freie Handlung in diesem menschlichen Leben... Wir sind darin
vollständig frei. Es ist dieses Meditieren eine
urfreie Handlung.»*[28]

Der Sinn des Meditierens ist, den Abgrund[29], der sich im Laufe
der Bewußtseinsentwicklung zum Selbstbewußtsein hin zwischen dem leiblich gespiegelten Vergangenheitsbewußtsein und
der Ebene der Lebendigkeit – die gespiegelt wird – aufgetan hat,
zu überwinden. Die Brücke besteht aus der freien, konzentrierten
Aufmerksamkeit. Diese geht vom höheren Ich aus, wird als intentionale Aufmerksamkeit durch und im Alltagsich gespiegelt
und führt durch ihre Steigerung zur Selbstwahrnehmung, die
dem höheren Ich, ihrer Quelle, immer näher rückt. Damit hebt
die Aufmerksamkeit das Alltagsbewußtsein in das höhere Ich,
dieses wird nun auf der eigenen Ebene selbstbewußt – nicht mehr
bloß im Spiegelbild –, und die Aufmerksamkeit lernt dabei auch
empfangend aktiv und konzentriert zu bleiben. Dazu bedarf sie
besonderer Themen: die Themen der Meditation.

Diese Themen müssen auch für die gewöhnliche Aufmerksamkeit erfaßbar sein, denn mit ihr beginnt vom Alltagsich aus jegliche
freie Bewußtseinsgebärde. Sie müssen aber mehr als Objekte dieser Aufmerksamkeit sein, sonst wären sie nicht imstande diese
weiter, zur empfangenden Gebärde zu leiten. Diese Gebärde stellt
sich ein, wenn die intentionale Aufmerksamkeit an ihre Grenze
gelangt ist und dort ein Höheres berührt, das sie ohne Wandlung
nicht mehr erfassen kann. Die Meditationsthemen sind in diesem
Sinne *durchlässig*: Sie bieten für das Alltagsbewußtsein einen *informativen* Sinn, d. h. sie sind auf der Ebene des Alltags formell «verständlich» – z. B. in eine andere Sprache übersetzbar –, aber hinter
dem ersten, nominellen Sinn sind weitere Bedeutungen verborgen

auf immer höheren Bewußtseinsstufen. Wandelt sich der Aufmerksamkeitswille am ersten Sinn zu einem empfangenden, dann löst sich der informative Sinn auf, und es erscheint auf der nächsthöheren Bewußtseinsebene ein neues Verstehen. Als ob man erst einen durchsichtigen Edelstein anschauen und dann mit dem Blick in seinen Innenraum dringen würde: Vor der Aufmerksamkeit schmelzen seine Grenzflächen weg, und man kann stets weiter nach innen schreiten.

Das wortlose Verstehen

Jeder Satz, jedes Sinnbild, jede Wahrnehmung ist eine Einheit, obwohl sie aus Worten, Komponenten, Teilen bestehen. Wenn man einen sinnvollen Satz ausspricht, will man nicht etwa vier bis fünf Worte sagen, sondern Eines: «Das Wetter ist wieder schön.» Nur kann der Sprechende dieses Eine, das er sagen will, nicht anders als durch eine Anzahl von Worten ausdrücken und der Vernehmende muß die Worte zusammenlesen, sie gewissermaßen in ihrem Einzelsein überwinden, um die Einheit, aus der der Satz entstanden ist, wieder herzustellen. Diese war im Sprechenden vor der Formulierung des Satzes überbewußt anwesend und wird im Verstehenden überbewußt da sein. So wird der *informative* Sinn ausgedrückt bzw. verstanden.

Hat der Satz, das Bild, die Wahrnehmung einen weiteren verborgenen Sinn, und ist der Mensch bestrebt diesen zu erfassen, dann muß er seine intentionale Aufmerksamkeit zunächst auf den informativen *Sinn* richten, damit dieser Inhalt selbst zum Zeichen wird für den höheren Sinn – wie die Worte im Erfassen des informativen Inhaltes im gewöhnlichen Bewußtsein zu überwundenen Zeichen werden. Wenn das Kind lesen lernt, richtet es die Aufmerksamkeit erst auf die Buchstaben. Kennt es sie schon ausreichend, dann muß es lernen, die Aufmerksamkeit von ihnen weg und auf ihre Gruppierung als Einheit zu lenken, um die

Worte zu erfassen. Kann es Worte fließend lesen, so folgt eine weitere gewaltige Verschiebung der Aufmerksamkeit zum Satz hin. Im Meditieren erfolgt ein weiteres, qualitativ verschiedenes Lesenlernen: Der informative Sinn der Zeichen – des Satzes, Symbolbildes, der Wahrnehmung – wird als Ausgangspunkt genommen zum «Weiterlesen», wie die Buchstaben, Worte es waren zum Lesen des informativen Inhaltes. Dabei begegnet der Übende der Schwierigkeit, seine Aufmerksamkeit auf den *Sinn*, die «Einheit» des gewählten Themas zu konzentrieren, sich in diese Einheit zu versenken. Er muß lernen, die *Einheit* vor dem inneren Blick halten zu können und das bedeutet: wortlos und bildlos; sonst bleibt es bei der Wiederholung der Worte, beim Durchgehen der Einzelheiten des Symbolbildes usw. Hat er das wortlose Konzentrieren nicht in der Denkkonzentration geübt, so wird die Aufmerksamkeit unweigerlich durch Assoziationen abgelenkt, sobald sie sich von den Worten zu befreien beginnt.

Die Struktur der Bewußtseinsseele befähigt den Menschen, wortlos zu denken, zu verstehen[30]; sonst könnte er z. B. den Sinn eines vernommenen Satzes nicht «mit eigenen Worten» wiedergeben. Wenn man *wirklich*, d. h. Neues denkt, intuitiv also, dann denkt man ohne Worte. Diese Tätigkeit ist, wie zunächst jedes Verstehen, punktuell, augenblicklich; es geht darum, sie *dauernd* zu erleben. Man kann das mit einem einfachen informativen Satz üben, wie «Das Wetter ist wieder schön» – «wieder» dient dazu, das bildliche Vorstellen des Satzes zu verhindern. Erst wird das wortlose Denken des Inhaltes kaum gelingen. Man kann sich Zwischenstufen bauen, indem man den Satz in wenigere, in *ein* Wort verdichtet, d. h. innerlich *ein* Wort, ein beliebiges aus dem Satz, spricht, aber den ganzen Satz meint. Nach und nach je nach Konzentrationsfähigkeit, wird man dem Ziel näher kommen. Die Denkkonzentration sollte eigentlich dazu schon befähigen. Eine weitgehende Hilfe bietet dazu die Vorstufe der Meditation, die man «Sinnen» nennen kann.

Sinnen

Zum Sinnen kann ein jedes Wort dienen; besonders geeignet sind solche Worte, die keinen Wahrnehmungsbezug haben, wie Bindewörter oder Präpositionen. Es können auch Wörter aus Meditationssätzen sein, wie «Anfang» aus «Im Anfang war das Wort» oder «eins» aus «Ich empfinde mich denkend eins mit dem Strom des Weltgeschehens».[31]

Sinnen bedeutet ein konzentriertes Denken, das beginnt, auf die Worte zu verzichten. Das muß es tun, wenn es bestrebt ist, die Vielfalt der Bedeutungen eines Wortes «zusammenzudenken», zugleich zu erfassen. Als Beispiel soll hier «eins» aus dem obigen Satz dienen. «Eins» geht auf «ein» als Zahlwort zurück und wird im Satz im Sinne von «eins-werden», «ver-eint» gebraucht. Aber «ein» bedeutet sowohl «Einheit», Einigkeit, wie «Vereinzeltheit» im Sinne von «allein» oder «einzig», «einsam», «eines unter vielen». Man kommt fast bei jedem Wort zu gegensätzlichen Bedeutungen. Was die Vielfalt und auch die Gegensätzlichkeit ermöglicht, ist die *Urbedeutung* des Wortes. Diese ist durch gewöhnliches Denken nicht zu erfassen; das Sinnen kommt mindestens in Berührung mit der Bewußtseinssphäre, in der die Vieldeutigkeit zu *Einem* wird: «Eins» wird. Das Kind erfaßt im Sprechenlernen die Urbedeutung der Worte. Im Sinnen wird jedes Wort zu einer Bewegung mit Richtung; daher kann es als *Zeitwort* oder Geschehen gedacht werden, was im Späteren mit jedem Wort eines Meditationssatzes, mit jeder Einzelheit eines Symbolbildes, mit jedem Teil einer Wahrnehmung zu tun ist. Sprachhistorisch sind die Zeitwörter die archaischsten Teile der Sprache.

Wenn man das Sinnen im Hinblick auf einen Meditationssatz versucht, macht man die Erfahrung, daß in jedem seiner Worte der ganze Sinn verdichtet ist, daß sich der Satz in jedem Wort *abbildet*, wenn er im Sinnen zu leben beginnt. Nehmen wir das obige Beispiel: «Ich empfinde mich denkend eins mit dem Strom des Weltgeschehens.» Der erste Gedanke ist wahrscheinlich, daß der Satz gar nicht «stimmig» ist: Man fühlt sich im Denken nicht eins mit einem Weltgeschehen, von dem man übrigens nicht weiß, was es ist; ja, man empfindet überhaupt nichts. Der informative Sinn beschreibt nicht eine Tatsache. Das ist für alle Meditationssätze bezeichnend: Sie sollen *verwirklicht* werden. So ist es auch mit den Symbolbildern: Sie stellen keine «gegebene» Wirklichkeit dar, und es wird sich ergeben, daß die Wahrnehmungsbilder auch keine Wirklichkeiten sind, so wie sie uns gewöhnlich erscheinen.

Beginnt das Sinnen bei dem ersten Wort «Ich», so kann die Erfahrung gemacht werden, daß dieses Ich sich als Alltagsich empfinden läßt, aber nicht «eins mit...», sondern als Selbstempfinden am Körpergefühl. Faßt man die aktuelle Tätigkeit des Sinnens mit ins Bild, dann muß man sich etwa sagen: «Nicht der Körper, auch nicht die Selbstempfindung sinnt nach, sondern es ist ein anderes Ich. Dieses ist zwar auch das Subjekt des Selbstempfindens, im Sinnen aber ist es eben nicht an dieses hingegeben, sondern an das Thema «Ich». Man kann sich fragen: «Bin ich *denkend?*» Dabei erscheint wieder die ganze Problematik des überbewußten-bewußten Tuns: «Denkend» zu verwirklichen, wäre, im Denkvorgang zu bleiben, d. h. *bewußt* schon in ihm zu sein; *dann* könnte man die Wirklichkeit «Ich» wieder untersuchen. Es wäre möglich, daß es sich dabei – in dem *denkenden* Zustand – eins empfinden würde mit dem übersubjektiven flüssigen Element, dem «Strom», aus dem das Gedachte herauskristallisiert. *Dieses* wäre das «Weltgeschehen». – Sinnt man dem Wort «Weltgeschehen» nach, kommt man zu ähnlichen Ergebnissen. Denn es geht ja immer um ein Weltgeschehen, das *für mich* ist, sonst wüßte ich nicht von ihm. An diesem nimmt das Bewußtsein berührungsweise – wie an den Naturvorgängen im Wahrnehmen – oder innerlich mitwirkend, wie in den Erkenntnisvorgängen, teil. Das Bewußtsein wird im «Weltgeschehen» des Denkvorgangs ganz partizipierend, d. h. identisch mit ihm. Von da aus klären sich die weiteren Teile des Satzes auf.

Die Beschreibung vermag den Vorgang des Sinnens nur anzudeuten, denn er verläuft mehr oder weniger wortlos. Das Sinnen ist noch nicht die Meditation selbst, nur ihr Vorspiel. Meditieren heißt, den Satz, das Bild – und das Wahrnehmungsbild wird auch zum Symbol oder zum Schriftzeichen – zu *verwirklichen*, es ganz zu werden. Dazu genügt es meistens, *ein* Wort oder Element ganz zu verwirklichen. Wer im Satz «Im Anfang war das Wort» das Wörtchen «Im» ganz verinnerlicht, erlebt den ganzen Satz. Es scheint, daß dann die weiteren Wörter überflüssig sind. Dem ist aber nicht so, denn sie lenken von Anfang an das Sinnen und das Meditieren der Ganzheit des Satzes nach.

Der Innenraum der Zeichen

Jedes Wort in einem Meditationssatz ist in seiner Urbedeutung gemeint, nicht als Anwendung dieses Ursinnes. Das heißt, der Meditierende soll von der alltäglichen Gebrauchsweise dieser Worte absehen. Das fällt nicht leicht, denn für das moderne Bewußtsein deutet das Wort fast immer auf etwas außerhalb seiner selbst. Dazu aber wird die Möglichkeit erst durch die *Urbedeutung* geschaffen. Die gliedert das «Ding» oder ein «Etwas», ein «Das» aus der Gegebenheit der Welt heraus: Die Anwendung wird erst durch sie möglich. Für das nominalistisch eingestellte Bewußtsein scheint die Anwendung, das Ding etwa, *vor* dem Wort-Begriff und unabhängig von ihm «da zu sein». Man sollte sich immer besinnen: Ohne Begrifflichkeit ist nichts «da», gibt es z. B. in einer Sprache keine Bezeichnung für «blau», so sieht der Mensch kein «Blau». In der frühen Phase der Bewußtseinsentwicklung, als Wort und Begriff noch eins waren, d. h. als auch kein wortloses Denken stattfinden konnte, war die Welt außen und innen durch die sprachgebotenen Begrifflichkeiten gegliedert und zum guten Teil, besonders im Hinblick auf die Wahrnehmungswelt, blieb es auch später so. «Blau» wird für jene Menschen, deren Sprache diese Farbe nicht kennt, bei einer anderen Farbe – grün, grau – untergebracht.

95

So ist der Meditierende bestrebt, nicht nur von Assoziationen und Vorstellungsbildern unabhängig zu werden, die anhand der Worte auftreten, sondern auch von allen Bezügen in der Welt der Wahrnehmungen und Vorstellungen, um *rein im Innenraum der Worte* zu bleiben, der die Wahrnehmungen und Vorstellungen ermöglicht. So erfährt er das Logoselement dort, wo es noch sinnschaffend ist, nicht dort, wo es scheinbar sinnbeschreibend oder -ausdrückend geworden ist. Das heißt, den Gedanken «als solchen», ohne Bezug auf Anderes zu erleben: «Ein Gedanke, der nicht einfach hingenommen wird aus dem gewöhnlichen Verlauf des Lebens, sondern der *mit Willen* in das Bewußtsein gerückt wird, um ihn in seiner Wesenheit als Gedanke zu erleben, löst in der Seele andere Kräfte los, als ein solcher, der durch auftretende äußere Eindrücke oder durch den gewöhnlichen Verlauf des Seelenlebens hervorgerufen wird. Und wenn die Seele in sich die im gewöhnlichen Leben doch nur in geringem Maße geübte Hingabe an den Gedanken als solchen immer erneut bewirkt – sich auf den Gedanken als Gedanken konzentriert –: dann entdeckt sie in sich Kräfte, die im gewöhnlichen Leben nicht angewendet werden, sondern gleichsam schlummernd (latent) bleiben. Es sind Kräfte, die nur im *bewußten* Anwenden entdeckt werden.»[13]

Das Leben des Meditationsgedankens wird durch das mit ihm eins gewordene Seelenwesen erfahren, wenn der Übende sich ohne Worte auf das «Das», den Sinn des Satzes konzentrieren kann. Dieser Sinn ist noch die nominell verstandene informative Bedeutung, die man durch ein Sinnen auflockert und vertieft. Ist die Konzentriertheit intensiv genug, so kann der informative Sinn durch diese Intensität aufgelöst, «geschmolzen», durchsichtig werden, und er läßt den nächsten Sinn dem Erfahrenden aufleuchten. Das Geschehen ist wie ein schwieriger Text, der erst bloß als Schriftzeichenreihe, als Wortreihe vor einem steht, auf einmal durchlässig wird und das Verstehen in seinen Innenraum hereinläßt – wenn die Aufmerksamkeit sich zu einer empfangenden verwandeln kann.

Versucht der Übende in der zweiten Phase der Denkkonzentration im üblicherweise überbewußten Element des Verstehens zu verweilen, so ist er in der Meditation bestrebt, aus demselben flüssigen «Strom» lebende, höhere Ideen herauszugliedern, deren Zeichen das Meditationsthema ist. Diese Themen werden durch höhere Erfahrung gefunden. Sie sind *monistische* Gebilde, d. h. sie drücken Wahrheiten aus, die sich zugleich und untrennbar auf das Leben der Welt *und* des Bewußtseins beziehen. Da sie mächtigere, umfangreichere «Worte» sind, als die einer Sprache, können sie nur indirekt in Worte gefaßt werden, so daß, wer sie formuliert, «... zum Schweigen bringt, was sonst in der Sprache lebt, – das Vorstellungs- und Erinnerungsvermögen –» und so in sich rege macht «die sprachschöpferischen Kräfte selbst, jene schöpferischen Kräfte, die an der Menschheitsentwicklung tätig waren, als die Sprache entstand.»[32] Daher werden die Worte in ihrer Urbedeutung gebraucht. Wie die Beschreibung gebildet wird, dementsprechend sollte sie, auch im Studium, entgegengenommen werden. Immerhin müssen die Zeichen des Meditationsinhaltes *informativ* für das gewöhnliche Bewußtsein verständlich sein, sonst hat es keinen Anhaltspunkt, bei dem das Konzentrieren beginnen könnte: Der Satz z. B. muß in einer Sprache gegeben werden, die für den Meditierenden geläufig ist.

Artikuliert wortlos denken heißt meditieren auf der imaginativen Ebene.

Symbolbild-Meditation

Es wurden die allgemeinen Züge des Meditierens vorwiegend an der Denk- oder Satzmeditation erläutert. Wird der höhere Inhalt als Bild, Figur, Zahl oder Zahlenkonfiguration gegeben, so sind diese als Vorstellungen die Ausgangspunkte zum Meditieren anstelle der Worte.

Das Symbolbild kann ohne Mühe «als solches» hingenommen werden, da es nie eine Sinneswirklichkeit abbildet, obwohl es aus

Wahrnehmungselementen besteht. Die Meditation beginnt mit dem Nachsinnen[33], das über die Beziehungssphäre des Bildes, seine geistige Umgebung orientiert. Dann versucht man, das Bild in der Vorstellung aufzubauen und als Ganzes intensiv, lebendig «anzuschauen». Mit dieser Gebärde sind wir an demselben Punkt, wie in der Denkmeditation beim Konzentrieren auf den informativen Inhalt des Satzes. Kann das Bild ohne innere Rede, Benennung seiner Bestandteile gehalten werden, so entspricht das dem wortlosen Halten des Sinnes in der Satzmeditation. Von der ungestörten «Anschauung» des Bildes geht die Meditation aus.

Sie beginnt mit einer inneren – nicht gedanklich oder formuliert gestalteten, sondern im «Wie» der Aufmerksamkeit verwirklichten – Fragestellung, «Was ist das Rosenkreuz?», «Was bedeutet, was sagt mir ein gleichschenkliges Dreieck mit dem Mittelpunkt?». Die *Aufmerksamkeit* wird fragend, suchend und wenn die Meditation gelingt, dann findend, empfangend. Es folgt ein unmittelbares, nicht durch etwas – Begriffe, Worte – vermitteltes Verstehen, Innewerden. Die Begrifflichkeit trennt sich nicht ab vom Bild, um im Denken zu erscheinen, wie es im gewöhnlichen Wahrnehmen geschieht. Ist die Denkmeditation eine bewußte Wiederherstellung des ursprünglichen, lebendigen, nicht-gespiegelten Denkens, so ist die Bildmeditation die Neubelebung des ursprünglichen, lebendigen Bildverstehens und Vorstellens, das nicht aus einem bekannten Begriff und einer Wahrnehmungserinnerung zusammengebaut wird, sondern in dem das Bild die Begrifflichkeit enthält. Solche sinnvollen Bilder unmittelbar schaffen, unter ihnen leben zu können heißt «imaginieren». Wie die neue gedankliche Intuition sich nach keinem Vorbild oder Muster richtet, so ungeführt von anderen Elementen tritt das imaginative Sinnbild auf. Die Bildmeditationen gehen von Zeichen oder Andeutungen solcher Bilder aus. Zum Sinnbild – ein Bild, das in sich Idee trägt – verwandelt sich das zunächst statisch vorgestellte Bild in der Meditation. Fühlt der Übende, wie das Bild mit seiner Aufmerksamkeit zusammenwächst, *eins* wird, dann beginnt es zu strömen, als Kräfteströmungen vor dem inneren Blick zu leben.

Das ist analog dem werdenden Verbcharakter der Worte in der Satzmeditation. So ist die «Frage» eher: «Was tut es?» als «Was ist es?». – Beim Aufbauen des Bildes kann Erinnerung ebensowenig mittätig sein, wie in der Denkkonzentration und -meditation; denn das Hingegebensein an das Thema läßt Erinnerung nicht zu. Auch vorangehende selbstaufgebaute Bilder sind nicht zu wiederholen. Idee und Bild – sonst scharf getrennt – rücken in der Meditation einander näher: Die Idee wird «geschaut», zur Anschauung, das Bild unmittelbar «verstanden». Keines kann in einer Wortsprache *direkt* ausgedrückt werden.

Wahrnehmungsmeditation oder reine Wahrnehmung

Die Wahrnehmungsmeditation beginnt mit einer Wahrnehmungskonzentration und ist deren Fortsetzung mit vertiefter hingebender Aufmerksamkeit.[34] Ihre Themen sind Naturphänomene, weil diese ohne Ausnahme Zeichen höherer Ideen sind. Deshalb können sie als Symbolbilder funktionieren. Die Naturwissenschaft bezweifelt zwar, daß die Natur ideendurchwoben ist, aber daß die Naturdinge benennbar, wiedererkennbar und vorstellbar sind, beweist ihre Begrifflichkeit, wenn diese auch dem modernen Menschen nur peripherisch zugänglich ist und er sich begnügen muß mit der Beschreibung und Berechnung der Phänomene durch mechanistische Begriffe, was keineswegs mit ihrem Verstehen gleichbedeutend ist.

Unter den Bewußtseinsfunktionen, die der Mensch in der Besinnung auf das Bewußtsein vorfindet, ist allein das Denken evident, in sich schon verständlich; die Wahrnehmungen werden es durch das Denken. Eine Ausnahme im Bereich des Wahrnehmens bilden die Sprachphänomene, die als Wahrnehmungen ebenso durchsichtig und verständlich sein können, wie das Denken selbst. So kann als Zielsetzung der Wahrnehmungsmeditation das Hören und Lesen der Naturzeichen *als Text* angegeben werden.

Man kann beobachten, daß im gewöhnlichen – aber nicht in-

formativen – Wahrnehmen die Aufmerksamkeit zwischen Hingegebensein und begrifflicher Verarbeitung rasch hin und her pen-
delt, wobei in der ersten Phase die nächstliegende überbewußte
Ebene immer wieder berührt wird, solange das aufmerksame
Wahrnehmen andauert.[35] In dieser Phase *wird* die Aufmerksamkeit vorübergehend eins mit dem Objekt, ohne sich darüber klar
bewußt zu werden. In der Meditation wird versucht, diese Phase
zu verlängern, zu intensivieren.

Das geschieht durch die Stufen der Wahrnehmungskonzentration. Die Aufmerksamkeit in der Hingabe kann sich soweit steigern, daß sie die eigene Rolle im Hervorbringen des Wahrneh-
mungsbildes erlebt. Das kann nur geschehen, wenn gleichzeitig
die begriffliche Tätigkeit – die innere Rede – zurückgezogen
wird. Beim modernen Menschen ist das als *direkte* Gebärde nicht
möglich: Der Übende muß in der Denkkonzentration und -medi-
tation gelernt haben, das Denken auf der Ebene der flüssigen Gegenwärtigkeit zu halten, ohne es in das Gedachte fallen zu lassen.
Das bedeutet im Hinblick auf das in der Hingebung Erlebte eine
fragende Haltung wie vor dem Symbolbild, ein Entgegenschwei-
gen und eine Bereitschaft, im *lebendigen* Denken eine entsprechende Idee auszubilden. Das kann um so leichter geschehen, je
reiner die wahrnehmende Aufmerksamkeit von den bekannten,
gewohnten Vergangenheitsbegriffen frei wird: Man müßte alles
vergessen können, was man über das Thema und seine Teile, Eigenschaften, Qualitäten schon «weiß», also alle Erinnerungen
und Assoziationen.

In dieser Meditationsart ist der Übende nicht allein mit dem
Thema, bzw. er bringt dieses nicht allein aus sich hervor wie in
den anderen Meditationstypen. Es wird durch das Wahrnehmen
immer etwas *gegeben*, viel intensiver als im Denken und vor allem
ständig. Muß der Mensch im Denken den Abgrund mehr aus eigener Kraft und Initiative überwinden, um ins Intuitive, in das Verstehen zu kommen, so müßte er im Wahrnehmen dieses «bloß»
sich fortsetzen lassen, nicht mit dem Denken auf *gespiegelter*
Ebene eingreifen. Die Umkehr der Aufmerksamkeit geht in der

Phase der Hingabe schon vor sich: Wir lassen sie auch gewöhnlich von dem Objekt prägen. Da gegeben wird, kann gefunden werden. Zu finden ist vor allem das Was des Wahrnehmens. So wie das Thema zunächst als Ausgangspunkt genommen wird, ist es durch das Alltagsbewußtsein bestimmt. Diese Bestimmung muß verschwinden, denn sie ist nicht gemäß den entsprechenden Ideen gestaltet. Da zeigt sich die Schwierigkeit der Wahrnehmungsmeditation im Vergleich mit den zwei anderen Arten: In diesen ist das Thema wenigstens formell umrissen gegeben, der Meditierende muß es «verstehen». Das Wahrnehmungsthema muß im provisorisch Gegebenen «gesehen», entdeckt werden, weil die gewöhnlichen Begriffe die Wahrnehmung nur nominell abgrenzen. Deshalb müssen sie vergessen werden. Dann aber stehen wir vor einem nichtgegliederten Wahrnehmungsbild und versuchen, die *entsprechende* höhere Begrifflichkeit intuitiv zu erfassen. Wie der Meditationssatz schmelzen und seinen Innenraum freigeben kann, so ist in der Wahrnehmungsmeditation zu «finden», *was* wahrzunehmen ist, d. h. die Idee. Dieses «Was» wird wie das Symbolbild die Idee «enthalten».

Zu diesem Punkt gelangt das Bewußtsein, wenn es das zunächst Gebotene durch seine Aufmerksamkeit aufleben, zum Geschehen werden läßt. Damit ist das Geschehen gemeint, das die Aufmerksamkeit ausführt, indem sie sich mit der Wahrnehmung vereinigt, in diese eingeht. Dann verwandelt sich das zuerst statisch vernommene Bild in ein Tun – war es eine Eiche, so beginnt sie zu «eichen», zu *werden* in ihrem Sosein. Das Gegebenwerden wird zu einem Entgegengenommenwerden, beide werden eins wie die erkennende Tätigkeit mit ihrem Objekt. Damit wird der naive Realismus *erfahrungsgemäß* durchschaut.

Man kann die Meditation erst mit Qualitäten, z. B. Farben oder Formen beginnen, dann nimmt man weitere Eigenschaften dazu, letztlich einen ganzen Naturgegenstand oder -prozeß. Es kann auch eine Konstellation sein, z. B. eine Pflanze oder Blume in einem Felsenriß.

Sobald die wahrnehmende Aufmerksamkeit in ihrer Intensität

einigermaßen gewachsen und hauptsächlich von dem registrierenden Denken ungestört ist, werden außer dem hauptsächlich angesprochenen Sinn (Sehen, Hören) sämtliche andere mitangesprochen. Das führt dazu, daß der *ursprüngliche* zentrale Sinn, das *Fühlen* berührt wird. Aus diesem werden in der Kindheit sämtliche Sinne herausdifferenziert. Die unteren Sinne, die üblicherweise den körperlichen Zustand wahrnehmen, fangen an, sich nach außen zu wenden. So beginnt z. B. der Lebenssinn, der gewöhnlich den körperlich-vitalen Zustand vernimmt, ein «Lebensgefühl» zu vermitteln, das für das Thema bezeichnend ist; der Eigenbewegungssinn verfolgt das prozessuale Geschehen, zu dem das Thema geworden ist, etwa in seinem Bewegungsstil. Man kann das so verstehen, daß die wahrnehmende Aufmerksamkeit sich aus dem physischen Körper in das Meditationsthema verlagert und die Sinne mitnimmt. Dasselbe kann auch mit Themen der Denk- und Bildmeditation geschehen.

Der Zusammenhang zwischen Denk- und Wahrnehmungsmeditation soll am Beispiel der Wahrnehmung des Lebens veranschaulicht werden. Gewöhnlich nehmen wir die Lebendigkeit nicht wahr, weil wir keinen entsprechenden – lebendigen – Begriff für sie haben. Daher können wir einen toten und einen lebendigen Samen nicht im Wahrnehmen unterscheiden, obwohl der ungeheure Unterschied in der Wirklichkeit vor uns ist. Um das Messer wahrnehmen zu können, muß sein Begriff in Bereitschaft sein; um eine Lebensgestalt oder qualitativ die Lebendigkeit wahrzunehmen, muß analog ein lebendiger Begriff bereit sein. Der Begriff «Messer» umfaßt alle Exemplare, ist im Vergleich mit einem konkreten Messer eine bewegliche freie Idee, die unzählige Erscheinungsformen erfaßt. Damit das Leben – und das hat immer Gestalt – «gesehen» werden kann, muß erst das Leben des Denkens als Erfahrung in Bereitschaft sein, das *freie* – an alle Gestalten anpassungsfähige – *Leben.* Das ist das Leben des Denkens; die Erfahrung kann in der Denkmeditation gemacht werden.

Die Wahrnehmungsmeditation wird auch «reines Wahrnehmen» genannt, in Analogie mit dem Ausdruck «reines Denken», in dem erwähnten höchsten Sinn; ein Wahrnehmen, das rein ist von dem gedachten Vergangenheitsdenken. An seine Stelle tritt das «Denken», das im Prozessualen, auf der imaginativen Ebene bleibt. Würde das Denken absolut aufhören, so würde das Wahrnehmen unter die Ebene des alltäglichen sinken, nicht zu einem Ich-Erlebnis führen, sondern im Empfindungsbereich, im Astralischen verbleiben.

Die Themen der Meditation können aus Werken genommen werden, die aus der Geistesforschung stammen und besonders deren methodische Anfänge beschreiben. Solche Beschreibungen sind in den Grundwerken der anthroposophischen Geisteswissenschaft zu finden und ebenso in den Schriften «Die Schwelle der geistigen Welt», «Die Stufen der höheren Erkenntnis» und «Wie erlangt man Erkenntnisse der höheren Welten?». Im letzteren sind besonders für die Wahrnehmungsmeditation Beispiele gegeben. Es ist zu empfehlen, im Anfang solche Meditationen zu versuchen, die im Gebiet des Bewußtseinslebens und seines Verhältnisses zur Welt *beginnen*. Denn jedes Thema bezieht sich sowohl auf das Bewußtsein wie auf die Welt. Die Themen sind wie Rätsel, deren unendlich viele Lösungen nicht auf der Ebene des Alltagsbewußtseins liegen; dabei ergeben sie sich nicht nebeneinander, sondern viel eher *ineinander*, so daß sie einander gegenseitig durchleuchten. Das wiederholte Meditieren *eines* Themas schreitet stets weiter im Verstehen, von Licht zu Licht.

Solche Themen – Bewußtsein-beleuchtende – wurden im Vorangehenden herangezogen. Besonders sind die ersten 14 Verse des Johannes-Evangeliums fruchtbar, da sie die zentrale Kraft der Welt und des Bewußtseins, die Logoskraft in Erfahrung bringen. Für die Wahrnehmungsmeditation sind am Anfang Themen aus dem Pflanzenreich, aus dem Mineralischen und aus dem Landschaftlichen – Himmelsblau, Wald – zu empfehlen.

Was auch das Thema der Meditation ist, die Gebärde ist eine erwartende; es darf jedoch nichts Vorgestelltes erwartet werden – das wäre Hindernis –, denn der Erkenntnisweg ist ganz auf die *individuelle Erfahrung* gegründet. Diese ohne vorgreifende Spekulation, Ungeduld oder innere Unbefriedigtheit usw., aber in gewissenhaftem Üben abzuwarten: Darin besteht die Kunst dieses Weges.

Die Auflösung der Bewußtseinsgewohnheiten

> «*Bequemlichkeit ist ein Wort, das der Geheimschüler in seinem Sprachschatze streichen sollte.*»[36]

Der moderne Mensch ist Ich-bewußt, Selbst-bewußt – daher erwächst ihm die bisher nicht-individuell gelöste Aufgabe, sein Seelisch-Geistiges in Ordnung zu halten. Ich-Bewußtsein heißt, *Grenzen* zu haben, die das Ich von seiner Umgebung abtrennen. Da es ein *geistiges* Wesen ist, ist unter seiner Umgebung die geistige Welt zu verstehen. Zugleich aber müssen diese Grenzen gewissermaßen *durchlässig* sein, sonst könnte das Ich weder kommunizieren noch erkennen.

Die gegensätzlichen Forderungen der Abgrenzung und Durchlässigkeit sind in einer Bewußtseinsschulung in Betracht zu ziehen. Ist das Ich *in sich* gekräftigt, so braucht es zu seiner Abgrenzung weniger undurchdringliche Wände oder Hüllen, d. h. sie können durchlässiger sein. Die Hüllen sind aber einmal schon geformt, wie es für ein schwächeres Ichwesen erforderlich war: Die Schulung muß die Durchlässigkeit erhöhen. Beiden Anforderungen wird die Steigerung der autonomen Aufmerksamkeit gerecht. Da sie vom Ich ausgeht, erkraftet sie dieses selbst; die gesteigerte Aufmerksamkeit bedeutet zugleich größere Durchlässigkeit.

Die Grenzen des Ich bestehen aus *Gewohnheiten* des Denkens, Fühlens und Wollens. Unsere gewohnten Begriffe sind es, die unserer Welt die uns geläufige Gliederung aufprägen, die Ziegelsteine der Wand. Die gewohnten Gefühle sind die Bindemittel in diesem Bau. Die wiederholte Ausübung gewohnter Willensimpulse leihen dem Gerüst Zähigkeit und Härte. Der zugängliche Teil dieses Mauerwerks, wo eine Wandlung beginnen kann, ist das Denken. Der Vorgang der Auflösung des Gewohnheitsmenschen wird auch «Reinigung» genannt. Es wurde anläßlich der Denkkonzentration gezeigt, wie und warum Konzentriertheit mit Improvisieren gleichbedeutend ist. Improvisieren und Gewohnheiten sind Gegensätze: Gewohnheiten sind für das Improvisieren hindernd, und dieses löst sie auf.

Gewohnheiten aufzugeben geschieht immer gegen innerlichen Widerstand: den der Bequemlichkeit und den der Angst. Die Angst rührt gerade von dem Verlust der Stützen, des Haltenden des Ich her; die Unbequemlichkeit ist die Arbeit an seiner inneren Stärkung. Es ist bequemer alte Begriffe anzuwenden, als intuitiv neue zu bilden. Die geisteswissenschaftlichen Inhalte sind durch Alltagsbegriffe nie zu verstehen: Auf die räumlich-zeitliche Vorstellungsart muß verzichtet werden. Auch zwischenmenschliche Beziehungen, Verhältnisse, Probleme sollten nicht durch Gewohnheitsbegriffe «erfaßt» werden, denn sie sind der Möglichkeit nach geistige Angelegenheiten. Die Bestrebung der Bewußtseinsschulung ist es, die gewohnte Welt, ein Ergebnis der gewohnten Bewußtseinsart, zu überwinden.

Dieses Ziel wird neben den Konzentrations- und Meditationsübungen durch «Auflösungsübungen» verfolgt; diese sind dazu angelegt, seelische Gewohnheitshandlungen in aktuelle, bewußte, bedachte, auf Geistesgegenwart beruhende Tätigkeiten – in der Richtung des Improvisierens – zu verwandeln. Es sind das die Übungen des Achtgliedrigen Pfades, die auf Buddha zurückgehen und die sogenannten «Nebenübungen» zum Meditieren, zu denen auch die Denkkonzentration gehört. Sie sind in verschiedenen Werken Rudolf Steiners beschrieben.[37]

In Gewohnheiten aller Art sind geistige, schöpferische, erkennende Kräfte gefangen, verzaubert.[38] Die Denkgewohnheiten werden außer der Denkkonzentration in den Übungen der «Positivität», «Unvoreingenommenheit», der «richtigen Vorstellung», «Rede», «Erinnerung», «Beschaulichkeit» und des «richtigen

Standpunktes» angegangen, aber es wirkt das Denken naturgemäß in allen Übungen mit. Die Gemütsverfassung wird besonders in den Übungen der «Gleichmut», «Positivität», «Unvoreingenommenheit», «Versöhnlichkeit», der Wille in der Übung der «Willensinitiative», des «richtigen Entschlusses», der «richtigen Tat» und des «richtigen Strebens» angesprochen; aber jede Übung ist Willensübung zugleich. Alle Übungen können unendlich vertieft werden; der Anfang soll am Beispiel der «Versöhnlichkeit» dargestellt werden. Diese ist die sechste der «Nebenübungen», der 1. das konzentrierte Denken, 2. die Willensinitiative, 3. Gleichmut, 4. Positivität und 5. Unvoreingenommenheit vorangehen. Durch die abwechselnde regelmäßige Übung dieser fünf kommt eine Veränderung in der allgemeinen Einstellung der Seele gegenüber ihrer Umwelt und den Geschehnissen zustande. Diese tritt erst als das Seltenerwerden der nichtbedachten, oft unwillkürlichen seelischen Reaktionen auf wie Ärger, innerliche Kritik; Gefühle der Selbstgefälligkeit, Verachtung usw. Duldsamkeit, Toleranz, Verstehenwollen nehmen den Platz dieser Reaktionen ein: Das Gegenteil von Gleichgültigkeit. Das reagierende Element verwandelt sich in differenzierte, *nach außen gerichtete* Empfindsamkeit, wird gleichsam zu einem neuen Sinnesorgan, das man auf die Erfahrungen, die vorher jene Reaktionen ausgelöst haben, so richten kann, wie sonst die denkende Aufmerksamkeit. Nur arbeitet dieses Sinnesorgan mit der Empfindsamkeit. Tatsachen, Fakten des Lebens bewirken nun nicht ein Antwort-Verhalten, sondern werden durch den neuen Sinn, wie von einer fühlenden Aufmerksamkeit abgetastet; ihre Wirkung auf das reagierende Gefühlswesen wird nicht nur gedämpft, sondern sie werden zu Anhaltspunkten der Selbsterkenntnis und des Verständnisses für die Ursachen der Erfahrungen, welche die Seelengrenze berühren. Die Seele wächst nach und nach durch differenziertes erkennendes Fühlen mit den Tatsachen zusammen, ergreift die eigene Rolle und Verantwortung und legt die alten Gefühlsgewohnheiten, wie Ehrgeiz, Neid, Rachsucht usw. ab. Ein Lächeln, nicht des Hochmuts, sondern des Friedens wird geboren, der aber das Böse oder Verkehrte keineswegs einfach hinnimmt und sich damit versöhnt, sondern ruhig und gelassen an dessen Umwandlung und Verbesserung durch tiefes Verstehen arbeitet. Die Seele nähert sich dem Verständnis des Wortes im Neuen Testament (Joh 14,27): «Den Frieden lasse ich euch, meinen Frieden gebe ich euch. Nicht gebe ich euch wie die Welt gibt.» Durch die Wandlung der Denkgewohnheiten in die Richtung der geistesgegenwärtigen Improvisation entsteht die Möglichkeit der Meditation auf der Ebene des Imaginativen, des Sich-Bewegen-Könnens im flüssigen Element der Erkenntnisprozesse: Das «Wandeln auf dem Wasser». Erreicht die Auflösung der Gefühlsgewohnheiten einen gewissen Grad, so beginnt die Möglichkeit zu einer nächsten Stufe der Meditation, die im erkennenden Fühlen vor sich geht. Das Fühlen ist gewöhnlich passiv, der Mensch kann in ihm nicht improvisieren. Die erkennenden Keime des Fühlens sind wie verborgen im Denken und Wahrnehmen: Sie werden anhand der Übungen entdeckt z. B. als das Fühlen der Evidenz, der Logizität und in der Gefühlskomponente der Sinnesqualitäten. Die spezifische Kultivierung dieser Elemente ist eingehend beschrieben worden.[39] Hier soll bloß der allgemeine Gang zur Veränderung des Gefühlslebens angedeutet werden, der auch durch den angeführten Text aus der «Philosophie der Freiheit» (Kap. VIII, Zusatz 1918) beschrieben ist: Der Zugang zum erkennenden Fühlen ist im Ideen-Erleben zu finden.[17] Das ist deshalb möglich, weil das Ideen-Erleben an die Wurzeln der Ideen rührt und diese nach oben zeigen, zum Bereich der Inspiration (erkennenden Fühlens) und Intuition (erkennenden Willens). Alle Gefühle, die sich nicht an Ideen anknüpfen, sind nicht-erkennende, selbstempfindende Gebilde. Der moderne Mensch kann die Reinigung seines Gefühlslebens allein in seinem Vorstellungsleben beginnen, die Gefühlswelt *direkt* anzugehen bleibt meistens ein unfruchtbares Unternehmen. Die selbstfühlenden, egoistischen Gefühle sind immer an Vorstellungen gebunden, in denen sie Gestalt – Gefühlsgestalt – annehmen. Im reinen Denken ist das nicht möglich, daher dessen Bedeutung für das Seelenleben. Verunreinigung ist alles, was im Bewußtsein als Nichtverstandenes, Halbverstandenes, d. h. durch Erkenntnislicht nicht Durchdrungenes existiert. Das sind auch die Angriffsstellen für das unreine Fühlen. Dasselbe gilt für alle «spirituell», «okkult», «esoterisch» genannten *Inhalte*, die durch ein Denken erfaßt werden, dessen Qualität diesen «Inhalten» nicht entspricht. Wird z. B. nur «mit den Formen des toten Denkens erfaßt», daß der Mensch einen physischen Leib, Ätherleib, Astralleib hat, «dann ist es eigentlich eine entstellte Wahrheit, nicht die Wahrheit selbst.»[40]

Die Erziehung des erkennenden Fühlens beginnt in den Konzentrationsübungen. Diese sparen das gewöhnliche Gefühl aus, um den Keimen des erkennenden Fühlens Platz zu bereiten. Zuerst tritt das neue Fühlen wie die Aufmerksamkeit begleitend auf: Man fühlt, daß es Wirklichkeit ist, was man in der Übung tut, man fühlt die Freiheit, wie etwa eine Stimmung darin, und man fühlt vor allem, daß das Tun in dem Element des Wort-Lichtes, der Sonnenhaftigkeit vor sich geht. Ist dieses Fühlen erreicht, dann kann sich der Übende seiner Gefühlswelt zuwenden. Zunächst kann er *denkend* den Charakter der gewohnten, nicht-erkennenden Gefühle ertasten. Das ist eine Untersuchung «von außen» – denn *hinein* in diese Gefühle vermag nur ein *Fühlen* zu dringen, wie Musik durch innere Musik vernommen wird. Dieses zweite Fühlen wird besonders durch Wahrnehmungsübungen entfacht – Fühlen von Farben, Tönen – und an Studientexten, bei deren Lesen sich ein differenziertes, spezifisches Fühlen in bezug auf die Qualität der Themen, der Beschreibung, der Art der unterschiedlichen Wahrheiten entwickeln kann. Dieses Fühlen ist verwandt mit dem Fühlen im Umgang mit der Kunst. Das zweite Fühlen im Inneren der gewohnten Gefühlserlebnisse ist «sagend»: Es spricht über die Qualität, «Farbe», «Geruch», «Klangcharakter» der Gefühlslandschaft, in der wir wandern oder uns aufhalten. Dieses innere Fühlen kann besonders erweckt werden, wenn es gelingt, einer uns überfallenden Gefühlswoge vorzugreifen und sie zu fühlen, *bevor* die gewohnte Gefühlsform schon entstanden ist. Zum selben Zweck dient, sich bewußt einer Gefühlswelle auszusetzen, aber so, daß man ihr ein «schmeckendes», erkundigendes Fühlen entgegenbringt.

In der Schulung wird nie ein Gefühl *neben* dem Gedankenlicht hervorgerufen oder als Übungsthema gemeint: Das Fühlen soll aus dem Verstehen – gedanklicher, vorstellender, wahrnehmender Art – aufblühen; sonst wird es sicherlich selbstfühlend, egoistisch, geformt. Wie das Denken nicht gestaltet ist – deshalb kann es sich in alle Gedanken ergießen –, so muß das Fühlen formfrei werden, wenn es erkennend sein soll.

Es ist bekannt, daß man sich in Gefühle hineinsteigern kann. Das ist immer mit einem gewissen Genuß verbunden, auch wenn es «unangenehme» Gefühle – Angst, Ärger, Traurigkeit – sind. Es ist nicht bekannt, aber möglich, sich aus Gefühlen «herauszusteigern», d. h. das Sich-Hineinsteigern nicht nur zu vermeiden, sondern an den immer übertriebenen Gefühlsstürmen etwas – anfangs wenig, später mehr – einzusparen. Die «Ersparnisse» werden in erkennendes Fühlen umgewandelt: Langsam geht die Metamorphose des Gefühlslebens vor sich. Übungsweise, für eine Zeitspanne, kann man sich Gefühlsreaktionen gänzlich verbieten. Vieles Schmerzhafte und Leid im Leben wird «verständlich», d. h. löst sich in ein verstehendes Fühlen auf, wie das gedankliche Nicht-Verstehen sich im Denken in Licht verwandeln kann.

Die zweite Stufe des Meditierens besteht darin, daß man das lebende Ideenelement, das sich im reinen imaginativen Denken, Vorstellen, Wahrnehmen ergibt, nunmehr zu *fühlen* beginnt. Denken, Vorstellen und Wahrnehmen wird *fortgesetzt* im *Fühlen*; dieses kommt nicht von woanders her. Das Fühlen nimmt das Denken, Vorstellen, Wahrnehmen in sich auf: Sie stammen ursprünglich aus diesem Fühlen. Das Thema auf der vorangehenden – imaginativen – Stufe wird «ausgelöscht». Das bedeutet natürlich nicht eine Gebärde des gewöhnlichen Bewußtseins: Etwa daß man denkt «Jetzt lösch ich das Bild aus», denn das wäre eine gewaltige Ablenkung, ein völliges Herausfallen aus der Meditation. Die Auslöschung ist wie eine natürliche Verwandlung der lebendigen Aufmerksamkeit, wie eine Wiederholung des Umkehrungsvorgangs, in der sie aus einer greifenden, intentionalen zu einer empfangenden Aufmerksamkeit wird. Diese Umwandlung kann nicht durch einen einfachen Entschluß des Alltagsbewußtseins geschehen.

Beim Verschwinden des Themas wird die Aufmerksamkeit auf ihre eigene Thema-schaffende oder -wahrnehmende Tätigkeit gelenkt, sie war ja schon identisch geworden mit dem Thema. Diese Tätigkeit wurde im Imaginativen, wenn sie sachgemäß war, von einem verborgenen Fühlen geführt, wie das Denken durch das Fühlen der Evidenz geleitet wird. Nun wird die Tätigkeit «gefühlt»: Das Fühlen tritt aus seiner Verborgenheit hervor. *Fühlt* das Fühlen zunächst das lebendige Thema, so wird es zu einem objektlosen Fühlen, bereit, sich von der höheren Wahrheit des Themas gestalten zu lassen: Und diese Wahrheit paßt das Fühlen an sich an. Dieses wird dadurch «lesend», es liest die Bewegung des imaginativen Themas oder des imaginativen Verstehens. Diese Bewegung ist Ausdruck von Beziehungen. Das Lesen ist auf jeder Stufe ein Hören, bis zum Abstrakten hin. Das Fühlen *hört* die Bewegung der imaginativen Elemente, denn diese Bewegung stammt aus einem «Klang». In der physischen Welt wird ein Klang immer durch Bewegung erzeugt; in der geistigen Welt entsteht die Bewegung als Wirkung des Klanges: Daher kann sie im Klang als in ihrer Quelle zusammengefaßt und «gehört» werden.

Das Element, das empfangend wird, muß «selbstlos» sein, darf nicht nur keine eigene Gestalt, sondern auch keine Neigungen haben, gewisse Formen leichter als andere anzunehmen. Das Denken ist selbstlos, wenn es *rein* ist; das Fühlen ist selbstlos, wenn es frei wird von allen Vorlieben, Neigungen, Sympathien und Antipathien und von schon vorgeformten – nicht-erkennenden Gefühlen. Da die Egoität am stärksten im Gefühlswesen lebt, ist für die zweite Stufe der Meditation eine moralische Kräftigung des Menschen in einem weiter gesteigerten Maße notwendig, als sie im sozialen Leben erforderlich ist. Wer auch nur die Konzentrationsübungen beginnt, wird bemerken müssen, was für eine Bedeutung und Auswirkung die moralische Verfassung auf das

Üben hat: Sie bestimmt das Maß der Hingabefähigkeit, die in der Bewußtseinsschulung die Kraft und der Stoff der Arbeit ist.

Der erkennende Wille – die dritte Stufe der Meditation

«Und unsere Gedanken über die Welt vereinigen sich mit dem Willen, der uns aus der Welt entgegentritt, wenn wir hinuntersteigen. Willenserfüllte Gedanken, wollende Gedanken! Wir stehen durch einen solchen Prozeß nicht mehr vor abstrakten Gedanken, sondern vor Weltgedanken, die in sich selber schaffend sind, die wollen können. Wollende Gedanken: das heißt aber Götterwesen, geistige Wesenheiten, denn willenserfüllte Gedanken sind geistige Wesenheiten.»[41]

Im Alltagsleben wird selten ein ursprünglicher, von seiner Quelle aus autonomer Wille erzeugt: wir handeln meistens mit einem von außen erregten Willen. Er wird durch emotionale Anziehung oder durch Pflichtgefühl, manchmal durch Neugierde usw. entfacht. Sein Motiv liegt in der Wahrnehmung oder Vorstellung. *Ursprünglich* kann der Wille genannt werden, wenn er schöpferisch ist: dann liegt sein Motiv nicht außerhalb seiner, sondern in ihm selbst: Der Dichter *will* nicht ein Gedicht schreiben, er tut es; das Verfassen ist nicht von außen durch einen fremden Willen bewirkt, sondern das Was, Wie und Daß ist in diesem – und in jedem künstlerischen und schöpferischen – Tun eins. Ebenso ist der ursprüngliche Wille, der Fühlen und Denken in sich enthält, in der intuitiven Hervorbringung einer neuen Idee spürbar: ein logoshafter Gestaltungswille, der die Wärme und das Gedankliche der Idee in sich trägt.

In der Bewußtseinsschulung wird mit einem autonomen Willen gearbeitet, der vom Ich ausgeht und *im* Denken fließen lernt. Zunächst *will* man üben, da ist der Wille noch außerhalb des Tuns. Damit er sich ganz *in* das Denken hineinziehen kann, muß er sich von allen, außerhalb des Tuns liegenden Zielen reinigen; so z. B.

von der Vorstellung der Ergebnisse, die das Üben haben kann: Diese würden den Willen von außen *erregen*. Je ursprünglicher, je mehr er aus dem Ich quillt, um so reiner, selbständiger, autonomer ist er, und um so mehr wird er mit dem Denken und Vorstellen eins. Diese tendieren in der Übung zur Improvisation; so wird in ihr der einzigartige Wille geboren, der beginnt, seine Intentionalität, seine Gerichtetheit auf ein ihm vorgestecktes Ziel im Denken abzulegen. Es wird ein objektloser, auch in diesem Sinne *reiner* Wille entfacht. Dieser Wille blitzt sonst in der Hingabe an eine Wahrnehmung auf, um gleich am Objekt zu erlöschen.

Der *reine* Wille ist im Gegensatz zum gewöhnlichen ebenso hell, bewußtseinsdurchleuchtet wie das Denken. Im Alltagsleben ist der Wille von seinem Lichtelement getrennt: Das Vorstellen oder das Denken muß ihn von außen her lenken, ihm Ziele geben. Die Fähigkeit, mit dem Willenselement zu erkennen, wird durch das Einswerden des Willens mit dem improvisierenden Denken vorbereitet. Sobald eine Übung improvisierend wird – das ist die Bestrebung des Übenden –, beginnt der Wille sich mit den anderen Seelenfunktionen zu vereinigen.

Die Schwierigkeit, ein schöpferisches, intuitives, d. h. lebendiges Denken zu entzünden liegt darin, daß gewöhnlich nur das gespiegelte Gedachte bewußt wird. Um erkennendes Fühlen zu entwickeln, muß an der Auflösung der Gewohnheitsgebilde im Gefühl gearbeitet werden. Damit der Wille erkennend wird, muß er von seiner Verbindung mit dem Bewegungssystem des Körpers erst in die Seelenfunktionen hereingezogen werden: In das improvisierende Denken, in die fühlende Aufmerksamkeit. Alle drei Seelenfunktionen werden auf dem Erkenntnisweg «objektlos» – rein – gemacht. Das Denken geht vom Etwas-Denken aus, versucht dann die Funktion eines Gegenstandes – die in ihm *wirkende* Idee – zu erfassen und in der reinen Idee letztlich jene Kraft, die der Form und der Funktion (Universalia post rem und in re) vorangegangen ist (Universalia ante rem), die Funktion und Form geschaffen hat: Das *reine* Denken, das Wesen und das werdende Sein des Denkens. Ähnlich ist der Aufstieg zum empfangenden Fühlen. Es wird vom Etwas-Fühlen ausgegangen; dann innerhalb eines Gefühles ein zweites Fühlen entwickelt; letztlich wird dieses zweite Fühlen «rein» gemacht und umgewendet, eine empfangende fühlende Aufmerksamkeit.

Der Wille wird zuerst in das Denken hereingezogen: Das geschieht in allen Übungen. Dann wird er im Denken improvisierend. In den vorbereitenden Übungen der fühlenden Meditation nimmt er auch das Fühlen in sich auf; fließt im Gewand des reinen empfangenden Fühlens in der zweiten Stufe der Meditation. Zum Vernehmen des schaffenden Willenselementes in einer Wahrnehmung, in einem Symbolbild oder Meditationssatz muß ein empfangender Wille geboren werden. Da der schöpferische Wille die unmittelbarste Offenbarung eines Ichwesens ist, ist sein Vernehmen die unmittelbarste empfangende Gebärde eines anderen Ichwesens: Das volle Das-Werden oder Der-Werden des Erkennenden; man könnte sagen: Er muß sich in seinem reinen Willen an den schaffenden Willen anpassen, mit völliger Opferung des Eigenwillens. Dazu aber muß das Ich in sich so gekräftigt sein, daß es auf alle Stützen, auch auf das eigene Willenswesen verzichten kann und doch erkennend bleibt, nicht im Zu-Erkennenden untergeht. Diese «Anpassung» an ein anderes Ich-Wesen geht in bezug auf ein menschliches Ich am leichtesten vor sich; sowohl die Naturphänomene, wie die hierarchischen Wesen sind als Ichwesen auf entfernteren geistigen Ebenen zu finden; das menschliche Ich reicht bis in die Sinneswelt, drückt sich darin artikulierend aus. Daher ist der Mensch der «Nächste» seine Mitmenschen. An diesem Punkt sind die Lösungen auf die Fragen nach einer modernen Gemeinschaft zu suchen.

Am Wege zur Willensmeditation wird das «Klangbild» der fühlenden Meditation ausgelöscht, verwandelt, es wird darauf verzichtet, wie es mit dem lebendigen Gebilde geschehen ist im Übergang von der ersten zur zweiten Meditationsstufe. Hinter der imaginativen Bewegung war der «Klang»; hinter dem «Klang» ist das schöpferische «Wort», dessen Offenbarung der Klang ist. Wenn es z. B. im Schöpfungsbericht heißt «Es werde

Licht», dann ist einerseits nichts anderes notwendig als dieses Wort, damit Licht entstehe; zweitens ist das «Es werde» völlig im «Licht» drinnen, d. h. etwa: «Licht» wird in der lautlosen Sprache der Schöpfung so «gesagt», «gesonnen», daß es aus dem Urwillen ist, in diesem bleibt und mit ihm eins ist. Es ist eine wollende Worthaftigkeit, die unmittelbar aus dem Wort-Wesen – das sind alle Ich-Wesen[42] – fließt und seine Prägung trägt. Um solch eine Offenbarung entgegenzunehmen, wird ihr der umgekehrte Wille, der das Denk- und Gefühlselement in sich trägt, auf der dritten Stufe der Meditation als bildsames Wachs entgegengeschickt. Dieser Wille darf *nichts* wollen und muß doch konzentriert bleiben. Begann die vorangehende Meditationsstufe mit dem Fühlen der eigenen Tätigkeit, so wird nun die Aufmerksamkeit auf den Willenskern dieser fühlenden Tätigkeit gelenkt, auf ihren «Stil» etwa, und dieser Kern wächst mit der nächsten Offenbarung des Themas zusammen.

Auf dieser Erkenntnisstufe werden die Seelenfunktionen in das höhere Ich zurückgezogen: Sie sind Stufen und Treppen für dieses zum Alltagsich hin. Dieses aber hat sich mit dem höheren Ich vereinigt. (Man erinnere sich an das Christgeburtbild von Botticelli in der National Gallery London, wo im Vordergrund menschliche Gestalten sich mit ihren Engelwesen vereinigen.) Die Brücke über den trennenden Abgrund ist vollständig und reicht bis zur dritten, sonst überbewußten Ebene. So wird auch das Motto («urfreie Tat») dieses Kapitels verständlich. Das Erkennen muß schon auf der Ebene des Alltagsbewußtseins einen Freiheitsgrad haben: Es kann nicht bestimmt sein, sonst könnte es sich nicht irren und damit wäre auch kein Wahrheitswert möglich. Es arbeitet aber mit gegebenen Elementen, mit dem Wahrnehmen und Denken, wie sie *vor* dem Beginn des Übungsweges vorgefunden werden. Von Stufe zu Stufe verzichtet der Meditierende auf das Gegebene, er wandelt es um, der Improvisationswille wird von Stufe zur Stufe selbständiger. Auf der dritten läßt er die letzten Reste der Gegebenheiten zurück: Er ist ganz auf sich selbst verwiesen.

Rudolf Treichler

Seelische Entwicklung und geistige Schulung

Seelische Entwicklung
auf dem Weg zum Geist

Die in den Beiträgen von Jörgen Smit und Georg Kühlewind beschriebene geistige Schulung, wie sie durch die Anthroposophie vermittelt wird, geschieht aus der ureigenen Initiative des sich zur Freiheit entwickelnden Menschen. Sie muß aber auf dem Hintergrund der seelischen Entwicklung gesehen werden, wie sie jeder Mensch im Laufe seines Lebens durchläuft. Es stellt sich dabei die Frage, welchen Einfluß die geistige Schulung auf die seelische Entwicklung des Menschen hat und welche Förderungen sich durch sie ergeben. Andererseits ist die geistige Schulung abhängig von der jeweiligen seelischen Entwicklung, so daß sich für bestimmte Lebensalter bestimmte Aufgaben der geistigen Entwicklung stellen. Zunächst sei hier die seelische Entwicklung ins Auge gefaßt, wobei zugleich ihre Unregelmäßigkeiten und Störungen dargestellt werden sollen. Gerade bei solchen Störungen, bei allen biographischen Entwicklungskrisen kann die geistige Schulung wichtige Hilfen geben.[1]

Menschliche Entwicklung und Rhythmus

Jede Entwicklung läßt im Überblick eine *Zeitgestalt* erkennen, die, wie jede Gestalt, in sich gegliedert ist. Die Gliederung erfolgt bei ihr durch den Rhythmus, der zur Entstehung charakteristischer Abschnitte im Zeitverlauf führt. Innerhalb eines solchen Abschnitts vollzieht sich jeweils eine bestimmte Phase der Entwicklung. Der Lebenslauf des Menschen, in dem sich seine Entwicklung abspielt, erhält so seine charakteristische Form.

Der grundlegendste Rhythmus der menschlichen Entwicklung im allgemeinen und der seelischen Entwicklung im besonderen ist der *Sieben-Jahres-Rhythmus*, der seit dem Altertum bekannt ist. In unserer Zeit wurde er von *Rudolf Steiner* neu entdeckt und für Pädagogik, Psychologie und Medizin fruchtbar gemacht.[2] Auch die Lebenslauf-Forschung des 20. Jahrhunderts ist da und dort auf jenen Rhythmus gestoßen. Es wird bemerkt, daß sich die «Welle des individuellen Lebens» alle sieben Jahre anstaut.[3] Sie staut sich vor Knotenpunkten der Entwicklung, die auch zu Krisenpunkten werden können.[4] Zu diesem biologischen Aspekt fügt Steiner den spirituellen, indem er von «Geburten» spricht, die sich alle sieben Jahre im Leben des Menschen ereignen.

Wie bei der physischen Geburt, so wird auch bei allen weiteren Geburten nicht nur von einem Schoß eine neue Frucht hervorgebracht. Wie sich bei der physischen Geburt in der Frucht ein neues Wesen verkörpert, so verbindet sich bei den weiteren Geburten jeweils ein neuer Wesenseinschlag mit dem, was im Lebenslauf gewachsen ist. Dieser neue Einschlag in der Entwicklung kann ebensowenig nur aus dem vorausgegangenen Lebensabschnitt verstanden werden, wie man das Kind nur aus dem Charakter der Eltern verstehen kann. Wie das Wesen des Kindes entstammt er den Bereichen übersinnlicher Welten, aus denen er dem irdischen Leben Neues vermittelt.

Die stufenweise Verkörperung des Menschenwesens in den Jahrsiebten des Lebenslaufes konkretisiert sich durch die Schilderung, die Steiner von der Gliederung des Menschenwesens gibt. Jeder neue Wesenseinschlag, wie er mit dem Beginn eines neuen Jahrsiebts erlebt werden kann, wird von einem Wesensglied getragen. Mit jedem Jahrsiebt verkörpert und entwickelt sich eines dieser Wesensglieder.

Zum Verständnis der *Wesensglieder* führt das Menschenbild der Anthroposophie.[5] Dieses läßt erkennen: Der Mensch hat nicht nur einen physischen Leib, der sich aus verschiedenen Stoffen zusammensetzt. Dieser Leib ist außerdem belebt und beseelt und schließlich Ausdruck der Persönlichkeit des Menschen, seines Ich. Leben, Seele und Ich sind jedoch nicht Funktionen jenes physischen Leibes, sondern ebenso eigenständig wie dieser Leib selbst. Steiner unterscheidet daher zunächst drei Wesensglieder: den in stofflicher Form auftretenden physischen Leib, den Ätherleib als das Leben vermittelnde und den Astralleib als das seelische Wesensglied. Das Ich, das geistigen Charakter hat, nimmt eine Sonderstellung ein.

Durch den unbelebten *physischen Leib* ist der Mensch mit dem *Mineralreich*, durch den Ätherleib mit der *Pflanzenwelt* verwandt. Leben hat ja auch die Pflanze, die sich damit aus dem Mineralreich erhebt. In ihren Lebensvorgängen wirken bildende Kräfte, welche erst die physische Gestalt entstehen lassen. Steiner nennt deshalb das Wesensglied, das auch beim Menschen Belebung und Bildung vermittelt, Bildekräfte- oder «*Ätherleib*». Die Bezeichnung «Leib» bedeutet hier, daß die Bildekräfte die Form eines – sinnlich nicht wahrnehmbaren – Organismus angenommen haben, der seinerseits den physischen Leib zu einem lebenden Organismus werden läßt. «Äther» will besagen, daß dessen Kräfte – wie bei der Pflanze – aus dem Äther-Umkreis der Erde kommen.

Der Mensch entwickelt aber auch ein seelisches Innenleben, durch das er einer seelischen Welt angehört. Ebenso wie das *Tier* kann er sich, mehr als die Pflanze, aus seiner irdischen Umwelt lösen und – ähnlich wie das Tier – empfindend aus seinem Innern auf sie reagieren. Den Träger des seelischen Elementes nennt Steiner *Astralleib*, wobei «Astral» bedeutet, daß seine Kräfte ihren Ursprungsort in der Sternenwelt haben. Auch diese Kräfte fügen sich zu einem – diesmal seelischen – Organismus zusammen, der im Gegensatz zum Menschen beim Tier ganz vom Charakter der Gattung bestimmt wird.

Erst beim *Menschen* können wir neben allem Gattungshaften einen individuellen Charakter feststellen. Dieser ist Ausdruck seines *Ich*, durch das sich der Mensch vom Tier unterscheidet. Das Ich ist der geistige Wesenskern des Menschen, von dem aus ein anderes Wesen nicht nur empfunden, sondern auch erkannt, und das eigene Wesen denkend verwirklicht werden kann. Das Ich entstammt und ist Bürger einer geistigen Welt, aus ihr verbindet es sich mit den beschriebenen drei Wesensgliedern. Es denkt, fühlt und handelt durch den Astralleib bzw. durch die Seele, die zwischen dem Geist und dem lebenden Leib vermittelt. (Zum Unterschied zwischen Astralleib und Seele vgl. S. 132 ff.) Als grundlegendste Gliederung des Menschenwesens ergibt sich daher jene in Leib, Seele und Geist. Durch das Ich nimmt der Geist im einzelnen Menschen eine individuelle Form an. Es entsteht so der unverwechselbare, individuelle Lebenslauf des Menschen, der sich als Biographie in die Welt einschreibt.[6]

Bei den Zahlenangaben zu den Jahrsiebten des Lebenslaufes handelt es sich um Durchschnittszahlen. Wie jeder Rhythmus, so hat auch dieser Schwankungen, die sich außerdem noch durch den betreffenden Menschen individuell modifizieren. Auch zur seelischen Entwicklung gehört eine Spielbreite für Verfrühungen und Verspätungen, die an sich noch nicht pathologisch zu sein brauchen, es jedoch werden können. Aber immer steht hinter solchen Variationen oder Störungen der Entwicklung der Urrhythmus menschlichen Lebens, der Siebener-Rhythmus. Jener Rhythmus durchzieht außerdem den ganzen Kosmos und bringt so eine Verbindung des Menschen mit dem Kosmos auch auf der Ebene der Rhythmen mit sich.[7]

Seelische Entwicklung

Das Seelenleben des Kindes unterscheidet sich grundlegend vom Seelenleben des Erwachsenen. Während der Kindheit lebt und betätigt sich der Astralleib vorwiegend im physischen Leib, mit dem er sich bei dessen Geburt vereinigt hat. Das persönliche Seelenleben schimmert nur durch das leibliche Sein hindurch, erst mit der Geburt des Astralleibes in der Pubertät kommt es voll zur

Erscheinung. Vorher entwickelte sich das Seelenleben in engem Zusammenhang mit dem Leibe, nun beginnt eine Phase selbständiger seelischer Entwicklung, aus der sich immer mehr ein selbständig werdendes Ich herauskristallisiert. Da der geistige Schulungsweg in erster Linie ein Weg des Ich ist, wird uns vor allem die seelische Entwicklung ab dem 14. Jahr beschäftigen. Da diese Entwicklung jedoch die ersten zwei Jahrsiebte als Grundlage hat, müssen wir zuvor einen Blick auf diese Jahrsiebte werfen.

Das erste Jahrsiebt

Dieses Jahrsiebt ist in der Hauptsache ein Jahrsiebt des *physischen Leibes*, von dem wesentliche Strukturen und Organe erst nach seiner Geburt gebildet, bzw. fertig gebildet werden. So ist erst im 8. Lebensjahr die Bildung des «Gehirns soweit abgeschlossen, daß keine signifikanten anatomischen Unterschiede gegenüber dem Nervensystem des Erwachsenen mehr bestehen».[8] Erst gegen das siebente Jahr sind die Anlagen der bleibenden Zähne im wesentlichen fertig und können von nun an im Zahnwechsel aus dem Kiefer heraustreten. Das Kind hat damit den «Modelleib», den es von der Vererbung geliefert bekam, vollends zu seinem eigenen umgeschaffen, in den jedoch die Vererbung mit hineingenommen wird.[2] Dieser zu eigen gewordene physische Leib wird später zum «Instrument der Seele»[9], auf dem die Seele desto besser spielen lernt, je mehr sie von ihm frei wird.

Der Aufbau des Leibes im ersten Jahrsiebt vollzieht sich nach einem Bauplan des Ich, den das Kind aus der geistigen Welt mitbringt. Zu diesem Aufbau gehören auch die Einwirkungen der Umwelt. Der erlebende Astralleib vermittelt diese von den Sinnen empfangenen Einwirkungen durch die Nerven bis in die Gestaltung des Leibes hinein. (Die Nerven dienen in diesem Jahrsiebt noch mehr dem Aufbau des Leibes als dem bewußten Vorstellungsleben des Astralleibes.) Die oberste Instanz ist allerdings

auch hier das Ich des Kindes, das, mit Vererbungs- und Umwelt-
einflüssen sich auseinandersetzend, den eigenen Leib bilden will.

Diese Bildung erfolgt vom Kopf aus, wo die Sinne und das die
Gestaltung vermittelnde Nervensystem ihr Zentrum haben. Und
von dort aus wirken zugleich auch Astralleib und Ich in den Leib
hinein, vom Kopf aus wird «die Gestalt durchseelt, die Gestalt
durchgeistigt».[10] Das Kind als nachahmendes Wesen ahmt nicht
nur körperliche und seelische Regungen nach, in unbewußter, or-
ganischer *Nachahmung* schwingt es durch die Sinne mit allem mit,
was in seiner Umgebung geschieht und läßt dieses Mitschwingen
in den Aufbau des Leibes einmünden. Auch später wird noch
Wachstum des Leibes stattfinden, «aber dieses Wachstum geschieht in aller Folgezeit aufgrund der Formen, die sich bis zu der
angegebenen Zeit herausgebildet haben».[2] Jede spätere Entwicklung der Seele muß auf den Grundlagen aufbauen, wie sie im ersten Jahrsiebt gelegt wurden.

Das zweite Jahrsiebt. Geburt des Ätherleibes

Nach dem Abschluß der Organbildungen im physischen Leib
werden die daran beteiligten bildenden Kräfte frei. Sie gehören
dem Organismus der Bildekräfte, dem *Ätherleib* an, der die gestaltenden Impulse von Astralleib und Ich (über das Nervensystem) dem physischen Leib vermittelt. Fortan wird der Ätherleib,
der nun sein schöpferisches Pensum im physischen Leib geleistet
hat, diesen Leib nur noch weiterwachsen und reifen lassen. Gegen
das 7. Jahr hat er seine Geburt erlebt und damit auch aus dem ätherischen Kosmos, mit dem er vorher durch den physischen Leib in
enger Verbindung stand, mehr zu sich gefunden. Als selbständi-
ges Wesensglied empfängt es nun die Kräfte des Kosmos.

Am meisten frei wird der Ätherleib aus dem *Kopf*, wo um das
siebente Jahr das Gehirn fertig geformt, die Anlagen zu den zweiten Zähnen gebildet sind. Eine neue vermittelnde Tätigkeit des

Ätherleibes zwischen physischem Leib und Astralleib setzt ein. Was Astralleib und Ich nun von der Welt aufnehmen, das führt nicht nur im Leib, sondern auch im Seelenleben zu einem Wachstum. Durch die frei gewordenen und weiter frei werdenden Bildekräfte wachsen die neuen Vorstellungen von der Welt, aus denen sich das lernende Seelenleben aufbaut. Steiner stellt deshalb fest, «daß die gewöhnlichen Denkkräfte des Menschen die verfeinerten Gestaltungs- und Wachstumskräfte sind».[11] So wie die Kräfte des Ätherleibes bisher Zellen des Leibes in Organbildungen integrierten, so lassen sie nun Vorstellungen sich zu Denkorganen zusammenfügen, mit denen das Kind die Gegenstände der Welt verarbeiten, verstehen lernt.

Durch das Lernen bildet der frei gewordene Ätherleib eine Grundlage für das denkende Leben des Astralleibes, das im dritten Jahrsiebt dann zum eigenen Urteil erwachen soll. Auch für ein neues Fühlen wird durch den Ätherleib eine Grundlage gelegt. Das geschieht besonders in der Ausgestaltung des Temperamentes, die im 2. Jahrsiebt einsetzt. Basierend auf dem jeweiligen Temperament ist im 2. Jahrsiebt eine neue differenziertere Verbindung des Fühlens mit der Welt zu beobachten.[12] Das seelische Mitschwingen geht nicht mehr von den Sinnen aus, es bekommt seinen Mittelpunkt im Lungen-Herzgebiet, im rhythmischen System. Der zum Üben angeleitete Wille läßt Fähigkeiten im Ätherleib wachsen, wie jene des Lesens und Schreibens.

Während der Ätherleib sich bei seinem Freiwerden aus dem physischen Leib heraushebt, steigt die Seele und mit ihr das Ich vom Kopf aus tiefer in diesen Leib ein. Bei jenem «Kontrapunkt» in der Entwicklung entsteht also eine Gegenbewegung zum Lebensentzug, der durch die Geburt des Ätherleibes eingeleitet wird: eine stärkere Beseelung des Leibes setzt ein, die körperlich zunächst in der «Atemreife» zum Ausdruck kommt. Die Atmung wird von innen ergriffen, wird Ausdruck und Instrument seelischen Lebens.[13]

Zugleich erhält das *Herz* jetzt mehr Bedeutung, was körperlich in einer «sprunghaften Steigerung seiner Leistung und seiner

Größe» zum Ausdruck kommt.[12] Seelisch bedeutet dies, daß die *Liebe* als die zentrale Kraft des Gefühlslebens und des Herzens einen neuen Akzent erhält. Das Kind schwingt in seiner Liebe jetzt nicht mehr nur – wie im ersten Jahrsiebt – mit dem andern Menschen mit, es will einer liebevollen *Autorität* nachstreben. Dabei erstarkt die Kraft seiner eigenen Liebe, die sich während des zweiten Jahrsiebts jedoch noch in einer Art «Puppenzustand» befindet.[14] Aber schon in dieser Zeit, in der Seele und Ich des Kindes bei ihrem Einstieg in den Leib seine Mitte erreichen, beginnt die Liebeskraft vom Herzen aus zwischen Innenwelt und Außenwelt zu vermitteln.

Das Herz als seelisches Organ vermittelt jedoch auch zwischen oben und unten. Durch das Freiwerden der Bildekräfte im Kopfgebiet erstirbt dort langsam das Leben, wodurch gegen Ende des zweiten Jahrsiebts das klare, begriffliche Denken möglich wird. Durch die von einer guten Erziehung geweckte Liebe zu den Wahrnehmungen und Vorstellungen des Kopfes strömt neues Leben in das lernende Denken ein. Aus dem unteren Menschen erwacht – heute ebenfalls schon vor dem Ende des zweiten Jahrsiebts – das neue Begehren des Astralleibes, der sich aus den Fortpflanzungsorganen zu lösen beginnt. Auch hier kann die Liebe zu einer grundlegenden Hilfe werden, indem sie allmählich jenen Teil des Begehrens, der sexueller Natur ist – eines der Probleme von der Pubertät an –, in sich aufnimmt.

Das dritte Jahrsiebt. Geburt des Astralleibes

Mit dem Ende des vorhergehenden Jahrsiebts ist der Astralleib ganz in den unteren Bereich des Leibes eingezogen, mit der Reifung der Fortpflanzungsorgane ist die Durchseelung des Leibes zu einem Abschluß gekommen. Nun erhebt sich der im Leib tätig gewesene Astralleib zu seiner Geburt, wobei er auch aus der seelischen Welt bewußter sich abgliedert und neue Impulse aus ihr schöpfen kann.

Das Seelenleben des zweiten Jahrsiebts erhielt seine Prägung durch die Geburt des Ätherleibes, die im Kopfbereich kulminiert. Dort herrscht das Prinzip der Ruhe vor: Ohne Bewegung liegen die Gehirnwindungen im Innern des Schädels, vom vorstellenden Kopf aus muß das Kind langsam das Stillsitzen, die Konzentration des Seelenlebens lernen. Der Stoffwechselbereich dagegen, in dem sich die Fortpflanzungsorgane befinden, lebt von ständiger *Bewegung*. Das erkennt man z. B. an den nie ganz ruhig liegenden Darmwindungen, am Wandern der Geschlechtszellen, die beim Mann sogar den Leib verlassen.

Von hier aus bekommt das Seelenleben des dritten Jahrsiebts zunächst seinen Akzent. Es ist gekennzeichnet durch die starke Bewegung, in die es durch das *Begehren* gerät, jene Urkraft des nun vom Leib freier gewordenen Astralleibes, die sich als sexuelles Begehren, aber auch – umfassender – als Begehren nach der Welt äußert. Das positiv oder negativ geartete Begehren führt zu den unwillkürlichen seelischen Bewegungen der *Emotionen* wie Gier, triebhafte Freude, Haß, Angst, Scham, die das nun gleichfalls erwachende neue Wollen des Ich zu Handlungen antreiben; später können sie von diesem Wollen beherrscht und verwandelt werden. Richtet sich das Begehren auf die körperliche Bewegung, so kommt es zum ziellosen *Bewegungsdrang* des Jugendlichen in und nach der Pubertät, der demnach keine Unart, sondern die einseitige Auswirkung des unteren Poles menschlichen Seelenlebens darstellt.

Damit ergibt sich eine Polarität zum Kopfpol. Während des zweiten Jahrsiebts hat der Kopf, wie geschildert, Leben eingebüßt. Das begriffliche Denken spitzt sich in und nach der Pubertät zum abstrakten Denken zu, das in dieser Zeit der Emotionalität des Jugendlichen gegenübertritt. Es entwickelt sich eine Tendenz zur *Spaltung* zwischen oben und unten, die sich mit einer Spaltung zwischen innen und außen verbindet. Vordergründig erlebt der Jugendliche die Spaltung zwischen seiner Innenwelt und der Außenwelt, die er als im Gewordenen erstarrt empfindet, und zu der er in Opposition tritt; hintergründig kann ihn das Bewußtsein seiner inneren Gespaltenheit quälen. Seine überschießenden emotionalen Reaktionen wenden sich im Grund nicht nur gegen das «Establishment» in der Welt, sondern auch gegen die eigene «Verkopfung», von der die Tendenz zu Abstraktion und seelischer Erstarrung ausgeht.

Ein solches gespaltenes Seelenleben im dritten Jahrsiebt ist heute bis zu einem gewissen Grad normal. Es hängt zum Teil mit dem «schizoiden» (gespaltenen) Charakter unserer Zeit zusammen, bei dem ebenfalls die oben angedeutete Spaltung zwischen Innen- und Außenwelt sichtbar wird; die Kontaktschwäche und Vereinsamung des modernen Menschen hat hier eine innere Wurzel. Aber auch die Spaltung zwischen überspitzter Intellektualität und bis zu Triebhaftigkeit gesteigerter Emotionalität ist für den Menschen unserer Zeit charakteristisch. Hinter diesen Spaltungsprozessen steht die Ur-Spaltung zwischen dem Menschen und der geistigen, der göttlichen Welt, die sich im Verlauf der Emanzipation des Menschen von dieser Welt aufgetan hat. Diese Abspaltung steht auch hinter dem Freiwerden des Astralleibes. Durch sein Wirken im Bereich des Leibes war das Seelenleben unbewußt noch an die geistige und seelische Welt angeschlossen, mit der Geschlechtsreife wird es zunächst «tatsächlich aus der geistig-seelischen Welt herausgeworfen».[15]

Die gekennzeichneten Spaltungen hängen jedoch auch mit dem Wesen des Astralleibes selbst zusammen. Zu seinem Wesen gehört als Hauptmerkmal die *Polarität*, die sich im Gefühlsleben als der Gegensatz von Antipathie und Sympathie kundtut. Darüber hinaus ist im Kopfbereich, von wo aus der Mensch sich in Bewußtheit der Welt gegenüberstellt, die distanzierende Grundhaltung der Antipathie zu erkennen. Die Sympathie dagegen hat eine Beziehung zum Stoffwechselbereich, von dem aus körperlich und seelisch nach einer Vereinigung mit der Welt gestrebt wird. Schon im schizoiden Charakter beginnt dabei der «Verlust der Mitte», bei dem das zwischen oben und unten ausgleichende, zwischen innen und außen vermittelnde Empfindungs- und Gefühlsleben versagt. Das kann bis zur Zeitkrankheit des Spaltungsirreseins, bis zur *Schizophrenie* führen, die von der Pubertät an ausbricht, wenn die Gespaltenheit des modernen Menschen in Krankheit einmündet.[16]

Verlust der *Mitte* bedeutet hier zugleich Verlust des *Ich*, das im Gegensatz zum Astralleib immer nach Einheit, nach dem Ausgleich von Polaritäten, nach dem «Entwickeln von Gleichgewichten» tendiert.[17] Da das Ich im dritten Jahrsiebt noch nicht selbständig geworden ist und andererseits der Astralleib nach seinem Freiwerden den Zusammenhalt durch den physischen Leib verloren hat, ist das dritte Jahrsiebt besonders durch Spaltungsprozesse gefährdet, die aus den Polaritäten des Astralleibes hervorgehen können.

Empfinden und Urteilen

Empfindend und urteilend reagiert das neue Seelenleben auf die Welt. Im *Empfinden* ist das Gefühlsleben des rhythmischen Systems der Welt zugewandt. Die hier gemeinte Empfindung entsteht, indem sich das Begehren aus dem Seeleninnern mit einem durch das Wahrnehmen des Kopfes vermittelten Eindruck von der Welt verbindet. Durch solche Empfindungen lebt die Welt unterbewußt in der Seele des Jugendlichen weiter, in der Erinnerung kann sie ihm, von Empfindungen getragen, wieder bewußt werden. Man kann die Empfindungen mit einem «Meer» vergleichen[18] und dabei auch an das «Meer» des Blutes denken; wie jenes Meer den leiblichen Organismus, so belebt und ernährt das Meer der Empfindungen den Organismus der Seele.

Die Bedeutung des Empfindens für das dritte Jahrsiebt ist so groß, daß Steiner den mit der Pubertät geborenen Astralleib auch *«Empfindungsleib»* nennt.[2] Diesen Leib hat der Mensch mit den *Tieren* gemeinsam, auch das Tier kann ja empfinden. Im Unterschied zum Tier stellt sich jedoch beim Menschen die differenzierte Empfindung, durch die eine Erinnerung lebendig für ihn werden kann, nicht von selbst ein. Wie das Blut des Leibes im Verdauen der Nahrung eine Quelle seiner Entstehung hat, so kann sich beim Menschen das Lebensblut der Seele, das Empfindungsleben nur bilden, wenn die begehrten Eindrücke verarbeitet werden. Die schönsten Reiseeindrücke lassen den Jugendlichen mehr oder weniger kalt, wenn er nichts mit ihnen «anfangen», wenn er sie nicht «verdauen» kann.

Seelisch etwas verarbeiten aber kann nur das im Empfindungsleib aktiv werdende, denkende Ich, das nicht an Einzelheiten hängenbleibt, sondern beim Verarbeiten zum Wesentlichen eines Eindrucks gelangen will. Dahin zielt im Denken das *Urteilen*, das den Eindruck festhält, wobei das Ich Stellung bezieht, zugleich jedoch nach dem Ur-Teil, dem Wesenskern des Gegenstandes tastet, in dem dieser seinen Ursprung hat.[19] Dieser Wesenskern wird jedoch zunächst mehr im Empfinden als im Erkennen lebendig, das Urteilen des Empfindungsleibes dient noch vorwiegend dem gefühlshaften Erleben, aus dem es später herausführt. Aber auch durch sein eigenes Leben hat das Urteilen eine Beziehung zur fühlenden Mitte, in der Denken und Wollen zusammenfinden. Es hat außer dem bewegenden Willen selbst tastendes, sich überzeugendes Gefühl in sich. In vielfacher Hinsicht hilft es so – wie das Empfinden selbst – dem Leben der bedrohten Mitte, dem Ringen des Ich um Gleichgewicht zwischen den Polen, um Überwindung der Spaltungstendenzen im Empfindungsleib.

Entwicklungsstörungen des Empfindungsleibes

Der Verlust der Mitte bedeutet beim Jugendlichen zugleich ein Defizit an Empfindungen. Das dabei auftretende, chronisch werdende Erlebnis der inneren Leere, oft als «Langeweile» bezeichnet, kann Ausdruck einer *Unterentwicklung des Empfindungsleibes* sein, die bis zur *Infantilität* gehen kann. Der kindlich wirkende

Jugendliche bleibt dann mehr oder weniger im zweiten Jahrsiebt stecken, wohin das magersüchtige, die Pubertät verneinende Mädchen unterbewußt zurückstrebt.[20] Bei der schweren Langeweile dringt das Begehren nicht bis zur erfüllenden Empfindungsbildung vor, der Versuch einer Befriedigung läßt daher die Seele leer. Damit wird das einseitig bleibende sexuelle Begehren, das sich nicht mit dem Empfinden des anderen Menschen, schließlich mit der Liebe zu ihm verbinden kann, zu einem Problem des dritten Jahrsiebts. Es ist dies zugleich das Problem der *Sucht*, das jetzt akut wird.

Jede Sucht stammt aus einer Sehnsucht, aus einem länger wirkenden seelischen Begehren, das nicht befriedigt werden konnte. Für den Jugendlichen werden die ersehnten Eindrücke von der Welt nicht zu aufbauenden seelischen Erlebnissen. Er hat nicht gelernt, sie urteilend zu verarbeiten, vielleicht ist er bei der Pubertät so tief im Leib steckengeblieben, daß er nicht einmal die richtigen Eindrücke findet. Hier hat das Urteilen schon dabei versagt, das dumpfe Begehren in waches Interesse zu verwandeln, eine erste wichtige Aufgabe dieser seelischen Tätigkeit. Um so stärker wird in solchen Fällen das Suchen nach Eindrücken, die, ohne daß sie verarbeitet werden müssen, der quälenden Seelenleere rasche Erfüllung bringen. Das sind die Eindrücke des *Rausches*, der vom sexuellen Rausch bis zum Drogenrausch viele Formen erkennen läßt. Konflikterlebnisse mit der Umwelt, die unmittelbar zur Flucht in die Sucht führen, können hinzukommen, doch steht im Hintergrund auch hier oft die innere Leere, die Schwäche des Urteilens, die eine Verarbeitung der Konflikterlebnisse erschweren.

Die rauschhaften Eindrücke, die den Menschen von seinem Stoffwechselpol aus außer sich geraten lassen und bei Drogen und Sexualität auch direkt von dort aus erzeugt werden, erfüllen das Seelenleben rasch mit stark empfundenen *Emotionen*, regen jedoch nicht zur Bildung selbständiger, weiter wirkender Empfindungen an. Die nach dem Rausch neu sich einstellende innere Leere wird quälender als zuvor, der Astralleib verlangt stärker nach dem neuen Rausch, für dessen Erzeugung eine stärkere Dosis des Rauschmittels nötig wird. Bald nimmt das Bedürfnis nach dem Rausch unwiderstehlich triebhaften Charakter an, aus der Sehnsucht ist Sucht geworden, in der das Sehnen der Seele untergegangen ist. Dabei kann zwischen den Rauschzuständen allmählich das ganze Seelenleben im Leibe, aus dem es sich einmal erhoben hatte, untergehen. Der Suchtkranke läßt dann ein Rückläufigwerden der seelischen Entwicklung erkennen, die zuletzt in krankhafter Form die Kindheit wiederholt. Nun kann auch der Leib des Suchtkranken, der wie ein Kind nach seiner Spritze jammert, nicht mehr ohne die Droge leben.[6]

Die tiefste Sehnsucht der Seele, schon im dritten Jahrsiebt sich meldend, richtet sich heutzutage immer mehr auf die übersinnliche Welt. «Ein metaphysischer Hunger» wird in der Vorgeschichte vieler Drogensüchtiger festgestellt, ein Hunger, der den Jugendlichen zum «Blatt der Imagination», zum Haschisch oder zu LSD greifen läßt. Besonders letztere Droge führt durch die Lockerung aus dem Leib zu übersinnlichen Erlebnissen, zu intensiven Farbwahrnehmungen und Formauflösungen, zu einem Gefühl der Ausweitung in den Kosmos, begleitet von religiösen Empfindungen. Aber auch diese Empfindungen dauern und nähren nicht, und aus ihrem Schwinden steigt nur das Begehren nach neuem Rausch, der wieder übersinnliche Erlebnisse nur durch das Medium der krankhaft gelockerten emotionalen Kräfte des Stoffwechsels – d. h. in getrübter und verzerrter Form – dem Menschen vermitteln kann.[21]

In jedem Rausch geht das *Urteilen* unter, durch das die icherfüllte Seele nach einer bewußteren Weltverbindung strebt. Durch das Urteilen wird, so sahen wir, eine Voraussetzung dafür geschaffen, daß Empfindungsleben, daß differenziertes seelisches Erleben überhaupt entsteht, wodurch das rauschhafte Erleben überflüssig wird. Urteilendes Streben zum Wesentlichen, zum Wesen des Partners, der Welt, muß jedoch seinerseits von lebendigem Fühlen getragen, von zielvollem Wollen impulsiert werden. Das gilt auch für das *Wahrnehmen*, das die Eindrücke dem Begehren vermittelt. Entsprechend dem Erstarren in der Abstraktion beim Denken droht das Wahrnehmen zum bloßen Konstatieren zu entarten, wenn ihm nicht aus dem Seeleninnern ein seelisches Vorfühlen, eine tastende Aktivität des Ich entgegenkommt. Ein bloß konstatierendes, entseeltes Wahrnehmen jedoch vermittelt Eindrücke, die an sich schon dem seelischen Verarbeiten Schwierigkeiten bereiten.

Im dritten Jahrsiebt wird das Urteilen, das anfangs auch mit übernommenen Vorstellungen umgeht, allgemein noch vom Meer der Empfindungen, der Sympathie und Antipathie getragen. Manchmal wird es vom Sturm des Begehrens mit sich fortgerissen, der dann auch in eine Sucht einmünden kann. Gegenüber diesem zu starken Leben des Empfindungsleibes ist jedoch heutzutage die Gefahr viel größer, daß das Meer zu wenig Tiefe hat, so daß das Urteilen «strandet» und zunehmend Leere und Erstarrung erlebt wird. Aus dieser Situation kann die Form der oben geschilderten Rauschsucht entstehen.

Geht bei gesunder Entwicklung die Fahrt weiter, so wird der Kurs immer mehr vom Ich bestimmt. Das «Ufer» der zu eigen gewordenen, tragenden Vorstellung, der «Gipfel» einer eigenen Erkenntnis wird angesteuert. Der Jugendliche strebt zur Konkretisierung seiner Begriffe in den Vorstellungen und zur Verwirklichung seiner Ideen, die zunächst in Idealen Gestalt annehmen können.

Das vierte Jahrsiebt: 21–28. Ich-Geburt

Fragt der junge Mensch nach dem Sinn, nach dem Wesen des von ihm Erlebten, so spricht in seiner Seele der *Geist*, der sich individuell durch sein *Ich* im Seelenleben verkörpert. Das Feuer, das *Prometheus* für die Menschen aus der Sonne holte, ist ein Bild für das Ich, das sich selbst als einen Funken des göttlichen Feuers erleben kann. Im Laufe des Lebens will dieser Funke zur inneren Sonne des Menschen werden.

Die Ich-Geburt kann die Seele wie einen inneren Sonnenaufgang empfinden; die folgenden drei Jahrsiebte werden dann auch im Zeichen der Sonne stehen.[6] Bevor sich jedoch die Sonne des Ich aus dem Meer der Empfindungen erhebt, erfüllt schon ihr Licht das Seelenleben. Nach der Pubertät hat die Morgendämmerung der Ich-Entwicklung eingesetzt, um das 18. Jahr wird das Licht der Ich-Geburt am Seelenhorizont sichtbar. Die Berufswahl, der Beginn eines Studiums in dieser Zeit appellieren schon an das Ich, das sich vorerst fragt oder fragen sollte: «Wer bin ich? Was will ich? Was kann ich?»[22]

Anfang der zwanziger Jahre geht das Wachstum des Leibes seinem Ende entgegen, das Gesicht, in dem das Ich seinen sichtbarsten Ausdruck findet, schließt mit seinem Wachstum ab.[23] Aus der nun individuell geprägten Gestalt des Leibes, der selbst weiter erstarkt und sich konsolidiert, erhebt sich das Ich zu seiner Geburt. Bisher hat die Welt erziehend auf den Menschen eingewirkt. Jetzt steht er, voll mündig geworden, als selbständige Persönlichkeit der Welt gegenüber, deren Einwirkungen zur Selbsterziehung anregen. Ein persönliches Seelenleben gab es schon vorher, nach seinem Freiwerden vom Leib in der Pubertät konnte es schon dem andern Pol des Menschen, dem Geiste zustreben, der in Gestalt des Ich um Gleichgewicht im Seelenleben zu ringen begann. Aber erst mußte sich der Astralleib entfalten, ehe das Ich durch sein Freiwerden ihm gegenüber selbständig werden konnte. Diese Entfaltung des Astralleibes im dritten Jahrsiebt vollzog sich noch im Schatten der leiblichen Entwicklung, erhellt von der Morgendämmerung des Ich. So kann man drei Jahrsiebte der leiblichen Entwicklung erkennen, von denen das dritte Jahrsiebt einen Übergang zur seelischen Entwicklung im Zeichen des Ich darstellt, wie sie sich vom 21. Jahr an vollziehen wird.

Seelische Entwicklung, so kann man jetzt erkennen, wäre ohne das Ich gar nicht möglich. Das kann man schon beim *Tier* erleben, das zwar einen Astralleib, einen Empfindungsleib, aber kein Ich hat. Seine Entwicklung ist daher im wesentlichen mit der Pubertät zu Ende, sein Astralleib bleibt nach der Reifung der

Sexualorgane eng mit diesen sowie mit dem ganzen physischen Leib verbunden, durch den er sich weiterhin auslebt. Würde beim Menschen nach der Pubertät nicht ein Ich im Seelenschoß sich regen, so würde auch sein Astralleib nur weiter sich ausleben wollen. Eine Tendenz dazu liegt auch im menschlichen Astralleib vor, besonders im Anschluß an die Pubertät kann sie sich eine Zeitlang stärker melden.

Die Empfindungsseele

Im Laufe der seelischen Entwicklung kann der Mensch nicht nur – wie mit der Pubertät – physisch, sondern auch seelisch und geistig schöpferisch werden. Das verdankt er seinem Ich, dem Funken des göttlichen Feuers. Der schöpferische Charakter des Ich kommt schon bei seiner Geburt zum Ausdruck. Zugleich mit ihr vollzieht sich eine andere Geburt: Die erste Frucht der Ich-Tätigkeit im Menschenwesen erscheint. Geboren wird zusammen mit dem Ich das erste Glied der Seele, deren Entwicklung sich wie die leibliche in drei Phasen vollziehen wird. Steiner nennt dieses erste Seelenglied «Empfindungsseele». Es entsteht aus dem Ringen des noch ungeborenen Ich im dritten Jahrsiebt, das zur Verwandlung von Kräften des Empfindungsleibes in jene der Empfindungsseele führt. [5]

Wieder wird das seelische Element der Empfindung, das sagt schon der Name, ein ganzes Jahrsiebt prägen. Weiter wird das Urteilen, das Denken von den Wogen der Empfindungen, der Sympathien und Antipathien getragen, aber dem Sturm und Drang gibt sich nun ein Ich hin; es kann ihn für seine Fahrt nützen und schließlich durch ihn hindurch steuern. Seine Kraft wächst durch die empfindende Auseinandersetzung mit der Welt. Die *Lebensfrage der Empfindungsseele* lautet daher: «Wie erlebe ich die Welt und an der Welt mich selbst?»

Diesem Ich, das sich aus dem Leibe erhoben hat, steht ein *höheres Ich* gegenüber, das sich nicht im Leibe verkörpert, sondern in der geistigen Welt bleibt. Seine «Rückstrahlung» im irdischen Bereich bildet das niedere Ich.[24] Das höhere Ich steht als Leitstern über der seelischen Entwicklung des Menschen. Jede seelische Entwicklung, die sich dem Geiste zuwendet, beruht letzten Endes darauf, daß sich das niedere Ich mehr und mehr für die Einstrahlung des höheren Ich öffnet, daß immer mehr vom Licht des höheren Ich in die Ausstrahlung des niederen Ich eingeht.

Wenn der Mensch im Ergreifen einer Aufgabe über sich hinauswächst, kann er etwas von seinem höheren Ich empfinden, das ihm diese Aufgabe aus der geistigen Welt vermittelt. Dasselbe kann in der *Liebe* zu einem andern Menschen eintreten. Auch dabei kann man, mehr auf der Gefühlsebene, etwas Höheres in sich erwachen fühlen, eine reinere Ausstrahlung seines niederen Ich, das sich letzten Endes mit dem höheren Ich des andern Menschen verbinden will. Nun wirkt die Einstrahlung des anderen höheren Ich bei der Entwicklung des eigenen Ich mit. Der handelnde Wille kann durch die Liebe aufgerufen werden, dem höheren Ich des andern bei dessen allmählicher Verkörperung zu helfen.

«Liebe zum Handeln» überhaupt gehört zum Wesen des freien Menschen. Schon beim Erkennen einer Aufgabe wirkt die Liebe mit. Sie braucht jedoch in jedem Fall das Licht des Urteils, der Erkenntnis, um den Weg zur Handlung, zum andern Menschen zu finden. «Das Verständnis des fremden Wollens» muß sich mit der Liebe verbinden, erst dann ergibt sich die «Grundmaxime des freien Menschen».[25] Erst durch diese Verbindung entsteht die Liebe im umfassendsten Sinn. Denken, Fühlen und Wollen klingen in dieser zentralsten Ausstrahlung unseres Ich zusammen, die zugleich das Ziel der Menschheitsentwicklung darstellt. «Aus alledem, was das Ich in sich entfalten kann, soll *Liebe* werden.»[26]

Von seiner Geburt an kann das Ich die körperlich schöpferisch werdende Liebeskraft, die mit der Pubertät erwacht ist, zu einem Teil des «allgemeinen Liebens» werden lassen.[15] In den Eheschließungen, Freundschaften und Gruppenbildungen, die im Jahrsiebt der Empfindungsseele stattfinden, sollte die keimende Liebe jedes einzelnen Ich die Möglichkeit haben, ihr Leben zu entfalten. Das erste empfindende Verständnis fremden Wollens, um das schon in der Empfindungsseele gerungen werden kann, schafft den Raum für das Leben der Liebe. Die wahre Liebe bedarf, um atmen zu können, der Freiheit, das wird Erfahrung nach der Ich-Geburt. Die Voraussetzungen für das Entstehen des Freiheitsraumes werden durch das Freiwerden der Wesensglieder vom Leib geschaffen.

Entwicklungsstörungen der Empfindungsseele

Dieselben Störungen im Urteilen und Empfinden, wie sie schon dargestellt wurden, vollziehen sich jetzt im Zeichen des Ich. Wird dieses in seiner Entwicklung, vielleicht schon bei seiner Geburt behindert, so kommt es zur *Unterentwicklung der Empfindungsseele*, zu einem teilweisen Steckenbleiben in der Labilität des Empfindungsleibes. Was bisher bis zu einem gewissen Grad normal war, wird jetzt zum *neurotischen Seelenleben* mit seinem Schwanken zwischen den Polaritäten des Empfindungsleibes, zwischen übersteigerter Hingabe und übersteigerter Selbstbehauptung, zwischen Übermut und Angst, zwischen Lust und Unlust. Verschiedene neurotische Störungen entstehen aus einem solchen Seelenleben, auf die hier nur hingewiesen werden kann.[6]

Wieder ist jedoch heute auch in diesem Jahrsiebt die Gefahr größer, daß das Meer der Empfindungen zu flach wird, daß sich Urteilsschwäche und innere Leere einstellen. In diesem Zusammenhang sei auf die von *V. Frankl* beschriebene *existentielle Neurose* hingewiesen, die für unser Thema besonders wichtig ist. Diese in der Jugend mindestens ansatzweise häufige Erkrankung kann schon gegen Ende des dritten Jahrsiebts einsetzen, Frankl hat sie besonders bei seinen Studenten festgestellt.[27]

Die Erkrankung steht in engem Zusammenhang mit dem Sinn suchenden, geistigen Wesensglied des Menschen, mit dem Ich. Der urteilende Jugendliche findet keinen Sinn mehr in seiner Existenz. Die Mißstimmung der schweren Langeweile steigert sich dabei bis zu schwerer Depression mit Initiativlosigkeit gegenüber dem Leben, die nicht selten zum Selbstmord führt oder in eine schwere Sucht einmündet. Erst wenn der Jugendliche wieder einen Sinn in seinem Dasein erleben kann, tritt Heilung ein. Das Wort «Erleben» sei hier besonders betont. Der betreffende Jugendliche nimmt ja durchaus noch die geistigen Werte, die beruflichen Möglichkeiten wahr, aus denen er einen Sinn für sein Leben schöpfen könnte, er kann sie jedoch nicht in sein empfindendes Herz aufnehmen, er kann sich nicht mehr in Liebe für sie erwärmen. So kann sich auch sein Wille nicht daran entzünden, und es bildet sich keine Initiative mehr. Die Schwäche der Mitte kulminiert im Jahrsiebt 21–28 in der Schwäche des empfindenden, liebenden Ich.

Jede Hilfe bei Entwicklungsstörungen sollte im Jugendalter wie im Erwachsenenalter auf das Ich ausgerichtet sein. Im Rahmen einer *geistgemäßen Entwicklungspsychologie*, wie sie hier skizziert wird, sollen jeweils Beispiele dafür gegeben werden. Mit jeder wahren geistigen Hilfe verbindet sich der Impuls, dem Ich zu helfen, die verlorene Verbindung der Seele mit der geistigen Welt allmählich neu zu knüpfen und sie für das irdische Leben fruchtbar werden zu lassen.

Geistige Hilfen für das Jugendalter.
Empfindungsleib und Empfindungsseele

Zunächst handelt es sich um eine vorbeugende Hilfe im Kindesalter, die aus dem Geist des Helfenden kommt, sich aber nicht direkt an den Geist des Kindes wendet. Durch die *Pädagogik Rudolf Steiners* wird dem sich verkörpern wollenden Geist, dem Ich des Kindes indirekt geholfen, indem durch eine, das ganze Wesen des Menschen berücksichtigende Erziehung die Voraussetzungen für die gesunde, vom Ich impulsierte seelische Entwicklung geschaffen werden. Eine solche Erziehung, die außer dem Denken das erlebende Fühlen, das aktiv werdende Wollen anspricht, bereitet ein lebendiges, eigenes Urteilen im Jahrsiebt 14–21 vor. Sie vermittelt nicht nur wahre Bildung, sie stellt zugleich die beste Verhütung seelischer Störungen im Jugendalter dar.

Haben sich schon solche Störungen entwickelt, so muß zunächst Versäumtes nachgeholt werden. Die Vermittlung wahrer Bildung wird, nachdem der Jugendliche sich ausgesprochen hat, seine Konflikte durchgesprochen wurden, ein wesentlicher Bestandteil der helfenden Gespräche, beim Arzt der Gesprächstherapie. Die Nachreifung, wie sie bei der Unterentwicklung von Empfindungsleib und Empfindungsseele anzustreben ist, wird durch die Pflege von geistigen und künstlerischen Interessen gefördert, nicht zuletzt auch durch die Befriedigung religiöser Bedürfnisse, die vermittelt werden sollte. In schweren Fällen müssen solche Interessen oder Bedürfnisse erst geweckt, das dumpfe Begehren muß in waches Interesse verwandelt werden. In allen schwereren Fällen, bei denen der physische Leib deutlich in Mitleidenschaft gezogen ist, oder da, wo er – wie bei Psychosen und Neurosen – durch entsprechende Störungen die Grundlage der seelischen Erkrankung bildet, ist außerdem eine *medikamentöse und heileurythmische Therapie* notwendig.[28]

Eine direkte geistige Hilfe im Jugendalter ist erst möglich, wenn das Ich direkt ansprechbar ist. Im allgemeinen handelt es sich dabei – von Ausnahmen abgesehen – um das 18. Jahr, wenn die Ich-Geburt sich anmeldet. In dieser Zeit werden möglicherweise auch die ersten Fragen nach der Anthroposophie, nach ihrem Schulungsweg geäußert. Es können aber auch nur Fragen nach dem Sinn des Lebens laut werden, oder es stellt sich Unzufriedenheit mit dem Leben ein, hinter der solche Fragen schlummern und rumoren. Das kann sich bis zu der geschilderten existentiellen Neurose steigern. In allen solchen Fällen ist es nicht hilfreich, manchmal sogar schädlich, wenn gleich Antworten gegeben werden. Der Jugendliche gerät dadurch unter Umständen sogar in Opposition gegen das, was er infolge seiner Entwicklungsstörung zunächst nur mit dem Kopf aufnehmen kann. Hier gilt es zunächst Fragen zu wecken, Fragen bewußt zu machen und im Gespräch gemeinsam in Fragen zu leben.

Aber auch wenn solche Fragen sich konturieren, muß man mit den Antworten vorsichtig sein. In vielen Fällen muß zunächst das Urteilen vertieft, das Empfinden geweckt werden. Am unmittelbarsten sprechen *künstlerische Übungen* die Empfindungen, die Mitte des Menschen an. Im Hinblick auf den *Tageslauf*, der bei schwerer Langeweile nur noch als Leerlauf empfunden wird, kann man am Abend eine *Erlebnisrückschau* üben lassen. Bei dieser Rückschau – die nicht mit der Rückschau des anthroposophischen Schulungsweges verwechselt werden darf – sollte der Jugendliche rückblickend versuchen, im Tageslauf zu entdecken, wo er noch am ehesten etwas empfunden hat und zu einem eigenen Urteil kam. Darüber sollte dann gesprochen werden. In derselben Richtung wirkt sich das Führen und Besprechen eines *Tagebuches* aus, das angeregt werden sollte.

Wenn in der Jugend nicht «das Nötige» geschehen ist, dann wird es für das Ich «schwierig, am Charakter zu arbeiten». «Dann wird es notwendig, daß der Mensch sich ganz bewußt hingibt einer tief innerlich meditativen Betrachtung.» In diesem Zusammenhang empfiehlt Steiner, sich in die «großen Weltanschauungen und Weltgeheimnisse» zu vertiefen, «Gebete» täglich zu wiederholen.[29] Diese Intensivierung beim Nachholen von Versäumnissen in der Jugend betrifft also zunächst das Erwachsenenalter. Ein Bedürfnis nach meditativer Betrachtung, Meditationen und Gebeten kann jedoch auch schon vom 18. Jahr an sich melden und ebenfalls auf Versäumnisse in den vorhergehenden Jahren hinweisen, die nach Intensivierung des Nachholens verlangen. Man sollte deshalb das Verlangen nach Meditation auch in dieser Lebenszeit unterstützen. Das Wort «Verlangen» ist schon ein Hinweis darauf, daß der Weg meditativer Schulung nur aus völliger Freiheit heraus begangen werden darf, daß Meditationen niemals «verordnet», sondern immer nur vermittelt werden können.

Die Art der hier gemeinten «meditativen Betrachtung» setzt voraus, daß der geistige Schulungsweg mit dem intensiven, hingebungsvollen *Studium der Geisteswissenschaft* beginnt; eine entsprechende Lektüre, durch die sich schon das Denken verwandeln kann, bedeutet bereits geistige Schulung. *E. Fucke* stellt dazu fest: «Das Werkstudium ist die wichtigste und langfristig wirksamste Etappe auf dem Schulungsweg.»[30]

Der Rat, sich in Weltanschauungen und Weltgeheimnisse zu vertiefen, zeigt die Richtung für die geistige Hilfe. Es ist die Richtung, die aus der Leere oder aus dem Chaos des Seelenlebens heraus in die Welt weist, letztlich in die geistige Welt, aus der allein auf die Dauer neue Erfüllung und Gestaltung für das Seelenleben zu gewinnen ist. «Das kann nicht angehn, daß man dasjenige, was über das Individuum hinausführt, individuell behandelt, sondern das muß generell, allgemein menschlich behandelt werden.»[31] Dabei ist durchaus gemeint, daß die persönliche Aussprache, das Erhellen der Vergangenheit die Hilfe einleiten sollte.[32] Dann aber sollte der Weg weiterführen. Indem wir «durch die verborgenen Seelentiefen gehen», «dringen wir auch in die verborgenen Tiefen, in die geistigen Untergründe des Ewigen und Unsterblichen in der äußeren Welt.»[33] Aus dem unterbewußten Leben der Seele erheben wir uns damit zum «Überbewußtsein» des Geistes.[34]

Eine Zwischenstufe auf diesem Wege ergibt sich durch das *«goetheanistische Betrachten der Natur»*, das auch wieder das gesunde Entstehen von Empfindungen fördert. Diese wirken ihrerseits auf das Wahrnehmen zurück, das, wie wir sahen, selbst schon seelenlos geworden ist. Auch der Entseelung im Wahrnehmen wirkt ein liebevolles Beobachten der Natur im Sinne *Goethes* entgegen.

Die Vorstellungsbildung, das Denken selbst wird in erster Linie durch die erkenntnistheoretischen Schriften Rudolf Steiners geschult, allen voran die «Philosophie der Freiheit». Die oft erst dunkle oder dumpfe Freiheitssuche des zur Geburt drängenden oder junggeborenen Ich wird durch das Denken zur Klarheit geführt. Die Erkenntnis, daß der Mensch nicht frei *ist*, sondern sich auf dem Weg zur Freiheit befindet, bietet Trost auf den Umwegen und Irrwegen des jungen Menschen, die letztlich doch auch zur Freiheit führen können. Es ist dabei Voraussetzung, daß der junge Mensch auch beim erkenntnistheoretischen Studium etwas erlebt, d. h., daß das Aufgenommene nicht im Kopf steckenbleibt. Aus diesem Grund sollte das erkenntnistheoretische Arbeiten in der Jugendzeit nicht übertrieben und auf jeden Fall durch künstlerisches Üben begleitet werden. Auch hier gilt die Mahnung Steiners, daß ein einseitiges «fortwährendes Streben auf denkerischem Gebiet» das Seelenleben «ausdörren» kann.[35]

Durch die *Meditationen* selbst, auf die im Kapitel über die geistige Schulung weiter eingegangen wird, konzentriert und steigert sich die Erkraftung des Denkens, die Belebung des Fühlens und die Klärung des Wollens. Zugleich jedoch wird der Übende von seinem Leib freier, dieser wird in höherem Grad als bisher Instrument seiner geistigen Tätigkeit. Für das Seelenleben besteht dabei die Voraussetzung, daß es sich vorher in gesunder Weise mit ihm verbunden hat, daß eine gesunde Inkarnation im Leib vollzogen und ein gesundes seelisches Leben entwickelt wurde. Ist dies nicht der Fall, oder hat sich der Betreffende durch eine seelische Störung in krankhafter Form aus seinem Leib gelockert, so sind Meditationen, die aus dem Leib herausführen, nicht am Platz. Meditationen dieser Art können bei einer *seelischen Erkrankung* sogar schaden. Ist es z. B. schon bis zur Ausbildung von Wahnideen gekommen, so können Meditationen, aber auch schon esoterische Inhalte, die das gelockerte Ich nicht mehr verarbeiten kann, zur weiteren Entstehung von Wahnideen Veranlassung geben.

Seelische Gesundheit gehört nach Steiner zu den wichtigsten Voraussetzungen für einen geistigen Schulungsweg, der ohne sie gar nicht in der richtigen Weise begangen werden kann. «Ungesundes Gemüts- und Denk-Leben bringt auf alle Fälle von den Wegen dieser höheren Erkenntnis ab.»[36] Für Kranke dieser Art ist Anthroposophie in der direkten Form nicht hilfreich, wohl aber in Form einer anthroposopisch orientierten Medizin.

Anders verhält es sich mit den *Vorübungen*, die sich, ohne schon in die geistige Welt zu führen, auf die seelischen Instrumente der geistigen Schulung beziehen. Insbesondere die ersten drei dieser Übungen, die auf das Denken, das Wollen und das Fühlen wirken, kommen hier in Betracht. Auch der Kranke kann, wenn er imstande ist, jene Übungen durchzuführen, dabei feststellen, daß er im Denken konzentrierter, im Wollen aktiver, im Fühlen ausgeglichener wird.[37]

Die dritte dieser Übungen, die direkt auf das labile, zu starke Gefühlsleben der Empfindungsseele wirkt, führt zur *Gelassenheit* gegenüber Freude und Schmerz. Man soll lernen, den «Ausdruck von Freude und Schmerz, von Lust und Unlust zu beherrschen». Nicht eine Abstumpfung der Empfindungen ist damit gemeint, die Empfindungen werden durch diese Übung sogar intensiver. Die Vertiefung der Empfindungen durch ein Beherrschen (nicht Unterdrücken) ihres unwillkürlichen Ausdrucks hilft dabei mit, daß die Empfindungsseele auch beim Erwachsenen lebendig bleibt und daß sich ihre Empfindungen in Gefühle des Gemütes verwandeln können. So wird durch diese Übung zugleich ein Übergang zur Entwicklung des nächsten Seelengliedes geschaffen, auf die unten eingegangen wird. Die Übung ist jedoch nur sinnvoll, wenn das Leben der Empfindungsseele voll entwickelt ist.

Noch tiefer auf das Leben dieses Seelengliedes wirkt man, indem man sich hin und wieder einen *Wunsch versagt*.[38] Übungen dieser Art wirken wie ein Stauwehr in einem Fluß, das die Wasserkräfte nutzbar werden läßt. Indem wir den Fluten der Empfindungsseele zwischendurch Halt gebieten, gewinnen wir Kräfte, deren sich das Ich bei der Willensbildung bedienen kann. Diese Übung sollte man jedoch nur dann machen, wenn sie für einen selbst oder für die Umgebung nicht schädlich ist. In keinem Fall sollte sie zur Askese führen.

Gegen das Ende der zwanziger Jahre ändert sich das empfindungsbewegte Seelenleben. Der Mensch wendet sich aus der Welt öfter sich selber zu. Er macht sich mehr Gedanken über seine Erlebnisse, denen er sich weniger als früher hingibt, und die er dafür mehr in sich bewegt. Viele Menschen möchten jetzt etwas in ihrem Leben ändern. Sie ziehen sich von ihrem Partner zurück, sie wechseln ihren Beruf, oder sie versuchen, Beruf und Partnerschaft auf eine neue, vorher gut überlegte Grundlage zu stellen. Zum Partner wird in der Liebe nicht nur hingestrebt, man möchte den Partner in sich hineinnehmen. Die stärkere Einschaltung des Denkens macht die Selbsterziehung systematischer und führt zu mehr Ordnung im Leben. Zwischen innen und außen entwickelt sich eine neue harmonischere Beziehung, die zwischen seelischem Einatmen der Welt und seelischem Ausatmen in die Welt ein Gleichgewicht sucht.

In der Empfindungsseele dominierte ein weltzugewandtes Gefühlsleben. Das verinnerlichte, von Gedanken durchzogene Gefühlsleben, das sich jetzt entwickeln will, führt zur Ausgestaltung des Gemütes; im sinnenden Gemüt wird das Aufgenommene bewegt. «*Verstandes-Gemütsseele*» nannte Steiner daher das neue Seelenglied, das um das 28. Jahr geboren wird. Während sich das urteilende Denken der Empfindungsseele bei seiner Wesenssuche noch von Sympathie und Antipathie leiten ließ, strebt das neue Seelenglied zum wahren Wesen jenseits der subjektiven Einstellung. Die *Wahrheit* wird zur Erzieherin der Verstandes-Gemütsseele, die nun erst das eigene Denken voll zur Entwicklung bringt.[39] Als *Lebensfrage der Verstandes-Gemütsseele* kann man formulieren: «Wie ordnet sich mir die Welt und in der Welt das eigene Leben?»

Wieder ist es die Arbeit des *Ich*, in der auch dieses Seelenglied seine Wurzeln hat, doch vollzieht sich jene Arbeit nun in einer tieferen Wesensschicht. Das sinnende Gemüt hat mehr Tiefgang als das bewegtere Empfindungsleben. Beim eigenen Denken, bei der gemüthaften Verinnerlichung handelt es sich nicht nur um seelische Tätigkeiten, sondern – mehr als beim Empfinden und Urteilen – um Fähigkeiten, die vom selbständig gewordenen Ich zu erlernen sind. Das vom Ich intendierte Üben einer seelischen Tätigkeit greift tiefer und wandelt im Ätherleib die seelische Tätigkeit zur Fähigkeit um.[5]

Damit ergibt sich auch eine Beziehung zum *Jahrsiebt 7–14*, in dem sich der Ätherleib entwickelt hat. In jener Zeit, in der die Wahrheit noch nicht selbständig erkannt werden kann, ist es wichtig, daß die liebevolle Autorität ein Gefühl für die Wahrheit wachsen läßt.[2] So wird der Keim dafür gelegt, daß die sich verwandelnden Wachstumskräfte vom Ätherleib aus ein Organ für das Erkennen der Wahrheit im späteren Leben wachsen lassen. Treten in diesem zweiten Jahrsiebt Hindernisse für die Entwicklung des Ätherleibes ein – wie sie allgemein durch die überintellektuelle Erziehung gegeben sind –, so entstehen schon dadurch Behinderungen für die Entwicklung der Verstandes-Gemütsseele. Im Gefühlsleben können sie als Mutlosigkeit, im Willensleben als Unentschlossenheit zum Ausdruck kommen.

Entwicklungsstörungen der Verstandes-Gemütsseele

Die Verwandlung des empfindungshaften Erlebens in das verinnerlichte Leben des Gemütes fällt dem heutigen Menschen schwer. Immer ist er in der Versuchung, bei der Verarbeitung des Erlebten an der Oberfläche zu bleiben, das Urteilen möglichst rasch zu vollziehen, ohne länger nachdenken zu müssen. Dabei können sich aus der vorwiegend bestimmenden Sympathie oder Antipathie Vorurteile einschleichen, die das Urteil verzerren und zum Irrtum führen. Das Nachdenken der Verstandesseele, das sich entwickeln möchte, kommt zu kurz. Aber auch die Gemütsbildung leidet Not. Statt der Empfindungsleere des Jugendlichen erlebt man nun die *Gemütsleere* des Erwachsenen, der die Wärme des teilnehmenden und nachsinnenden Gemütes vermissen läßt. Der Mensch ist in seiner Entwicklung bei der Empfindungsseele stehengeblieben.

Auch deren Leben jedoch bildet sich zurück, wenn die Entwicklung nicht weiterschreitet, und innere Leere droht zuletzt auch wieder im Empfindungsbereich. Die Sehnsucht taucht auf, die dahinschwindende Jugend festzuhalten, sie neu zu beschwören. Wieder meldet sich das geschilderte Verlangen nach Rausch, der dem Alter entsprechend bequemer befriedigt wird. Mehr als zu Drogen wird nun zum Alkohol gegriffen. Man kauft sich seinen legalen Rausch, man läßt seine Sehnsüchte von der Vergnügungsindustrie befriedigen. Aber nicht nur die Leere des Gemütes nimmt auf diesem Weg zur Verbürgerlichung zu, auch die Empfindungen stumpfen weiter ab. Stärkere Rauschmittel werden verlangt, wieder wird aus Sehnsucht Sucht. Die seelische Entwicklung kann erneut bis in den Leib zurücksinken, wo Rauschmittel und nicht verarbeitete leidvolle Erlebnisse vor allem zu Leberstörungen führen. Im Zusammenhang mit solchen Störungen entsteht im mangelhaft entwickelten und beschwerten Gemüt die *Depression*, jene ständig zunehmende seelische Zeitkrankheit, die Ende der zwanziger Jahre einen ersten Gipfel der Häufigkeit hat und dann die ganze weitere Entwicklung des Menschen begleiten kann. Mutlosigkeit und Unentschlossenheit können dabei ein Vorstadium bilden.[6]

Auf die Dauer gibt es keinen Stillstand der seelischen (wie jeder) Entwicklung. Diese kann aus dem Stillstand nur weiter vorwärts schreiten oder rückläufig werden. Sie kann jedoch in ihrem Verlauf auch einer Spaltung unterliegen. Während einerseits die gemüthafte Entwicklung nach der Empfindungsseele, dem Empfindungsleib zurück tendiert, kann die Verstandesseelenentwicklung einseitig weitergehen, wobei kein wirklicher Fortschritt mehr erzielt wird. Der Verstand versteht es nur, das bisher Errungene weiter zu konservieren und zu perfektionieren, ohne die Richtung zum Wesentlichen, zum Geist zu verfolgen.

In der seelischen Entwicklung vom Ende der zwanziger Jahre an entsteht so nichts wesentlich Neues mehr. Bei schöpferischen Menschen können sich vollkommenere Leistungen einstellen, die jedoch nur das Alte ausbauen. Bei den anderen, die, älter werdend, das lebendige Empfinden verlieren, tritt nun auch das eigene Urteilen zurück. Das Denken, erfüllt von übernommenen Phrasen, kann dabei zu einem ausgesprochenen «Schlagzeilendenken» entarten, das Fühlen erstarrt in der Konvention, das Wollen in der Routine. Schon mit dem Ende des 19. Jahrhunderts ist so auf diese Weise eine «geistige Eiszeit in das soziale Leben eingezogen».[40] Für ihre Entstehung ist die Welt der Erwachsenen verantwortlich, und mit Recht empört sich die Jugend gegen sie – um sich dann, wenn auch von ihr die Krise nicht bewältigt wird, ihrem Bann zu unterwerfen.

Die *Sehnsucht nach Jugend*, die aus diesem Zustand nach dem Ende der zwanziger Jahre hervorbricht, führt im sozialen Leben dazu, daß man heutzutage «die Jugend vergöttert».[41] «Jugend ist Trumpf», das ist in unserer Zeit die Devise. Manche Erwachsene versuchen deshalb Jugend vorzutäuschen. Sie gebärden sich jugendlich-unbekümmert, besonders, wenn ihnen nicht danach zumute ist. Das gipfelt im obligaten «keep smiling» verantwortlicher Persönlichkeiten in der Öffentlichkeit. Und auch dagegen wendet sich mit Recht der wirklich junge Mensch. Nicht nur der Tochter, dem Sohn geht es auf die Nerven, wenn Eltern sich übertrieben jugendlich präsentieren. Empfinden die jungen Menschen in solchen Fällen eine Karikatur von sich selbst? Im Grunde wollen sie den wirklich alt gewordenen Menschen erleben, der sich mindestens um Altersweisheit bemüht, und von dem sie dann auch einen Rat annehmen würden. Der *Generationenkonflikt* spielt sich heute nicht einfach zwischen jung und alt ab, sondern zwischen der Jugend und jenen Erwachsenen, die nicht alt werden wollen und deren Ratschläge und Anordnungen dann als phrasenhaft oder dogmatisch empfunden werden.

Die oben geschilderte Entwicklungsstörung ist so ausgeprägt und so verbreitet, daß sich jeder Mensch fragen sollte, wie es bei ihm in dieser Hinsicht steht. Ist man nicht als Mensch unserer Zeit immer wieder versucht, zu wenig nachzudenken, das Gehörte, Gelesene weiterzugeben, ohne es innerlich bewegt, verarbeitet zu haben? Wir entdecken: Nicht nur das eigene Denken, auch die Verinnerlichung im teilnehmenden Gemüt stellt sich bei vielen Menschen heute nicht von selber ein, sie muß bewußt geübt werden. Beim heutigen Menschen ist «am stärksten die Empfindungsseele entwickelt».[39] Der drohende Stillstand und die Rückläufigkeit der seelischen Entwicklung betrifft daher zunächst vor allem die *Verstandes-Gemütsseele*. Die weite Verbreitung der daraus sich ergebenden Störungen weist auf einen menschheitlichen Hintergrund hin. Ein Blick auf ihn wird uns auch noch eine weitere Präzisierung des Zeitpunktes ermöglichen, an dem die seelische Entwicklung in der Gegenwart stillzustehen droht.[42]

In den ältesten Zeiten der Menschheit gab es bis zum Alter keinen solchen Stillstand, der Mensch blieb sein ganzes Leben hindurch entwicklungsfähig. Im Gegensatz zu heute wurde damals der alte Mensch verehrt, der durch seine natürliche Entwicklung weise geworden war. Bis zur Lebensmitte hatte ihn das mit dem Kosmos, mit den Göttern verbundene aufsteigende Leben des Leibes getragen. Dann gab der Abstieg des leiblichen Lebens den Aufstieg des Geistes frei, der die Seele mit sich nahm. Von den Göttern wurde der Geist nun zur göttlichen Welt emporgehoben, die sich im Tode ganz für ihn öffnete. Im Laufe der Zeit kam die seelische Entwicklung immer früher zum Stillstand, wenn sie nicht vom erwachenden Ich aufgegriffen und weitergeführt wurde. Immer früher ging die gesunde Abhängigkeit der Seele vom Leib, von den Göttern zu Ende. Positiv gesehen: *Immer früher war das Ich imstande, die seelische Entwicklung selbst in die Hand zu nehmen.*

Zu Beginn der *griechisch-römischen Kulturepoche*, die bis zum Anfang der Neuzeit, d. h. bis zum 15. Jahrhundert dauerte, vollzog sich die natürliche seelische Entwicklung noch bis zur Lebensmitte; mit dem 35. Jahr wurde für den Griechen der Höhepunkt des Lebens erreicht.[43] Während der griechischen Epoche entwickelte sich in der ganzen Menschheit die *Verstandes-Gemütsseele*, kulminierend im philosophischen Denken des Altertums, im Gemüt des Mittelalters. Das in diesem Seelenglied heute schon selbständig tätige Ich wurde damals noch mehr von der göttlichen Welt, die sich im eigenen Leib, in Natur und Religion offenbarte, belehrt und impulsiert.

Jede Kulturepoche von 2160 Jahren entspricht nach Rudolf Steiner[42] einem Jahrsiebt der seelischen Entwicklung beim einzelnen Menschen. Der griechisch-römischen Kulturepoche entspricht im Lebenslauf das Jahrsiebt 28–35. Mit dem Beginn der *Neuzeit* 1413 sind die 2160 Jahre der griechisch-römischen Epoche abgelaufen, der Punkt des Stillstandes der seelischen Entwicklung ist während dieser Epoche bis zum 28. Jahr zurückgewandert. Bis zum Jahr 1988 sind seitdem weitere 575 Jahre verflossen. Da in diesem Zusammenhang einem Lebensjahr des Menschen rund 300 Jahre der Menschheitsentwicklung entsprechen, befindet sich der kritische Punkt der seelischen Entwicklung inzwischen schon am Anfang des 27. Jahres.

Schon in den letzten zwei Jahren des Empfindungsseelen-Jahrsiebts droht daher heute die seelische Entwicklung stillzustehen und rückläufig zu werden. Dadurch kann das 27. Jahr – in manchen Biographien und Krankengeschichten erkennbar – zum Krisenjahr werden. Die Leere im Empfindungsleben, wie sie ein Teil der Jugendlichen schon eher erleidet, kann also auch erst im frühen Erwachsenenalter einsetzen und ein weiteres Hindernis für die Entwicklung des Gemütes bilden. Die Rückentwicklung bis in den Leib hinein erhält damit einen neuen Aspekt. In unserer Zeit, in der sich der Mensch vom Kosmos weitgehend emanzipiert hat, wird die seelische Entwicklung durch das aufsteigende Leben des Leibes nicht mehr, wie beschrieben, bis zur Lebensmitte getragen. Die Entwicklung der Seele wird vielmehr vom Leibe «überwältigt»[42], wenn sich der Mensch nach ihrem Stillstand in der zweiten Hälfte der zwanziger Jahre nicht von ihm frei zu machen beginnt und sich schon im Rahmen der Empfindungsseele dem Geist zuwendet.

Beim Rauschzustand, mehr noch bei der Psychose, wird das Seelenleben durch Kräfte und Vorgänge des Leibes in Form der Krankheit überwältigt.[16] Aber auch für die geistige Entwicklung des gesunden Menschen tritt eine Behinderung durch den Leib im Rahmen des Lebenslaufes ein. Materialismus und Atheismus haben beim Menschen der Gegenwart eine Wurzel schon in der Entwicklungsstörung der Empfindungsseele, wenn diese im aufsteigenden Leben des Leibes untergeht. Auch für die Weltanschauung eines solchen Menschen kann nun die Materie bestimmend, das Erlebnis des Göttlich-Geistigen vom eigenen Leibe aus unterbunden werden. Und auch zum Erstarren in Konventionen und Routine, das sich bei der Entwicklung der Verstandes-Gemütsseele einstellen kann, trägt die Überwältigung des seelischen Lebens durch den Leib bei. Nun ist es die Konsolidierungstendenz dieses Leibes, die sich im Sinne der bloßen Konservierung auf das Leben der Verstandes-Gemütsseele überträgt.

Die weiter fortschreitende Erschwerung der seelischen Entwicklung seit der Neuzeit läßt jedoch von diesem menschheitlichen Aspekt aus zugleich neue Möglichkeiten für die seelische Entwicklung erkennen. Mit dem Beginn der Neuzeit ist ein *neues Bewußtsein* in der Menschheit erwacht, das vom dritten, im nächsten Kapitel zu schildernden Seelenglied des Menschen ausgeht. Seit dem Beginn der Neuzeit kann jeder Mensch dieses Seelenglied ausbilden. In seinem Licht vollzieht sich nun die ganze seelische Entwicklung, die das Ich bewußter und aktiver, als es früher möglich war, in die Hand nehmen und weiter führen kann.

Aufgrund vieler Untersuchungen ergibt sich beim heutigen Menschen ein *Leistungsgipfel* zwischen dem 30. und dem 40. Jahr mit einer Spitze gegen das 35. Jahr, ein Alter, das, bezogen auf ein Leben von 70 Jahren, der *Lebensmitte* entspricht.[44] Viele Menschen werden sich dieses Gipfels mehr oder weniger bewußt. Zunächst kann ein Hochgefühl entstehen, wie es sich nach einer Bergbesteigung einzustellen pflegt; man ist stolz auf seine Tüchtigkeit. Dann aber blickt man auf den Weg zurück, der zum Gipfel führte, und fragt sich, ob es der beste, der richtige war. Man blickt nach vorne und fragt sich, wie der Weg weitergeht, was noch zu tun ist, gemessen an dem, was man erreicht hat. Stärker als früher kann man sich nun seiner Aufgabe im Leben bewußt werden. Man kann entdecken, daß sie neu auf einen zukommt, daß man im Hinblick auf seine Aufgabe über sich hinauswachsen kann. Nicht nur nach rückwärts und vorwärts schweift ja der Blick von einem Gipfel aus, er kann sich auch zur Höhe richten. In der Lebensmitte vermag der Mensch unmittelbarer als zuvor seinem *höheren Ich* zu begegnen, das ihm letztlich seine Aufgabe vermittelt. Klarer kann nun dieses Ich als der «gute Stern» gesehen werden, der über allen Lebenswegen leuchtet.

Diese Begegnung hängt auch damit zusammen, daß zu diesem Zeitpunkt die Lebenswanderung nicht nur zum Gipfel des Lebenslaufes gelangt, sondern auch zum Zentrum des eigenen Seelenlebens. Man erkennt: Die Verinnerlichung der Verstandes-Gemütsseele war der Beginn eines Weges, der aus dem peripheren Welterleben der Empfindungsseele bis zum Erleben des Ichzentrums im Seelenleben führt. In der Lebensmitte wird vom Erden-Ich bei seiner inneren Wanderung die Seelenmitte erreicht, wo es ein neues Bewußtsein von sich selbst erlangt. Zugleich damit will nach der peripheren eine zentrale Weltbeziehung entstehen. Mit einer neuen wesentlichen Selbsterkenntnis will sich eine neue Welterkenntnis verbinden, die zum Wesen des Gegenstandes vordringt. Früher empfindend, nachdenkend gesucht, kann dieses

Wesen jetzt zur unmittelbaren geistigen Erfahrung werden. Das Ewige der Welt wie des eigenen Wesens leuchtet in der *Bewußtseinsseele* auf, die vom 35. bis zum 42. Jahr ihre besondere Entwicklungsphase hat.

Das neue Bewußtsein ist ein aktives Bewußtsein, am stärksten impulsiert der *Wille* die Bewußtseinsseele.[45] In der Empfindungsseele dominierte das weltzugewandte Gefühlsleben. In der Verstandes-Gemütsseele machte sich stärker das Denken geltend, was zur Verinnerlichung des Fühlens beitrug. In der Bewußtseinsseele wird nun auch das Wollen, das aus der Verstandesseele herausführt, selbständiger. Indem es sich auf das Denken richtet, kann dieses schöpferisch werden: es wird zum «*Vordenken*», das vom Wesen des Gegenstandes aus diesen nochmals entstehen läßt.[39] In der Welt strebt das Wollen nach Verwirklichung geistiger Ziele. Im Fühlen wird die Liebe zum Wesen bewußt, die «Liebe zum Handeln» kann nun vom Zentrum der Seele aus die Beziehung zur Welt gestalten.

Mit dem schöpferischen Wesen der Bewußtseinsseele hängt es zusammen, daß viele geniale Persönlichkeiten in der Lebensmitte ihre Hauptwerke oder die Voraussetzungen für sie schufen.[46] Verborgener und in kleineren Ausmaßen kann sich das Entsprechende bei jedem Menschen in der Lebensmitte ereignen. Auch wenn der Mensch kein großer Künstler werden kann – ein *Lebenskünstler* in einem tieferen Sinn kann jeder werden. Jeder kann danach streben, die «Idee», das Besondere seiner Aufgabe im «Stoff» seines Lebens zu erkennen und zur Erscheinung zu bringen. So ist eigentlich kein Mensch ersetzbar.[39] Mag das «Was» seiner Arbeit, seines sozialen Wirkens auch ein anderer leisten können, das «Wie», die individuelle Note dieser Leistung kann nur er in seine Umwelt einbringen. – Als *Lebensfrage der Bewußtseinsseele* kann man zusammenfassen: «Wie finde ich zum Wesen der Welt und zum eigenen Wesen, und wie verwirkliche ich mein Wesen in der Welt?»

Wieder muß das Ich bei seiner Arbeit tiefer greifen, damit das neue

Seelenglied entstehen kann. Diesmal sind es Kräfte des *physischen Leibes*, deren sich das Ich bei der Bildung der Bewußtseinsseele bedient. In der Auseinandersetzung mit jenen, «härtesten», in der Form verfestigten Kräften erringt das Ich die Aktivität und die Wachheit der Bewußtseinsseele. Und dadurch hat dieses Seelenglied eine besondere Beziehung zum *Jahrsiebt 0–7*, dem Jahrsiebt des physischen Leibes. Störungen in seinem Aufbau können Grundlage für Entwicklungsstörungen der Bewußtseinsseele werden. Ein «verschlossener Charakter», verbunden mit dem Erlebnis der Einsamkeit in der Lebensmitte, kann mit einer Verhärtung des physischen Leibes zusammenhängen, die im ersten Jahrsiebt eine Wurzel haben kann.[5]

Nachdem das Ich das Seelenleben «durchwandert» hat, erhebt es sich aus dem Zentrum der Bewußtseinsseele zum Geiste. Das geschilderte geweitete und intensivere Bewußtsein bekommt dadurch eine unmittelbare Verbindung zum Leib und zum Geist. Das Ich der Bewußtseinsseele zwischen Leib und Geist – das ist die dramatische Situation der Lebensmitte. Aus den Kräften des physischen Leibes gestaltet, wendet sich die Bewußtseinsseele zunächst dem physischen Leibe und der physischen Welt zu. Es entspricht dies dem Beginn der Neuzeit mit ihrem Drang nach Entdeckungen und Erfindungen in der irdischen Welt. Von da aus sollte sich jedoch der forschende Blick zur geistigen Welt, zu geistigen Entdeckungen aufschwingen, wie sich dies auch in der Menschheitsentwicklung da und dort während der letzten Jahrhunderte ereignet hat.

Und auch dabei hat die Bewußtseinsseele im physischen Leib einen Helfer. In der *Lebensmitte* beginnt eine neue Phase im Leben dieses Leibes: Es beginnt in ihm der *Abbau* zu überwiegen, der bisher – am meisten in der Kindheit – vom Aufbau ausgeglichen worden war. Kein Bewußtsein ohne Abbau; schon bei der ersten Sinneswahrnehmung setzt er ein, um zuletzt im Tod ganz sich durchzusetzen. Der von der Lebensmitte an überwiegende Abbau dient dem Leben der Bewußtseinsseele, sein beginnendes Überwiegen schafft den Raum für ihre beginnende Entwicklung. In der Lebensmitte hat die Kurve der biologischen Entwicklung ihren Scheitelpunkt erreicht, der physische Leib ist nach seinem Aufbau bis zur Lebensmitte weiter erstarkt und hat sich konsolidiert. Nun gilt es, den *Scheitelpunkt* der von nun an absteigenden biologischen Kurve zum *Wendepunkt* für die seelisch-geistige Entwicklung werden zu lassen, die sich aus dem Abbau des Leibes zum Geiste erheben will.

Die Krise der Lebensmitte

Jene heutzutage viel erörterte Krise, die offenbar mehr als früher ins Bewußtsein drängt, hat ihren Ursprung in der oben geschilderten Situation. Wird das physiologische Freiwerden vom Leib durch das Ich nicht genützt, so sinkt die seelische Entwicklung wieder zum Leib zurück und folgt seiner Abwärtstendenz. Auch die Forderung, die Entwicklung selbst in die Hand zu nehmen, die dem Ich vom 27. Jahr an gestellt wird, kulminiert in der Lebensmitte; manchmal rückt sie erst zu diesem Zeitpunkt ganz ins Bewußtsein, und der Stillstand in der Entwicklung wird offenbar. Kann das Ich jener Forderung im 27. Jahr nicht nachkommen, so steigern sich die Symptome der in der Lebensmitte auftretenden Krise.

Viele Menschen erleben um das 35. Jahr, manchmal erst im Verlauf des Jahrsiebtes 35–42, unerklärliche Mißstimmungen, die sich bis zur lähmenden *Depression* steigern können. Sie fühlen sich seelisch erschöpft, was bis zu Versagenszuständen und körperlichen Beschwerden führen kann. Im Unterschied zur Depression vom Ende der zwanziger Jahre wird allmählich eine hypochondrische Note der Depression charakteristisch. Davon abgesehen kann eine ängstliche Sorge um den Leib, mit dem die Seele zu eng verbunden bleibt, von nun an im Lebenslauf zunehmen. Außerdem kann der Mensch jetzt erleben, daß er vereinsamt. Auch dieses Symptom hat eine Wurzel im Menschen selbst.

Infolge der Bindung an den Leib verliert die Seele den Kontakt zum andern Menschen – der selbst wieder in einer ähnlichen Lage sein kann, sich jedenfalls von dem schwierig werdenden Partner zurückzieht. In der Lebensmitte soll der Mittelpunkt des Seelenlebens vom Ich erreicht werden. Wird diese Wanderung nicht aktiv vom Ich geleistet, so wird aus dem Konzentrationsprozeß ein Schrumpfungsprozeß, der das Ich von einer neuen Weltbeziehung abschnürt und in egozentrischer Erstarrung im Zentrum des Seelenlebens fixiert. Der erwähnte verschlossene Charakter kann ein Vorstadium davon sein, das vollständige Aufgehen im materiellen Sein eine Folge.

Auch die *weltanschaulichen Folgen*, die sich aus der Überwältigung des Seelenlebens durch den Leib ergeben, steigern sich jetzt, manchmal in dramatischer Form. Materialismus und Atheismus können eine existentielle Bedeutung bekommen. In der Lebensmitte steigt nicht nur die Sterblichkeitsrate bei Krankheiten plötzlich an, es begegnet der Mensch in dieser Zeit auch zum erstenmal bewußt dem eigenen Tod.[47] Die Frage: Wie lange werde ich wohl noch zu leben haben? erzeugt eine anfangs untergründige, später bewußtere Angst vor dem Tod. Dies tritt vor allem dann ein, wenn sich mit dem Tod die Vorstellung vom vollständigen Ende des Lebens verbindet. Bei dem starken Ansteigen der Selbstmordkurve in den vierziger Jahren wirkt in manchen Fällen auch eine solche weltanschauliche Einstellung mit.[48]

Das Erlebnis des nach dem Tode drohenden *Nichts* kann von der Lebensmitte an das Leben überschatten. Der «Punkt» des Ich, zu dem sich die seelische Entwicklung zusammenzieht, kann dabei als Schlußpunkt für eine weitere Entwicklung erlebt werden, den man dann manchmal auch seinem irdischen Leben setzt. Dem Durchgang durch einen solchen Nullpunkt gilt die existentielle Forderung der Bewußtseinsseele, die ins Bewußtsein gehoben werden sollte. Sie kommt zum Ausdruck in dem Satz, den *Faust* zu Mephisto spricht: «In deinem Nichts hoff' ich das All zu finden.»

Von ihrem Zusammenhang mit der Lebensmitte wurde einiges schon im vorangehenden Kapitel berichtet. Wir erkannten: Indem sich die Bewußtseinsseele an den physischen Leib bindet, wird ihre Entwicklung zum Geiste gestört. Im Zusammenhang mit den Seelengliedern gesehen, führt die Unterentwicklung der Bewußtseinsseele zu einem mehr oder weniger ausgeprägten Stehenbleiben des Seelenlebens auf der Stufe der *Verstandes-Gemütsseele*. Auf dem Weg zum Wesentlichen, zum Geist bleibt der Mensch im bloßen Nachdenken, im gemüthaften Insichbewegen stecken, ohne zur Wirklichkeit des Geistes durchzustoßen. Wieder bleibt es jedoch nicht beim Stillstand der Entwicklung. Die weiter gepflegte Verstandes-Gemütsseele, die versucht, mit der Krise der Lebensmitte fertig zu werden, muß erleben, wie Verstand und Gemüt auf die Dauer nicht mehr die Kraft haben, die Entwicklung zum Geist empor zu tragen. Das Nachdenken versinkt in unfruchtbares Grübeln, oder es erstarrt im Systematisieren und Dogmatisieren. Die innere Bewegung des Gemütes führt zum Leerlauf, Gemüthaftigkeit droht zur bloßen Gemütlichkeit zu werden. Eine Verbürgerlichung auf höherer Stufe setzt ein, die den Geist am Feierabend und am Sonntag kultiviert, ohne zu versuchen, den Alltag mit ihm zu durchdringen. Gegenüber der Umwelt bleibt man zu sehr im eigenen Innern befangen, statt zu einer neuen bewußten Weltverbindung fortzuschreiten. So kann aus Innerlichkeit die im vorigen Kapitel geschilderte egozentrische Haltung werden.

Sind schon die Seelenglieder vor der Bewußtseinsseele nicht vollständig ausgebildet worden, so kann die Geburt der Bewußtseinsseele einen schattenhaften Charakter annehmen. Der Bewußtseinsseele fehlt von Anfang an das Leben, das aus der Empfindungsseele und der Verstandes-Gemütsseele geschöpft werden sollte. Am Licht des Bewußtseins, das die Seele nicht verarbeiten kann, muß ihr Leben verdorren wie eine Pflanze am Sonnenlicht, wenn sie zu wenig Wasser erhält. Das Verdorren des Lebens der

Bewußtseinsseele zeigt sich im *Intellektualismus*, der sich mit Weltfremdheit verbindet, dem jedoch auch der lebendige Geist verlorengeht. – Auf weitere Störungen im Leben der Bewußtseinsseele, die mit der geistigen Schulung zusammenhängen, wird weiter unten eingegangen (s. S. 176ff.).

Aus diesem leidvollen Geschehen ist die Erkenntnis zu gewinnen, daß die Bewußtseinsseele zwar im *Kopf* ihren Daseinsbereich hat, daß die Quelle ihres Lebens jedoch im *Herzen* liegt. Das Aufleuchten des Ewigen in der Bewußtseinsseele, das vom höheren Ich vermittelt wird, ist ein Erleben des Herzens. Das Herz ist es, durch das unser höheres Ich das niedere Ich zu seinem Werkzeug macht.[49] Ein weiterer Aspekt ergibt sich dadurch, daß Kräfte der anderen Wesensglieder durch das Herz dem Leben der Bewußtseinsseele im Kopfbereich vermittelt werden. Das Freiwerden von Kräften des Ätherleibes vom Herzen aus, die von *Steiner* beschriebene «Ätherisation des Blutes»[50], bildet allgemein die Grundlage für unser der Welt sich aufschließendes Denken, das im schöpferischen Vordenken der Bewußtseinsseele gipfeln kann.

Beim Rückblick auf die Entwicklungsstörungen der Bewußtseinsseele ist festzustellen, daß mit ihnen, viel mehr noch als mit den Störungen der Verstandes-Gemütsseele, jeder Mensch der Gegenwart zu ringen hat. Und keiner kann wohl von sich sagen, daß er imstande sei, sie ganz zu bewältigen. Wer vermag schon die Wirklichkeit des Geistes so in sein Bewußtsein aufzunehmen und so in seinem Leben zu verwirklichen, wie es die Bewußtseinsseele im Sinne einer vertieften Geistesgegenwart erstrebt? Und welcher älter werdende Mensch erliegt nicht mitunter der seelisch niederziehenden und lähmenden Einwirkung des alternden Leibes? Solche Erfahrungen haben als menschheitlichen Hintergrund die Tatsache, daß die Bewußtseinsseele erst am Anfang ihrer Entwicklung steht.

Geistige Hilfen für das Erwachsenenalter

Der Rückblick auf die bisher angeführten geistigen Hilfen für die seelische Entwicklung ergibt, daß die Entwicklung eines Seelengliedes vor seiner Geburt vorbereitet werden muß, am meisten im vorhergehenden Jahrsiebt. Das Wecken der Interessen, des eigenen Urteils im Jahrsiebt 14–21 spricht schon das Ich des Jahrsiebtes 21–28 an. Die gedankliche und empfindende Verarbeitung der Eindrücke bis zur meditativen Verinnerlichung im Jahrsiebt 21–28 hilft schon der *Verstandes-Gemütsseele* zu ihrer Geburt. Im Jahrsiebt 28–35 kann nun letztere Art von geistiger Hilfe noch mehr zum Tragen kommen. In dem jetzt entstandenen und weiter entstehenden seelischen Innenraum kann die Meditation besser gedeihen als zuvor. Durch das Streben nach Wahrheit, von der die Verstandes-Gemütsseele erzogen wird, will das Ich langsam aus dem rein seelischen Bereich von Sympathie und Antipathie heraus- und in den Bereich des Geistes hineinwachsen. Dabei kann das Ich aktiver und systematischer als bisher *Selbsterkenntnis* üben, die sich – vor allem unter dem Einfluß einer schon begonnenen geistigen Schulung – bis zu einer Begegnung mit dem *Doppelgänger* steigern kann. Während diese Begegnung, die schon vor der Geburt der Verstandes-Gemütsseele in weniger bewußter Form stattfinden kann, dem Menschen seine negativen Eigenschaften in einem unmittelbaren und erschütternden Erlebnis zum Bewußtsein bringt, führt die Selbsterkenntnis mehr allmählich zu Einsichten in das Negative des eigenen Wesens. Vor allen Schritten in die übersinnliche Welt, von denen einige im zweiten Teil geschildert werden, steht die Begegnung mit dem Doppelgänger, der dann zum «Hüter der Schwelle» wird.[51]

Im Rahmen der Selbsterkenntnis sollte man sich bei seinen Urteilen fragen, inwiefern bei ihrer Entstehung Sympathie oder Antipathie bestimmend tätig waren. Das eigene Handeln, so ist weiter zu erkennen, kann nach *Steiner* auch mit «esoterischen Gründen» motiviert werden, obwohl es nur der Verwirklichung von egoistischen Antrieben dient. Mit einer solchen «Selbstrecht-fertigung» deckt man u. U. sogar das zu, was «in den Untergrün-den des animalischen Lebens wühlt und waltet»; im Traum wird man dann vielleicht von wilden Tieren verfolgt. Auch in diesem Sinn regt Steiner die Deutung von Träumen an, die zur Selbster-kenntnis beitragen können.[52] Man wird dabei entdecken, daß eine Beimischung solcher Antriebe in einem gewissen Ausmaß zum bisherigen Seelenleben dazugehörte; das Durchschauen dieser Situation hilft bei ihrer allmählichen Überwindung mit.

Als Hilfe für die Schulung der Selbsterkenntnis sowie des Er-kennens überhaupt bietet sich wieder die Rückschau auf den Tag an, die nun nicht Erlebnisrückschau, sondern *Besinnungsrückschau* wird. Bei dieser Rückschau, mit der man bei gesunder Entwick-lung schon im Jahrsiebt 21–28 beginnen sollte, versucht man am Abend die Erlebnisse des Tages gedanklich zu verarbeiten. Dabei entdeckt man, daß Sympathie und Antipathie zu Erkenntnisorga-nen werden können. *Sympathie* einem Menschen gegenüber kann die Frage anregen: Möchte ich von diesem sympathischen Men-schen nur mich selbst bestätigt finden, oder kann die Sympathie zu einer echten Partnerschaft führen? Und aus der *Antipathie* ge-genüber einem Menschen kann die Frage entstehen: Hat nicht gerade dieser Mensch Eigenschaften, die mir abgehen und die unterbewußt meinen Neid erregen? Ist das die Ursache meiner Antipathie? Oder liegt die Ursache darin, daß der andere mir eine negative Eigenschaft vor Augen führt, die ich selbst auch habe, ohne mich zu ihr zu bekennen?

Im Überblick auf bisher gemachte Erfahrungen im Leben kann man zu der grundlegenden Frage vordringen: Was verdanke ich auf meinem bisherigen Lebensweg andern Menschen? Eine sol-che Rückschau hilft dabei mit, daß man bei der Selbsterkenntnis nicht in sich selbst versinkt.[53]

Die Entwicklung der Verstandes-Gemütsseele kann außerdem durch eine spezielle Übung gefördert werden.[38] Es handelt sich um die Übung des Für und Wider. Wenn man vor einer Handlung durch den abwägenden Verstand das Für und Wider, das Ja oder

Nein zu dieser Handlung bedenkt, so stärkt man das denkende Ich, das sich nicht mehr vom Astralleib treiben lassen will.

Beim Rückblick vom Gipfel der Lebensmitte ist es besonders wichtig, die Versäumnisse bei der Entwicklung der bis dahin geborenen Wesensglieder ins Bewußtsein zu heben und mit dem Nachholen zu beginnen. Dabei sollte dies im Stil der inzwischen erreichten Altersstufe geschehen, deren neues Bewußtsein auch bei einer Unterentwicklung der Bewußtseinsseele zu berücksichtigen ist. Das Wecken von Interessen und Empfindungen z. B. kann sich daher nicht in der Art des dritten Jahrsiebts vollziehen, sondern mehr im Rahmen einer Selbsterziehung, zu der u. U. allerdings angeregt werden muß. Mehr als früher sollte sich auch die wieder aufgegriffene seelische Entwicklung früherer Jahrsiebte im Lichte der Bewußtseinsseele vollziehen.

Bei der *Krise der Lebensmitte* ist es manchmal notwendig, erst zum Grund der Mißstimmung und Depression, der Vereinsamung und der Angst vor dem Tod durchzustoßen. Wie bei der dumpf drängenden Empfindungsseele muß man hier erst Fragen entwickeln lernen, diesmal aber mehr in Richtung «Selbsterkenntnis». Die Fragen zielen jetzt weniger nach dem Sinn als nach dem *Wert* des bisherigen Lebens. Weitergeführt wird aus der Wert-Frage eine Wesens-Frage: Was war wesentlich in meinem bisherigen Leben? Wird zu wenig Wesentliches entdeckt, kann der Wille der Bewußtseinsseele durch den Vorsatz angesprochen werden, in der oder jener Hinsicht wesentlicher zu leben. Die abendliche Übung der Besinnungsrückschau, die – wie die Erlebnisrückschau – beim Nachholen wichtig ist, kann nun durch die *Wesensrückschau* ergänzt werden. Bei der Rückschau auf den Tag fragt man sich dabei: Was war wesentlich an diesem Tag, wo leuchtet Allgemeingültiges, Geistiges aus meinen Erlebnissen auf? Eine willenshafte Vorsatzbildung kann am Morgen – am Abend u. U. schon vorbereitet – im Rahmen einer Vorschau auf den kommenden Tag an jede Art der Rückschau anknüpfen.

Am stärksten wird der Wille in der *Rückschauübung des anthropo-*

sophischen Schulungsweges tätig. Man läßt bei dieser Übung vor
dem Einschlafen (am besten im Sitzen) die Ereignisse des Tages
während einiger Minuten rückwärts an sich vorbeiziehen, so daß
man, beim Abend beginnend, zuletzt beim Morgen anlangt. Bei
dieser Art von Rückschau sollte man nicht bei den einzelnen Ereig-
nissen verweilen, sondern sie so an sich vorbeiziehen lassen, als
wären es fremde; sich selbst sollte man dabei in den Bildern wahrnehmen lernen.[37] Man aktiviert auf diese Weise nicht nur vom
Willen aus sein Vorstellungsleben, man lernt zugleich die Distan-
zierung von seinen Tageserlebnissen. Das ist eine wichtige Voraussetzung dafür, daß man sich aus einem neuen Bewußtsein heraus mit ihrem wesentlichen Gehalt verbinden kann.

Die Aktivierung des Vorstellungsprozesses ist außerdem eine
Vorbedingung für die Entwicklung des erwähnten schöpferischen *Vordenkens*. Man kann es direkt üben, indem man einen Gegenstand der Außenwelt in der Vorstellung entstehen läßt. Hier
knüpft der erste Teil der *Samenkornübung* an, bei der man «in der
Phantasie» aus einem Samenkorn, das man in der Hand hält, die
Pflanze vor sich aufwachsen sieht.[54] Auch kann man nach einer
entsprechenden Lektüre versuchen, ein Kapitel, eine Stelle aus
dem Wesentlichen des Inhaltes, ohne auf Einzelheiten des Textes
einzugehen, neu entstehen zu lassen. Am Text sollte man dann das
Entstandene kontrollieren – und wird dabei zunächst Lücken und
Fehler entdecken. Bei den Mitteilungen Steiners aus übersinnlicher Forschung wird man feststellen, daß man diese im Nachdenken verfolgen, verarbeiten und einsehen, jedoch nicht ohne eigene
Forschung selbst erzeugen kann.

Den Kern des Lebens der Bewußtseinsseele bildet die *Meditation*. Bei ihr wird – nun ganz vom bewußten Willen aus – nochmals die Richtung von der Seelenperipherie zum Zentrum ein-
geschlagen. Man wendet sich von der Außenwelt ab und dem
Zentrum seines Seelenlebens zu. Die Vorstellungen werden nicht
mehr bewegt oder hervorgebracht, es wird vielmehr eine Vorstellung in das Zentrum der Seele gestellt, auf die man sich denkend
und empfindend konzentriert. Damit sie nicht zwingend wird,

«wischt» man sie zwischendurch wieder aus. Besonders angesprochen wird das Herz als Ich-Organ, wenn die Vorstellung der
Wärme als Sinnbild für die Liebe gebildet und meditiert wird.
Solche Vorstellungen sollten «Erzieher für die Seele» sein.[33] Insbesondere hilft eine solche Übung der «Ich-Seele», der Bewußtseinsseele bei ihrer Entwicklung.

Vor allem beim Meditieren kann erlebt werden, daß die im
Herzen wurzelnde Bewußtseinsseele primär nicht durch das Erkennen, sondern durch die *Andacht* erzogen wird.[55] In der Andacht gibt sich der Wille an das Höhere hin, in der tätigen Andacht
der Meditation wird er zugleich aktiv. Mit dem Willen verbindet
sich das Andachtsgefühl. Durch die meditierte Vorstellung und
die Konzentration beim Vorstellen wirkt jedoch auch das Denken
mit, das schon sprachlich durch die Silbe «dacht» im Wort «Andacht» zum Ausdruck kommt. Wie bei der Liebe, so vereinigen
sich auch bei der Andacht alle Seelenkräfte im Zentrum der Seele,
dessen Verbindung mit dem höheren Ich sich dadurch intensi-
viert.

Menschheitlicher Hintergrund

In der Seelenhaltung der Andacht kann man sich, die geistigen
Hilfen für die Bewußtseinsseele überblickend, nochmals dem
menschheitlichen Hintergrund zuwenden. Man entdeckt, daß
man in ihm nicht nur den Hintergrund für die seelische Entwicklung des Menschen hat, man entdeckt auch die Quelle, aus der ihr
letzten Endes alle Hilfen zuströmen. Nach dem Überschreiten des
Zeitpunktes, an dem die Menschheit noch durch ihre natürliche
Entwicklung 35 Jahre alt werden konnte, begann, wie geschildert
wurde, der zurückwandernde Zeitpunkt des Stillstandes in den
Schatten des Leibes einzutauchen. Die Situation entstand, in der
die seelische Entwicklung vom Leib nicht mehr getragen, sondern überwältigt zu werden drohte. In der Zeit, als die natürliche

Entwicklung der Menschheit nur noch bis zum 33. Jahr ging, war deshalb bei vielen Menschen die lebendige Beziehung zur göttlichen Welt schon verlorengegangen; Materialismus und Atheismus begannen im Lebenslauf Wurzel zu schlagen. In dieser Zeit – zu Beginn unserer Zeitrechnung – schuf *Christus* im Alter von 33 Jahren durch sein Opfer auf Golgatha die Voraussetzung dafür, daß sich der Mensch neu mit der göttlichen Welt verbinden und aus dieser Verbindung die Kraft schöpfen kann, seine seelisch-geistige Entwicklung vom Ich aus weiter zu führen. Steiner bekennt zu diesem Resultat seiner Geistesforschung, daß er «wenig Momente von solcher Ergriffenheit gehabt habe... wie diesen», wo der oben angedeutete Zusammenhang in ihm aufgestiegen sei.[42]

Vor dem Opfer des Gottessohnes mit 33 Jahren fand drei Jahre zuvor bei der Jordantaufe seine Geburt im Jesusleben statt, aus Jesus wurde Jesus-Christus. In den Jahren 28–35 des menschlichen Lebenslaufes ist daher nicht nur eine Spiegelung der griechisch-römischen Kulturperiode zu erkennen. Innerhalb des Jahrsiebts 28–35 kann man – in den drei Jahren 30–33 – eine Spiegelung der drei Jahre des Christuslebens sehen. Die drei Jahrsiebte der seelischen Entwicklung des Menschen 21–42 stehen, wie oben schon erwähnt, im Zeichen der Sonne. In der Mitte des mittleren Jahrsiebts dieser Periode liegen die Jahre 30–33, liegt das Zentrum, das «Herz» dieser Entwicklung. In jener Zeit kann sich der Mensch besonders mit dem Sonnenwesen des Christus verbunden wissen, um später zu erkennen, daß das Aufleuchten des Göttlichen aus seiner Bewußtseinsseele in diesem göttlichen Sonnenwesen seinen Ursprung hat.[56]

Rückblick und Ausblick

Folgendes *Bild* kann sich im Rückblick auf die seelische Entwicklung ergeben: Die Empfindungsseele ist mit dem Blattstadium einer Pflanze zu vergleichen. Wie die Pflanze durch ihre Blätter, so öffnet sich das Seelenleben durch die Empfindungsseele für die Welt und baut sich wie die Pflanze aus ihr auf. Die sich verinnerlichende Verstandes-Gemütsseele entspricht im Leben der Pflanze der Blütenknospen- und Kelchbildung. Die Bewußtseinsseele, die sich dem Geist aufschließt und von der aus der Geist in die Welt hinauswirkt, kann mit der lichten Pflanzenblüte verglichen werden, die sich unmittelbar der Sonne öffnet und ihr Licht zurückstrahlt. Aber auch in diesem Stadium braucht die Pflanze weiter ihre Blätter, ihre neue Knospenbildung, ohne sie würde sie am Sonnenlicht verdorren. Das kann ein Bild für die schon erwähnte Tatsache im Lebenslauf sein, daß die beiden, vor der Bewußtseinsseele entwickelten Seelenglieder weiterhin wichtig für das Leben der Bewußtseinsseele sind.

Jung bleiben kann der Mensch nicht, aber er kann sich immer wieder verjüngen, indem er auf dem Weg zum Geist Kräfte aus den Wesensgliedern seiner früheren Jahrsiebte schöpft; dabei kann er bis in den Empfindungsleib, den Ätherleib und den physischen Leib zurücktauchen. In diesem Sinn ist auch das Wort *Goethes* von den «wiederholten Pubertäten» im menschlichen Leben zu verstehen.[57] Der Mensch muß dann nur die aus früheren Lebensstufen stammenden Kräfte gemäß der Lebensstufe der Bewußtseinsseele verwandeln, so daß sie der weiteren geistigen Entwicklung dienen können. Auf diesem Weg kann der Mensch «sein ganzes Leben hindurch ein Lernender, ein vom Leben Lernender sein».[14] Und nur auf diesem Weg der Verjüngung durch den Geist kann ihm eine lebendige, dem Leben dienende Altersweisheit reifen.

Nach dem Erblühen der seelischen Entwicklung in der Bewußtseinsseele will die Blüte Frucht tragen. In Verbindung mit dem vorherrschenden Aufbau in der ersten Lebenshälfte bis zur Geburt der Bewußtseinsseele überwog – am meisten in der Kindheit – das Aufnehmen aus der Welt. Von der zweiten Lebenshälfte an kann das, was der Mensch der Welt zurückgibt, was aus Wesen und Werk von ihm ausstrahlt, immer mehr das Aufnehmen aus der Welt überwiegen. Dabei will sich sein innerstes Wesen, wie es mit der Bewußtseinsseele in Erscheinung tritt, mit dem Wesen der Welt verbinden. Durch das Wesen spricht der Geist. Nach der Entwicklung der Bewußtseinsseele, die sich ungefähr bis zum 42. Jahr vollzieht, beginnt die weitere geistige Entwicklung von der seelischen sich abzuheben. Das durch die Bewußtseinsseele Errungene, Wesentliche eines Menschen will nun für die Welt fruchtbar werden. So wie sich die seelische Entwicklung im Jahrsiebt des Empfindungsleibes vorbereitet hatte, so bereitet sich im Jahrsiebt der Bewußtseinsseele die selbständige geistige Entwicklung vor.

Geistige Schulung und Seelenglieder

Wie wir sahen, ist die sich entwickelnde Seele auf dem Weg zum Geist. Lebendigen Geist, der in der Seele leben kann, sollte indirekt schon die Schule vermitteln. Vom Beginn der Selbsterziehung an kann der sich schulende Geist direkt auf die seelische Entwicklung einwirken. Das eigene, aus dem Denken kommende Urteilen, das nicht nur Ausdruck von Begehren oder Gefühl ist, macht den Weg für die geistige Schulung frei. Dieser Weg, der schon durch ein lebendiges Studium beschritten wird, kann den ganzen weiteren Lebensweg des Menschen begleiten. Er kann immer neu den Lebenslauf mit dem Geist verbinden, bewußter und wirksamer, als wenn dies dem Leben überlassen wird. Dadurch erwachsen wesentliche Hilfen für die seelische Entwicklung. Der geistige Schulungsweg bedarf jedoch zugleich dieser Entwicklung als seiner Grundlage. In Verbindung mit dem irdischen Lebenslauf und seinen Rhythmen entsteht so ein Lebenslauf der geistigen Schulung. Es ergibt sich die Frage: Inwiefern wird die geistige Schulung durch die Stufen der seelischen Entwicklung getragen? Zur Beantwortung dieser Frage soll im folgenden ein Beitrag gegeben werden.

Empfindungsseele und geistige Schulung

Das erste Erfassen geisteswissenschaftlicher Inhalte erfolgt durch das urteilende Verstehen, das schon im Jahrsiebt des *Empfindungs-*

leibes entwickelt wurde; durch die *Empfindungsseele* wird die lebendige Aufnahme im Seelenleben eingeleitet. Am Anfang des Empfindens steht das *Staunen*, in dem sich die ganze Seele öffnen kann. Ohne Staunen am Anfang besteht die Gefahr, daß die verstandesmäßig aufgefaßten geistigen Inhalte im Kopf steckenbleiben. Nach dem Staunen kann sich das Gefühl der *Ehrfurcht* solchen Inhalten gegenüber einstellen. Dieses Gefühl schützt vor dem intellektuellen Hochmut, der das einseitige, ständig zunehmende Kopfwissen begleiten kann. Indem man sich dabei über den andern Menschen erhebt, schneidet man sich selbst die weitere Entwicklung ab, man entwickelt «dann nur noch den Scharfsinn». Hier hilft nach dem Staunen die Pflege der Ehrfurcht weiter.[58] Die Quelle zu beiden, die der Mensch seiner Kindheit verdankt, muß jetzt neu aufgesucht, u. U. neu erschlossen werden.

Am Anfang geistiger Schulung steht also ein differenziertes Empfindungsleben, das in seiner Dynamik bis in die Kindheit zurückweist. «Der Mensch muß gewissermaßen die Frische und Munterkeit des Kindesalters für die übersinnliche Anschauung mitbringen.»[59] Und erlebt nicht das eben geborene Ich der Empfindungsseele eine zweite Kindheit schon bei seinen ersten Schritten in der neu empfundenen irdischen Welt? Das wiederholt sich auf dem Schulungsweg. Wie das Kind das schon mehrere Male Gehörte – z. B. beim Märchenerzählen – jedesmal neu und frisch erlebt, so kann man als Geistesschüler auch das Bekannte immer wieder neu in sich aufzunehmen versuchen und dabei Staunen und Ehrfurcht entwickeln.

Eine solche Einstellung hilft dem urteilenden Denken, sich von Vorurteilen frei zu halten und so die «unbefangene Empfänglichkeit» auszubilden, eine der schon zitierten sechs Vorübungen (s. S. 141). Dabei wird von den Eindrücken der erlebenden Empfindungsseele ausgegangen. «Von jedem Luftzug, von jedem Baumblatt, von jedem Lallen eines Kindes» kann man Neues lernen, wenn man bereit ist, «neue Gesichtspunkte» anzuwenden. Dann sollten auf die andere Waagschale die «Erfahrungen der Vergangenheit» gelegt werden.[37] Bei den Erfahrungen der Vergangenheit wird in einem zweiten Schritt der Verstand des nächsten Seelengliedes aktiv, der das gegenwärtig Erlebte an vergangenen Erlebnissen messen und abwägend einordnen sollte. Diese Forderung mag mit ein Grund dafür sein, daß die Übung in dieser Gestalt erst als fünfte der Vorübungen erscheint. Am Anfang steht jedoch immer das unbefangene Aufnehmen durch die Empfindungsseele.

Bei der vergleichenden Prüfung der aufgenommenen geisteswissenschaftlichen Inhalte durch den Verstand kann man auf Widersprüche stoßen, die bei Steiner in dieser Form nicht selten sind. Kann man den Widerspruch zunächst nicht auflösen, so sollte man auch hierbei versuchen, unbefangen das widersprüchliche Neue in sein Erleben aufzunehmen. Man wird dann später entdecken, daß man hier einen andern Aspekt des Gegenstandes vor sich hat, der etwas Neues von seinem Wesen aussagen kann. Das tastend-fragende Leben der Empfindungsseele, welches das noch nicht Verstandene in sich aufnimmt, hilft dabei mit, daß aus ihm kein Dogma wird. Zum ersten wachen Wahrnehmen durch den Verstand muß das weniger bewußte, vermittelnde Leben der Empfindungsseele treten, das den Geistesschüler für neue Aspekte, schließlich für das umfassendere Erkennen des Gegenstandes offenhält.

Schon in pädagogischen Zusammenhängen hat Steiner auf die Bedeutung des Unverstandenen hingewiesen. Das Kind in der Schule soll gar nicht gleich alles ganz verstehen, dafür wird es erst später reif werden.[60] Das gilt im übertragenen Sinn auch für den Geistesschüler. In den unterbewußten Tiefen der Empfindungsseele liegt das noch nicht voll Verstandene wie ein Keim, der später zu einer Frucht tragenden Pflanze auswächst. Würde jeder Keim gleich «verstanden», «verdaut», so würde manches in der seelischen Entwicklung nicht zum Blühen und Fruchten kommen.

Damit sich dieses Leben entfalten kann, muß allerdings das Aufgenommene selbst Leben in sich tragen. Manche abstrakt bleibenden Begriffe gleichen imitierten Samenkörnern aus

Kunststoff, die niemals keimen können. Andererseits muß der Boden für den Keim ein beackerter, lebendiger Boden sein, der auch nach der Jugend noch für die Aufnahme der Saat gepflegt wird. In diesem Sinn betonte Steiner die Bedeutung der Empfindungsseele für den Schulungsweg auch da, wo er sie nicht direkt nannte. So schrieb er in seinen «Briefen an die Mitglieder»: «Wer sich mit der Schönheit, Größe und Erhabenheit der Natur durchdringt, in dem werden diese zur Quelle der Geistempfindung.»[61] Durch die Bezeichnung «Geistempfindung» wird schon auf die Weiterentwicklung der Empfindungsseele in geistiger Richtung hingewiesen.

Wird das elementare Fühlen der Empfindungsseele vom Geist durchdrungen, so entsteht das Gefühl der *Begeisterung*. Löst sich dabei das Erkennen im Fühlen auf, so kommt es zum begeisterten *Schwärmen*, das gleichgestimmte Menschen in sektiererischen Gruppierungen miteinander verbinden kann. Ein solcher ausufernder Sympathieprozeß erregt bei andern Menschen leicht Antipathie, die menschliche Begegnung bleibt damit auf der seelischen Ebene und kann sich nicht zur geistigen erheben. Eine feinere Art des Rausches kann daraus entstehen, die eine Gefahr auf dem geistigen Schulungsweg darstellt. Gegenüber dem hierbei immer wieder aufflackernden Strohfeuer ist die wahre Begeisterung einer stillen, erleuchtenden und wärmenden Flamme zu vergleichen, die dazu beiträgt, daß auch das Unverstandene in den Untergründen des Seelenlebens wachsen und reifen kann.

Verstandes-Gemütsseele und geistige Schulung

Schon beim ersten verstehenden Erfassen sollte die geisteswissenschaftliche Mitteilung genau wahrgenommen und nach-gedacht werden, so wie sie geschrieben oder gesprochen wurde, jede Nuance der Darstellung ist dabei wichtig; das Streben der Verstandes-Gemütsseele nach Wahrheit beginnt bei der Aufnahme des

Mitgeteilten. Dann geht, von der Empfindungsseele nach innen vermittelt, das *Nachdenken* weiter, führt zu der geschilderten Begegnung mit den Erfahrungen der Vergangenheit und wird, im Gemüt bewegt und festgehalten, zum *Nachsinnen*, dem sich erste größere Zusammenhänge erschließen. Solche Tätigkeiten der Verstandes-Gemütsseele meinte Steiner, wenn er immer wieder auf den «gesunden Menschenverstand» hinwies, durch den jeder Mensch die Mitteilungen des Geistesforschers verstehen könne. Genauer ausgedrückt ist es «der unbefangene, gesunde Menschenverstand, der nur tief genug in die Seele hineinschürfen muß».[62]

Schon beim ersten Teil dieser Aussage erhebt sich die Frage: Ist unser heutiger Verstand noch unbefangen? Muß nicht gerade diese Eigenschaft, wie die oben angeführte Übung zeigt, erst errungen werden? Und wie steht es mit der Gesundheit des Verstandes? Mit Recht weist G. *Kühlewind* darauf hin, daß heute noch weniger als zu Lebzeiten Steiners der Verstand gesund ist.[63] Er zitiert Ausführungen Steiners, aus denen hervorgeht, daß auch damals schon Einschränkungen gemacht werden mußten. Diese gipfeln in der Feststellung: Das Denken, das an das Gehirn gebunden ist, kann geisteswissenschaftliche Mitteilungen nicht verstehen.[64] Das Fazit, von Steiner gezogen, ist: «Dieser Menschenverstand, der muß heute erst mit Mühe erworben werden.»[65]

Das Problem des gesunden Menschenverstandes ist im Zusammenhang mit der menschheitlichen Krise des 27. Jahres zu sehen, die zunächst, wie gezeigt wurde, vor allem eine Entwicklungsstörung der Verstandes-Gemütsseele nach sich zieht. Erst durch eine neue Aktivität des Ich kann sich die seelische Entwicklung von dem im vierten und fünften Jahrsiebt sich konsolidierenden, später dem überwiegenden Abbau unterworfenen Leibe lösen. Das betrifft auch das Denken, das, wenn es sich nicht vom Leibe löst, zuletzt dessen Abbau und Zerfall mitmacht. Als einseitig *analysierendes Denken*, dem die Welt in lauter Einzelheiten «zerfällt», ist es nicht mehr gesund. Ein solcher atomistisch gewordener, kranker Verstand ohne das Verantwortungsgefühl des Gemütes hat dazu geführt, daß der Zerfall des Atoms, für die Energiegewinnung benützt, heute zur tödlichen Bedrohung allen Lebens auf der Erde geworden ist. Daran ist abzulesen, daß die Wiedergewinnung des gesunden Menschenverstandes nicht nur für den geistigen Schulungsweg und für die seelische Entwicklung des einzelnen Menschen, sondern auch für das Leben der ganzen Menschheit und der Erde eine wichtige Voraussetzung darstellt. Allerdings kann sich auch diese Wiedergewinnung nur im Licht der Bewußtseinsseele vollziehen. Überwunden werden kann der Zerfall des Denkens nur durch das *synthetisierende Vordenken* der sich entwickelnden Bewußtseinsseele, das von den Einzelheiten zum Erkennen des Wesens fortschreitet.

Die Wiedergewinnung des gesunden Menschenverstandes, die durch das Üben der Unbefangenheit eingeleitet wird, erhält eine weitere Hilfe durch die «neuen Begriffe» der Geisteswissenschaft Rudolf Steiners, doch müssen diese nachgebildet, meditativ angeeignet werden.[63] Der gesunde Menschenverstand muß, wie es oben heißt, beim Verstehen «tief genug in die Seele hineinschürfen». Dem Hineinschürfen des ringenden Denkens antwortet zunächst das *Gemüt*. Wir gelangen damit in den Innenraum der Verstandes-Gemütsseele, in dem die meditative Aneignung des Aufgenommenen beginnt und von wo aus auch eine Vertiefung der Kontakte zum sozialen Leben möglich wird. Immer wieder wird daher von Steiner im Zusammenhang mit dem anthroposophischen Erkenntnisweg das Gemüt beschworen. «Anerkennen kann Anthroposophie nur derjenige, der in ihr findet, was er aus seinem Gemüt heraus suchen muß.»[66] Auch durch ihre Gemütskomponente spielt die Verstandes-Gemütsseele so eine wichtige Rolle beim geistigen Schulungsweg.

Nach der Entwicklung von Staunen und Ehrfurcht bei der Aufnahme geisteswissenschaftlicher Inhalte, die den Vorübungen für Denken, Wollen und Fühlen parallel geht, ergibt sich als dritte Stufe der Vorbereitung, daß man sich «in weisheitsvollem Einklang... mit den Weltgesetzen» fühlt.[58] Das Gesetzmäßige, das der Verstand erkennt, vereinigt sich in der Verstandes-Gemütsseele mit dem Fühlen, das den Menschen die weisheitsvolle Verbindung mit der Welt erleben läßt. Das Licht der Bewußtseinsseele, das schon über dem bewußten Üben des bisherigen Schulungsweges lag, verdichtet sich in der Gemütsseele zur gefühlten Weisheit. Das kann eine weitere Steigerung erfahren, wenn die Weisheit im Sinnbild des Lichtes meditiert wird.[33] Bei einem solchen Meditieren wird, wie wir sahen, schon die Bewußtseinsseele tätig, doch ist jede Meditation zunächst «beschauliches Nachdenken»[36], das sich in der Verstandes-Gemütsseele vollzieht. Der seelische Innenraum für die Meditation wird von der Verstandes-Gemütsseele errichtet. Die meditative Bewegung und Konzentration in diesem Raum beginnt im sinnenden Gemüt und vergeistigt sich in der Bewußtseinsseele. Der Verstand wacht darüber – oder sollte darüber wachen –, daß kein ungesundes mystisches Element Einlaß findet.

Tritt dies trotzdem ein, so kommt es zunächst zu dem geschilderten Schwärmen einer sich steigernden Empfindungsseele, das die geistige Schulung behindert. Auch das Stehenbleiben und die Rückentwicklung der voll ausgebildeten Verstandes-Gemütsseele mit ihrem Leerlauf des Denkens, des Gemütes stellt naturgemäß ein Hindernis auf dem Schulungsweg dar. Nach der Geburt der Bewußtseinsseele droht infolge der Unter- oder Rückentwicklung der Verstandes-Gemütsseele und Empfindungsseele das ebenfalls schon erörterte «Verdorren» des Seelenlebens, in ihm bleibt auch der Schulungsweg stecken. Ist nur die Verstandes-Gemütsseele unterentwickelt, so können sich in der schwärmenden Empfindungsseele auch geistige Erlebnisse einstellen, von denen das Ich überwältigt wird. Geistige Erlebnisse, die nicht von einem gesund urteilenden Denken verarbeitet, von gemüthafter Verinnerlichung aufgefangen werden, wirken verwirrend auf das Seelenleben, sie können bei entsprechender Veranlagung sogar eine Psychose auslösen. Statt dem «Verdorren» erlebt man dann die Auflösung des Seelenlebens. Daraus erhellt noch einmal die Bedeutung, die eine gut ausgebildete Verstandes-Gemütsseele für den geistigen Schulungsweg hat. –

Auf dem Weg zur *Wesenserkenntnis* ergibt sich im Leben der Verstandes-Gemütsseele eine weitere Stufe. Die besprochene Anwendung verschiedener Gesichtspunkte und Aspekte leitet diesmal auf denkerischem Gebiet zur Bewußtseinsseele über. Um eine umfassende Anschauung von einem Baum zu erhalten, kann ich diesen «von den verschiedensten Seiten photographieren», und «je mehr Photographien ich habe, desto eher werde ich der Wirklichkeit des Baumes nahe kommen mit meiner Vorstellung». Die verschiedenen Ansichten des Baumes darf man jedoch nicht auf einer Platte übereinander photographieren. Man muß «die Aspekte auseinanderhalten», sonst verschwimmen Begriffe und Vorstellungen.[67] Das notwendige Auseinanderhalten der Aspekte besorgt der Verstand der Verstandes-Gemütsseele, der sie miteinander vergleichen und sie immer neu auf den Gegenstand beziehen kann. Das Ich kann sie nacheinander in den Mittelpunkt des Bewußtseins ziehen und wesentliche Gedanken mit ihnen verbinden. Dabei wirkt schon die sich regende Bewußtseinsseele mit.

Bewußtseinsseele und geistige Schulung

Die Bedeutung der Bewußtseinsseele für die geistige Schulung erlebt man bereits, wenn man bei der oben geschilderten Vorbereitung und Einleitung dieser Schulung stehenbleibt. Man pflegt das Nachdenken der geistigen Inhalte, man bewegt sie in seinem Gemüt – und spürt dann die drängende Wirklichkeit des Geistes. Man hat die verschiedenen Aspekte des Gegenstandes gepflegt – aber «in der Mitte» dieser Aspekte lebt doch sein Wesen, das man erkennen will! Der Begriff deutete schon darauf hin, die Idee tastete schon nach ihm. Dann kann eine Steigerung des bisher mehr oder weniger schattenhaften Erkennens eintreten. Es gehört zu den *Evidenzerlebnissen* der Bewußtseinsseele, wenn nun im «Zentrum» der verschiedenen Aspekte etwas vom Wesen des Gegenstandes bewußt wird – wie ein Blitz oder wie ein erster Schimmer. Die Empfindung stellt sich ein: Das ist die Wirklichkeit, die wahre Wirklichkeit dieses Gegenstandes! Das Vordenken, das zunächst von den Aspekten ausging, bekommt jetzt mehr Sicherheit, es kann mehr als zuvor vom Wesen aus den Gegenstand neu erstehen lassen. Aus einer solchen Wesensoffenbarung, die sich bis zur imaginativen Schau steigerte, konzipierte *Goethe* seine *Urpflanze*, wobei er im Sinn des Vordenkens überzeugt war, man könne von ihr aus «noch Pflanzen ins Unendliche erfinden, die konsequent sein müssen».[68]

Damit ist nicht ein mystisch-gefühlshaftes Erleben gemeint, das aus einem herabgedämpften Bewußtsein hervorgeht. Es handelt sich vielmehr um ein Erleben durch das lebendig gewordene Denken, dessen Bewußtsein sich gesteigert hat. In seiner «Philosophie der Freiheit» bezeichnet Steiner die Form, durch die «der Gedankeninhalt im Innern» auftritt, als «Intuition». «Diese Intuition kann in demjenigen Erleben, das im Denken sich ausgestaltet, in tiefere oder weniger tiefe Untergründe der Wirklichkeit tauchen.»[69] Damit wird auf verschiedene *Stufen* der gedanklich-intuitiven Tätigkeit hingewiesen.

Bei jeder intuitiven Tätigkeit wird der Wille im Denken schöpferisch und führt schließlich zum Erleben der Evidenz. Dieses Erlebnis kann jedoch nicht erzwungen werden, der Wille kann nur die Bedingungen für seine Entstehung schaffen. Bei der Evidenz handelt es sich um die höchste Stufe der gedanklich-intuitiven Tätigkeit, die zum reinsten Einleuchten der Intuition im Denken führt. Die «Charakteristik der Intuition ist zugleich eine solche der Evidenz, der Einsichtigkeit und Durchsichtigkeit» (*H. Witzenmann*).[70]

Schon beim Erarbeiten geisteswissenschaftlicher Inhalte kann ein Schimmer von diesem Licht der Bewußtseinsseele im Geistesschüler aufleuchten. Und schon bei einer solchen oder anderen «*Berührung* der Seele mit der übersinnlichen Welt» können «aus den Fluten des Seelenlebens» *Bilder* aufsteigen, die «ganz von der Seele selbst gewoben» sind. Sie sind «wie ein Vorhang, welchen sich die Seele vor die übersinnliche Welt hinstellt, wenn sie sich von derselben berührt fühlt».[71] Die «Substanz» dieser Bilder wird von den Bildekräften des Ätherleibes geliefert, die wir beim «höheren Schauen» unserem physischen Leib entziehen.[72] Nicht nur der physische Leib, auch dessen Bildekräfte können der Seele Schutz bieten. Vor der Überwältigung durch die geistigen Erlebnisse schützt sie der «Vorhang» der Bilder.[73]

Einen anderen Aspekt hebt *P. E. Schiller* hervor: «Das rein geistige Erleben ist in dem Schüler durchaus vorhanden, doch sind seine Fähigkeiten noch nicht soweit entwickelt, um es in seiner rein geistigen Form erleben zu können. Für ihn tritt zunächst das aus Vorstellungen des gewöhnlichen Seelenlebens bestehende, mit Farben, Formen, Bewegungen durchzogene Bild allein im Bewußtsein auf.» Dahinter weiß man die geistige Wirklichkeit, von der durch die gedanklich-intuitive Tätigkeit schon etwas in der Seele aufgeleuchtet war. Reicher als damals, wenn auch zugleich verhüllter, drückt sie sich nun in Bildern aus. Davon ist die rein geistige Schau der imaginativen Verwandlungsprozesse durch den Geistesforscher zu unterscheiden, die dann von ihm mit Hilfe von Vorstellungen aus der Sinneswelt im «imaginativen Abbild» geschildert wird.[74]

Auch auf dem Weg zum «imaginativen Hellsehen» ergeben sich also Stufen, die zum Schwellenübertritt in die geistige Welt hinführen, «erste Schritte zur imaginativen Erkenntnis» werden auf ihnen getan. Der Geistesschüler merkt dabei, daß die abstrakte Gedankenwelt «von einer innerlichen Lebendigkeit durchzogen wird».[75] Schon wenn man versucht, die Begriffe der Geisteswissenschaft zu Bildern werden zu lassen, wenn man nicht die übliche, sondern die «reale Phantasie» betätigt, ist man auf diesem Weg. Dabei tröstet Steiner: «Wenn auch die Bilder zuerst falsch sind, so schadet das nichts. Sie werden berichtigt werden durch die, die uns leiten.»[76] Das befreit natürlich nicht von der Verpflichtung, den Mut zum Bild mit der größtmöglichen Exaktheit und Wahrheit der Bilder zu verbinden.

Weisheit, zum Bilde verwandelt, wirkt heilend. Die Imagination, durch Kräfte des Ätherleibes aufgebaut, kehrt zu ihrem Ursprung zurück, sie «dringt bis in den *Ätherleib* hinein», der die Gesundheit vermittelt.[76] Hinter dem süchtigen Bildhunger des modernen Menschen, der seine bequeme Befriedigung im Rausch sucht, kann der Hunger nach Imagination leben als der ersten Ausdrucksform, durch welche die zutiefst ersehnte geistige Welt dem Menschen der Gegenwart etwas von ihrer Fülle mitteilen kann. Schon durch die Bilder auf dem Weg zur Imagination, selbst gebildet oder durch die Kunst vermittelt, kann jener krankhafte Hunger in einer heilsamen Form gestillt werden; allerdings ist dazu eine gesteigerte geistige Aktivität und Wachheit notwendig.

In den imaginativen Bildern wird zuerst die eigene «Innenwelt» geschaut, durch die sich Geistiges kundtut. Später empfängt man «Bilder des Kosmos».[75] H. *Poppelbaum* nannte solche Bilder «ätherische Wahrbilder».[77] Ihnen gegenüber stellt sich ein «ungeheuer starkes, subjektives Glücksgefühl ein», «das sich durch die Steigerung der inneren Aktivität, durch das aktive Erleben der eigenen Persönlichkeit» ergibt.[78] Hinzu kommt das Lustgefühl, das jedes mit dem aufbauenden Ätherleib zusammenhängende Erlebnis begleitet.

Auf einer höheren Stufe steigert sich dieses Gefühl zu jenem befreienden Erlebnis, das sich einstellt, wenn die «Bilder des Kosmos» geschaut werden, wenn vom Ich-Punkt der Bewußtseinsseele aus die Ausweitung in den Welten-Äther, in die ätherische Welt erfolgt. Das zweidimensionale bildhafte Erleben, das sich tastend in dieser Welt entfaltet, darf die dritte Dimension des irdischen Raumes hinter sich lassen.[76] Der Gefahr eines neuen Hochmuts, den solche Gefühle mit sich bringen können, begegnet die strenge Forderung der Bewußtseinsseele, jederzeit sich dessen bewußt zu sein, daß es sich bei den imaginativen Bildern noch nicht um die geistige Wirklichkeit, sondern eben nur um Bilder von ihr handelt.

Vor dem Aufsteigen dieser Bilder jedoch, die schon ein erstes

Erleben der geistigen Welt eröffnen, muß – wie vor jeder neuen Entwicklungsstufe – ein *Verzicht* geleistet werden. Es ist der Verzicht auf die Sicherheit – nicht die Wachheit – der Vorstellungen und Begriffe, die sich in ihrem Sein auf die materielle Außenwelt stützen. Man muß jedoch im «Meer» des Ätherischen deshalb nicht ins passive Schwimmen geraten, man kann auch lernen, aktiv in ihm zu schwimmen. Statt der Sicherheit, die der Boden des Irdischen vermittelt, kann man durch geistige Aktivität und Bewußtheit eine neue Sicherheit erringen, bei der man sich vom Umkreis, von umfassenden geistigen Zusammenhängen getragen fühlt. –

Überblickt man den bisher skizzierten anthroposophischen Schulungsweg mit seiner meditativen Konzentration zum Ich-Punkt, in dem der Geist aufleuchtet, mit seiner «Ausweitung in den Weltenäther», seiner imaginativen Schau, so entdeckt man, daß dies zugleich der Weg der Bewußtseinsseele zum Geiste ist. Geistige Entwicklung und Entwicklung des Seelengliedes, die vorher in enger Beziehung zueinander standen, gehen jetzt ineinander über. Die Bewußtseinsseele, die durch den Geist sich entwickelt hat, dient zugleich der Verwirklichung des geistigen Schulungsweges. Dabei erfährt sie jedoch selbst eine Verwandlung. In einem Vortrags-Zyklus, in dem Steiner auf die Bedeutung der geistigen Entwicklung für den Menschen eingeht, schildert er am Schluß die *Verwandlung der Seelenglieder* durch die geistige Schulung.[79] Die erste Verwandlung, die der imaginativen Stufe des Schulungsweges entspricht, ist die Verwandlung der Bewußtseinsseele.

Verwandlung der Bewußtseinsseele

Damit die Ausweitung aus dem Ich-Punkt in die übersinnliche Welt stattfinden kann, muß dieser Punkt vorübergehend aufgegeben werden. Wendet sich der Geistesschüler nach der Schau wieder zur irdischen Welt zurück, so muß ihm das punktuelle Bewußtsein seines Erden-Ich erneut zur Verfügung stehen. Steiner spricht daher nicht von einer Auflösung des Ich beim Imaginieren, er formuliert vielmehr: «Das also, was Betonung des Ich ist, tritt zurück; dafür erfüllt sich die Bewußtseinsseele, die früher vorzugsweise zur Kultur des Ich gedient hat, allmählich mit dem, was wir die Imagination nennen.» Beim geistig sich entwickelnden Menschen «verwandelt sich die Bewußtseinsseele in die *Imaginationsseele*».[79]

Will der Mensch der Welt etwas davon mitteilen, was er geistig geschaut hat, so muß er dabei wieder vom Zentrum der Bewußtseinsseele ausgehen. Hat die Bewußtseinsseele die Verwandlung zur Imaginationsseele vollzogen, so kann sie sich nun auch anders für die irdische Welt öffnen. Der Ich-Punkt strahlt zugleich Geist aus, das Ich ist nun zu einer geistigen Sonne geworden. Das war beim Geistesforscher Rudolf Steiner zu erleben. Der Geistesschüler, der noch nicht soweit ist, erfährt dagegen an der menschlichen Umwelt die Grenzen seiner Bewußtseinsseele, die ihn immer wieder zum Mittelpunkt des eigenen Ich zurückweist. Der Ich-Punkt kann für ihn zum Standpunkt werden, auf den er sich ständig andern Menschen gegenüber stellt. Damit zeichnet sich eine weitere Gefahr für den Schulungsweg ab, die diesmal von der entwickelten Bewußtseinsseele ausgeht. Die geistig strebende Bewußtseinsseele findet nicht den Weg zum andern Menschen.

Ihrem ursprünglichen Wesen nach ist die Bewußtseinsseele nicht sozial. Steiner spricht sogar von ihren «antisozialen Trieben», die sich notwendigerweise mit der menschheitlichen Epoche der Bewußtseinsseele einstellen mußten. Die Wachheit des Tages, die seit dem Beginn der Neuzeit eine immer größere Rolle spielte, ist nicht menschenverbindend, nur im Schlaf sind wir eigentlich von Natur aus soziale Wesen.[80] Um zu seinem vollen Bewußtsein, um zur Entwicklung seines eigenen Wesens zu kommen, muß sich jedoch der Mensch zuerst von den andern abgrenzen. Das gilt auch für Gemeinschaften geistig verbundener Menschen, die neben dem gemeinsamen Leben und Streben auch immer die Möglichkeit zu einem individuell abgeschlossenen Dasein gewährleisten sollten. Geschieht dies nicht oder zu wenig, so kann dies dazu beitragen, daß schon die Ausbildung der nach innen tendierenden Verstandes-Gemütseele behindert wird. Noch mehr Behinderungen ergeben sich aus dem Mangel an Abgrenzung für die Entwicklung der vom Zentrum aus schöpferisch werdenden Bewußtseinsseele.

Wie kann nun trotz notwendiger Abgrenzung die Bewußtseinsseele soziale Kontakte entwickeln? Wie wächst die Bewußtseinsseele über sich selbst hinaus und in eine neue Gemeinschaft hinein? Aus dem Instinkt der Empfindungsseele, aus dem Gemüt der Verstandesseele kann die Bewußtseinsseele nicht diese Gemeinschaft finden, sie muß zunächst aus Erkenntnis eine «soziale Struktur» schaffen, die ihr eine «Bändigung» der antisozialen Triebe ermöglicht.[80] Die geistgemäße Ordnung der menschlichen Gesellschaft, die «Dreigliederung des sozialen Organismus» wird auch von der Entwicklung der einzelnen Bewußtseinsseele gefordert.[81]

Wie wird eine solche Struktur, die Freiheit und brüderliche Gesinnung im sozialen Organismus miteinander verbindet, vom einzelnen Menschen mit Leben erfüllt? Zunächst besteht die Gefahr, daß sich am Anfang des Schulungsweges die antisozialen Triebe verstärken, daß die Abgrenzung zu intensiv wird und zu Antipathie und Kritiksucht führt. Ein Rückfall in die Haltung der Empfindungsseele, die noch von Antipathien und Sympathien bestimmt wird, ist von hier aus möglich. In der Bewußtseinsseele steht dann ein u. U. heftiges Antipathiegefühl hinter der betonten, vielleicht ganz kühlen Abgrenzung. Hier bietet sich die *Positivitätsübung* an[37], die schon der Empfindungsseele helfen kann, Antipathie zu überwinden, indem bewußt das Positive eines Menschen ins Auge gefaßt wird. Man entdeckt: Neben seinen negativ sich auswirkenden Eigenschaften hat dieser Mensch auch positive, die auf sein Wesen hinweisen. So spricht diese Übung zuletzt die Bewußtseinsseele an, die zur Wesenserkenntnis strebt.

Dabei kann aber folgendes eintreten: Man übt die Positivität. Man *will* diesen unsympathischen Menschen positiv finden – und versäumt dabei, seine positiven Eigenschaften nicht nur zu konstatieren, sondern in sich aufzunehmen. So führt dann ein solches Üben zur seelischen Verkrampfung, die Haltung der Welt gegenüber wirkt fassadenhaft, weil sie nicht im Herzen gründet. Bei der Verwirklichung des im Kopf gefaßten vorstellenden Vorsatzes wurde das Herz übersprungen. Damit wird jedoch auch das im Herzen wurzelnde Leben der Bewußtseinsseele mißachtet.

Steiner gibt nun eine weitere Hilfe dafür, wie man sich innerlich mit den positiven Eigenschaften des andern Menschen verbinden kann. Diese Hilfe kommt aus der Öffnung der Bewußtseinsseele für das *Imaginieren* und hilft ihr, sich nicht nur für die geistige Welt, sondern auch für die menschliche Umwelt zu öffnen. Steiner rät, sich Bilder vom andern Menschen zu entwerfen, durch die man zunächst von den Pauschalurteilen abkommt: Das ist ein böser, das ist ein guter Mensch! Dann helfen solche Bilder in freilassender Weise, mit der Antipathie einem bestimmten Menschen gegenüber fertig zu werden. Ohne den Abstand zu ihm aufzugeben, erkennt man zunächst seine positiven Eigenschaften im Bild. Gemeint ist jedoch nicht, daß man sich einfach ein schnelles Bild vom andern macht. Es handelt sich vielmehr um Bilder, bei denen man «aufsteigt in das imaginative Leben» [52], um Bilder also auf dem Weg zum Wahrbild, die nicht nur wie die Positivitätsübung den Weg zum Wesen des andern frei machen, sondern dieses Wesen selbst so lebendig werden lassen, daß man es schließlich in sein Inneres aufnehmen kann. Man kann dabei vom äußeren Bild des andern ausgehen, dann aber sollte man auch seine Worte und Taten dazunehmen. Aus den verschiedenen Aspekten, die sich so ergeben, tastet man nach dem Wesen des andern. Schon bei diesem Tasten erlebt man ein keimendes Gerechtigkeitsgefühl dem unsympathischen Menschen gegenüber, das dann auch seine Ausstrahlungen im sozialen Leben hat. Man erkennt jetzt, daß auch die negativen Eigenschaften zu seinem Wesen gehören, daß sie den Schatten zu seinem Lichte bilden. Und nun braucht man sich nicht mehr zur Positivität diesem Menschen gegenüber zu zwingen, weil man sich mit seinem positiven Kern verbunden hat.

Eine gute Vorbereitung für dieses sozial fruchtbar werdende Imaginieren bildet die auf die Bewußtseinsseele wirkende Übung der *Enthaltsamkeit beim Urteilen*.[38] Indem sich die Bewußtseinsseele alles vorschnellen Urteilens enthält, wird der Raum für das Erkennen des Wesentlichen, zuletzt für das Imaginieren des Wesensbildes frei. Jenes Imaginieren ist auch eine wesentliche Hilfe für eine *Erweiterung der Selbsterkenntnis*, die im Lichte einer sich verwandelnden Bewußtseinsseele lebendig wird. Die Erweiterung geht von der Frage aus: Wie wirke ich auf diesen, auf jenen Menschen? *Muß* meine Eigenart in diesem Menschen nicht zunächst Antipathie erregen? Hat man auch nur im Ansatz ein Wesensbild vom andern Menschen gewonnen, so kann man sich auch besser in den anderen Menschen versetzen und von ihm aus sich selbst umfassender erkennen lernen.

Auch die Beziehung der Bewußtseinsseele zum *physischen Leib* wandelt sich bei ihrer Verwandlung. Schon das lebendige Denken hat sich vom Gehirn freier gemacht. Das Imaginieren löst sich ganz vom physischen Leib, es bedient sich nicht mehr dieses Leibes, sondern des Ätherleibes als Werkzeug, indem es aus seinen Kräften gestaltet.[82] Trotzdem besteht noch eine wesenhafte Beziehung zum Gehirn. «Die Natur selbst stellt das hin als eine reale, als eine sinnlich reale Imagination im Gehirn, was man in der imaginativen Erkenntnis auf einem höheren Gebiet erlangt.»[67] Im «Wunderbau des Gehirns», von dem Steiner in diesem Zusammenhang spricht, ist erstarrt, was in der ätherischen Welt in ständiger Bewegung ist. Nachdem etwas davon geistig geschaut werden konnte, kann dies dann sein «imaginatives Abbild» in den wieder vom Gehirn vermittelten Vorstellungen finden.

Wie die Bewußtseinsseele zur Imaginationsseele, so kann sich die Verstandes-Gemütsseele zur «*Inspirationsseele*» verwandeln.[79]

Das Wesen und die Wesenheiten, die sich bei der Imagination durch das Bild mitteilten, «sprechen» bei der *Inspiration* zum Menschen. Während bei der Imagination das Denken zu einem geistigen Schauen wird, verwandelt sich bei der Inspiration das *Fühlen* in der Seele zu einem *geistigen* Hören. Vorher wird jedoch wieder ein *Verzicht* gefordert. Der Geistesschüler muß zunächst ein «leeres» Bewußtsein herstellen, indem er auch auf die imaginativen Bilder verzichtet. Er soll nun alles in sich «fühlen», was er getan hat, um das Bild zu erzeugen.[37] Er lebt also nach-fühlend in den aktivierenden Kräften der Versenkung und der inneren Wahrnehmung. Daß er sich zunächst daran erinnert, ist nur die Vorbereitung, darauf folgt das Eintauchen in die Kräfte selbst. Und dann soll sich das Erleben dieser Kräfte wieder für etwas Neues öffnen, diesmal aber nicht für das Bild, sondern für das geistige Wort des Gegenstandes der Inspiration. Wieder – wie bei der Tätigkeit der Verstandes-Gemütsseele – findet eine Verinnerlichung statt, diesmal aber betrifft sie das Innerste des andern Wesens, dessen Mitteilung dann in die Worte der irdischen Sprache übersetzt werden muß.

Die *Leere des Bewußtseins*, die vorher hergestellt wird, ist nicht eine passive, sondern eine aktiv erzeugte Leere. Das Fühlen der Kräfte steigert sich zum Lauschen auf das Wesen, dem diese Kräfte sich zugewandt haben. Die erzeugte Stille soll dabei «stiller als still», soll «über den Nullpunkt hinweg» geführt werden. Erst dieses «Negative vom Hören» trägt uns ganz «an das andere Ufer des Daseins», «nun erst verschwindet die gewöhnliche Sinneswelt» «für die Augenblicke, in denen wir drüben sind».[75] Diesmal ist es nicht der Nullpunkt der Bewußtseinsseele, der sich für die Schau öffnet, diesmal ist es das Nichts der sich verwandelnden *Verstandes-Gemütsseele*, das lauschend durchschritten wird. Das

Weiterschreiten vom bloßen Abwesendsein der Sinneswelt zu einer sich steigernden, sich «potenzierenden» Stille öffnet die Seele für die wachsende Intensität der Mitteilungen aus der geistigen Welt. Um diesen Vorgang auch von einer anderen Seite her zu verstehen, kann man an das *Potenzieren der Arzneisubstanz* denken. Auch durch die rhythmische Verdünnung des Stoffes, der dabei durch Nullpunkte seiner Wirkungen geht, steigern, «potenzieren» sich seine Kräfte in verschiedenen Richtungen.[83]

In der Seele des Geistesschülers bereitet bereits der Verzicht auf die liebgewordenen Bilder Schmerz, das Erlebnis der Leere bringt dann einen neuen «umfassenden seelischen Schmerz» mit sich. Der Verzicht auf das Denken der Sinneswelt hatte Unsicherheit, dann aber das Glücksgefühl des ätherischen Bilderlebens mit sich gebracht. Nun, da der Geistesschüler die Sphäre des Ätherischen verläßt und sich zur seelischen, zur *astralischen Welt* erhebt, lernt er «die Wahrheit kennen, daß alles Dasein zuletzt aus dem Schmerz geboren sein muß».[75] Schon bei den Geburtswehen seiner seelischen Entwicklung hat er etwas von dem erlebt, was jetzt in gesteigertem Ausmaß eintritt.

Ähnlich wie die Imagination ist auch die Inspiration im Menschen veranlagt. Das inspirative Hellsehen, «das ist nur das zur Helligkeit, zum vollen Bewußtsein heraufgehobene Erleben desjenigen, was für jeden Menschen unten im Gefühlsleben unbewußt an Inspirationen vorhanden ist.»[84] Das hat seinen Grund wieder im *physischen Leib.* Steiner vergleicht nicht nur das inspirative Hellsehen mit der Einatmung, auf die ja auch das Wort «Inspiration» hinweist. Er nennt geradezu «alles, was mit dem Atmen zusammenhängt», eine «realisierte, eine in die Sinnenwelt herunter versetzte Inspiration».[67] *P. E. Schiller* faßt zusammen: «Wie in die durch Ausatmung leer gemachte Lunge die Luft eindringt, so dringt bei der Inspiration in die willentlich leer gemachte Seele das Wesenhafte ein... Ausatmend tritt man dann wieder in die Erdenwelt zurück.»[74] Man denkt an die «Atmung» der Verstandes-Gemütsseele, die sich zwischen irdischer Welt und Seeleninnerem vollzieht. Bei der verwandelten Verstandes-Gemütsseele ist es die geistige Welt, von der sich die «einatmende» Seele aufgenommen fühlt, um dann im «Ausatmen» wieder in die irdische Welt sich einzugliedern. Aber diesmal nimmt die Verstandes-Gemütsseele nicht nur etwas vom Wesen eines andern Menschen in sich auf, diesmal öffnet sie sich für das Wesen, für die Wesen der geistigen Welt.

Als Vorbedingung für die Verwandlung der Verstandes-Gemütsseele wird ebenfalls ein *Verzicht* gefordert, der dem Verzicht auf das Verharren im Ich-Punkt vor der Verwandlung der Bewußtseinsseele entspricht. Die Verstandes-Gemütsseele muß auf das «Selbstdenken» und auf das «gewöhnliche Gemütsleben» verzichten, dann erst kann die Verwandlung in die Inspirationsseele einsetzen.[79]

Damit ist jedoch nicht ein Verzicht auf eigenes Denken und eine Verarmung des Gemütes im irdischen Leben gemeint. Wendet sich der Geistesforscher aus der höheren wieder der irdischen Welt zu, so braucht er dort nicht nur das wache Bewußtsein, sondern auch das gesunde Denken, das warme Gemüt der Verstandes-Gemütsseele, sowie das lebendige Empfinden der Empfindungsseele, alles durchstrahlt von dem, was er sich geistig errungen hat. Auch das konnte man an der Persönlichkeit *Rudolf Steiners* erleben. Besonders eindrucksvoll verbanden sich bei ihm mit den *sozialen Inspirationen*, die von der verwandelten Verstandes-Gemütsseele ins irdische Leben getragen und dort fruchtbar wurden, ein praktischer Verstand, ein mitfühlendes Gemüt und ein lebendiges Empfinden. – In den sozialen Inspirationen selbst ist das, was vorher von der imaginierenden Bewußtseinsseele errungen worden war, zur Fähigkeit geworden, die letztlich im Ursprungsbereich der Verstandes-Gemütsseele, im Ätherleib wurzelt.

Entsprechend dem Weg des Menschen zur Imagination ergeben sich auch hier verschiedene *Vorstufen* der inspirierten Erkenntnis. Jedes Gefühlserlebnis, das nicht nur in sich kreist, sondern etwas Geistig-Wesenhaftes vermittelt, hat eine inspirative

Komponente. Auf künstlerischem Gebiet wird diese Komponente am meisten bei der *Musik* erlebbar, die im Rahmen der Künste besonders auf die *Verstandes-Gemütsseele* wirkt.[6] Auf Grund solcher Zusammenhänge vergleicht Steiner sogar den Anfang der Inspiration mit einem musikalischen Erlebnis, im weiteren Verlauf kommt es dann zu den «wortlosen Wort-Offenbarungen aus dem geistigen Weltenall»,[85] zum «Hören» des geistigen Wortes.

Schon eine musikalische Stimmung kann, wenn sie aktiv aufgenommen wird, zu einem wesenhaften Eindruck führen; was unmittelbar erlebt wurde, kann danach in Vorstellungen bewußt werden. Am deutlichsten wird das bei dem musikalischen Motiv einer Oper, das mit dem Wesen einer bestimmten Gestalt zusammenhängt, wie dies vor allem in den Opern von *Richard Wagner* zum Ausdruck kommt. Im zwischenmenschlichen Bereich kann das gefühlshafte Erleben eines andern Menschen inspirierend wirken. In der Naturforschung führt das Anschauen der Phänomene im Sinne von *Goethe* in den Bereich der Inspiration.[86] Die Phänomene beginnen zu «sprechen», das Urphänomen sagt etwas vom Wesen des Gegenstandes aus, die Tendenz zur Horizontale z. B. etwas vom Wesen des Wassers. Aus der imaginativen Schau der Urpflanze spricht inspirierend zu Goethe die Urform der Pflanze, das Blatt, aus dem alle anderen Formen hervorgehen. Für unser ganzes Kulturleben gilt: «Die inspirierten Werke der Kultur sind in die verwandelte Verstandesseele hereininspiriert worden.»[79]

Verwandlung der Empfindungsseele

Die Empfindungsseele kann in die *Intuitionsseele* verwandelt werden. Durch die *Intuition* erfolgt in der geistigen Welt die unmittelbare Vereinigung des Ich mit dem Wesen, das zuvor zu ihm «gesprochen» hat. Nun wird das «Willenselement zu einem Erkenntnisorgan».[87] Und wieder ist ein Abbild dieser Dynamik im *physischen Leib* zu erkennen: Im Willensakt vereinigt sich das Geistig-Seelische mit dem Stoffwechselsystem des physischen Leibes, indem es in ihm untertaucht. Aus diesem Grund verschwindet für unser gewöhnliches Bewußtsein das Geistig-Seelische im Willensakt, der es dafür in der Handlung verwirklicht. Jener tiefsten Verkörperung, die sich ständig neu in unserem Willensleben vollzieht, entspricht im leibfreien Zustand die höchste, die intuitive Erkenntnisart mit ihrem Untertauchen des Ich im Wesen.

Beim Willensakt wird der Stoff im Stoffwechselsystem (durch die innere Verbrennung) «vernichtet», damit das Geistig-Seelische wirken kann. Zu dieser ganzen Dynamik bemerkt Steiner: «Das ist das Wesen der intuitiven Erkenntnis.»[67] In der Radikalität des neuen *Verzichtes*, die vor dieser Erkenntnis geleistet werden muß, klingt die Vernichtung des Stoffes beim Willensakt an. Nach dem Verzicht auf die Bilder der Imagination vor dem Inspirieren wird jetzt vom Geistesschüler der Verzicht gefordert auf das «Leben in der eigenen Seelentätigkeit, in welche er sich für die Erwerbung der Inspiration versenkt hat».[37] Erst nachdem der letzte eigene Inhalt aus der Seele verschwunden ist, wird der Raum für die Vereinigung mit dem andern Wesen frei.

Während der sich hingebende *Wille* zum Organ für jenes Wesen wird, vollzieht sich die Vereinigung mit ihm durch die Kraft der *Liebe*, die nun zur «Erkenntniskraft» wird. Mit der «vollbewußten Hingabe» des Willens verbindet sich, dem Herzen entspringend, jene Kraft, die das Innerste des eigenen individuellen Wesens mit dem Innersten des andern Wesens eins werden läßt. Die Liebe ist dabei ganz zur Ausstrahlung des höheren Ich geworden, die bei aller Hingabe das Individuelle bewahrt. Man gelangt zur Intuition, «indem man in aller Individualisiertheit, aber auch in aller Selbstlosigkeit das andere erleben lernt».[87] Schon im leeren Bewußtsein vor der Inspiration, bei der man Leid und Einsamkeit erlebt, hilft «die aus dem Innern aufquellende Liebesfähigkeit, die in der mannigfaltigsten Weise differenziert ist», das, was dann aufgenommen wird, «mit dem eigenen Wesen zu durchdringen».[75] Im sozialen Leben führt eine solche, die Intuition tragende Liebe zur stärksten Intensivierung geistigen Begegnens.

Ein großer Bogen spannt sich so von der «Liebe zur Handlung», zum Wesen des andern Menschen über die Liebe zum imaginativen Bild, zum Wort des Wesens bei der Inspiration bis zur intuitiven Vereinigung, bei der die Liebe einem Erkennen dient, das zugleich Einswerden ist. Die Dimension dieses Bogens kommt schon in dem Verhältnis: tiefstes Eintauchen des Geistig-Seelischen beim Willensakt – höchste Erkenntnisart zum Ausdruck. Es ist ein Bogen, der auch die seelische Entwicklung des Menschen umspannt: Von der Empfindungsseele, dem niedersten Seelenglied, bis zur höchsten Stufe der seelischen Entwicklung, bis zur Intuitionsseele, in die sich die Empfindungsseele verwandelt hat.

Die *Empfindungsseele* ist eben nicht nur das niederste Seelenglied, sie ist auch «die reichste Seele».[79] Die Verwandlung setzt bei ihrem «Reichtum» ein, bei allen Antrieben ihres Willens, denen, wie gezeigt wurde, das Begehren des Empfindungsleibes zugrunde liegt. Das Begehren nach dem Sinnlichen, nach Mensch und Welt kann im Laufe der Entwicklung zu einem Begehren nach Geist werden. Die elementaren Kräfte der Empfindungsseele, ihre «innersten Impulse, inneren Leidenschaften und Affekte können sich zu Intuitionen verwandeln».[79] Die relative Unmittelbarkeit des empfindungshaften Erlebens der Welt wird bei der Intuition zur Unmittelbarkeit der Vereinigung mit dem Wesen. Die Empfindungsseele schloß sich vom Ich aus für die Welt auf. Ihre Verwandlung beginnt, indem der Mensch, nach einem zeitweiligen *Verzicht* auf persönliche Interessen, «Weltinteressen zu den seinigen macht und dadurch immer mehr und mehr über das persönliche Empfinden hinauskommt».[79] Dieser Verwandlungsprozeß, der durch das Wecken von Interesse für die Welt im Jahrsiebt 14–21 vorbereitet wird, kann bei voll entwickelter Empfindungsseele schon mit dem idealen Streben der zwanziger Jahre einsetzen.

Durch letztere Schilderung wird nun auch auf *Vorstufen* der Intuition hingedeutet. Der Mensch hat «in der sittlichen Empfindung, im sittlichen Gewissen ein irdisches Abbild desjenigen, welches dann in der Intuition auftritt.»[75] Die Unmittelbarkeit der Gewissensregung deutet auf ein zugrunde liegendes intuitives Erlebnis hin, das schon in dieser Form soziale Auswirkungen hat. Beim Denken gibt es, wie wir sahen, ein «stufenweises Aufsteigen zur Intuition». Diese kann «in tiefere oder weniger tiefe Untergründe der Wirklichkeit eintauchen».[69] «Der einfachste Gedanke enthält schon Intuition.»[88] Durch diesen Aspekt klingt nochmals der Intuitionsbegriff der «Philosophie der Freiheit» an. Auch im Rahmen der intuitiven Tätigkeit wölbt sich ein Bogen: Vom ersten Denken des Menschen über die intuitiven Evidenzerlebnisse der wesenhaft denkenden Bewußtseinsseele bis zur Intuition auf der dritten Stufe des Schulungsweges.

Lebenslauf und Schulungsweg.
Zusammenfassung und Weiterführung

Die Gliederung des Lebenslaufes durch die Entwicklung der Wesensglieder führt zu einer Gliederung des Schulungsweges. Es ergeben sich Beziehungen des geistigen Schulungsweges zum irdischen Lebenslauf. Insbesondere während der drei Jahrsiebte 21–42 erhalten die sich entwickelnden Seelenglieder Hilfen durch den geistigen Schulungsweg. Andererseits gründet dieser Weg auf der Entwicklung der Seelenglieder, die sich in seinem Verlauf selbst wieder verwandeln. Lebendige Wechselwirkungen sind so zu verfolgen.

Eine zeitliche Zuordnung der einzelnen Etappen des Schulungsweges zu den Jahrsiebten des Lebenslaufes ist jedoch nicht möglich. Da der Schulungsweg noch mehr als der Lebenslauf vom eigenen Ich bestimmt wird, ist die Gestaltung dieses Weges noch individueller als jene des Lebenslaufes. So kann auch über die Dauer der einzelnen Phasen des Schulungsweges, den Angaben Steiners zufolge, nichts allgemein Verbindliches ausgesagt werden. Und noch weniger als beim Lebenslauf handelt es sich bei den einzelnen Phasen um ein starres Nacheinander, vielmehr haben wir gesehen, daß sich, deutlicher als bei der seelischen Entwicklung, das Wirken der Seelenglieder beim Schulungsweg ineinanderschiebt. Das gilt auch für ihre Verwandlungen. Es gibt sogar Menschen, die «fast gleichzeitig mit der imaginativen Erkenntnis die inspirative und die intuitive» üben können. «Aber das darf durchaus nicht so verstanden werden, als ob es irgend jemand geben könnte, dem der Durchgang durch die Imagination zu ersparen wäre.»[89] «Der Weg in die übersinnlichen Welten» ist «für die abendländische Zivilisation der imaginative Weg.»[90]

Wird schon vor der Ausbildung der Imagination nach Inspiration oder Intuition gestrebt, so kann «der Fall eintreten, daß ein Mensch nur bis zur Empfindungsseele entwickelt ist» und dabei «ganz und gar seinen persönlichen Begierden, Trieben usw. die Herrschaft läßt. Nehmen wir an, ein solcher Mensch würde hinaufgeschraubt durch okkulte Entwicklung. Die Folge wäre, daß er ... gewisse Intuitionen hätte; aber diese Intuitionen stellten sich als nichts anderes dar, denn als die Umgestaltung seiner eigenen persönlichen Triebe, Begierden und Instinkte. Ein Mensch, der mit seiner moralischen Entwicklung bis zur Verstandes-Seele gekommen ist, d. h. der reinliche Begriffe, allgemeinere Begriffe sich angeeignet hat, der in seinem Gemüt umfaßt alle Weltinteressen, ... der kann zu gewissen Inspirationen kommen, wenn auch noch immer seine hellseherische Kraft nicht ganz reinlich ist. Erst wenn der Mensch wirklich mit seinem Ich bis zur Bewußtseinsseele vorgedrungen ist, dann entwickelt er zunächst die Umgestaltung seiner Bewußtseinsseele in die Imaginationsseele...», dann kann ohne Gefahr mit den anderen Verwandlungen begonnen werden.[79] Denn nun wacht das dem Geiste dienende Ich vom Zentrum des Seelenlebens aus über jeder Verwandlung.

Es ist also nicht die Dauer der Zeitabschnitte, sondern die Reihenfolge bei der Entwicklung der Seelenglieder, durch die der Lebenslauf mit der geistigen Schulung zusammenhängt. Bei dem beobachteten Ineinanderklingen liegt der Akzent jeweils auf *einem* Seelenglied und seiner Verwandlungsstufe. Die Hervorhebung der Bewußtseinsseele als dem zeitgemäßen Seelenglied, von dem auch die geistige Schulung auszugehen hat, weist im Lebenslauf zunächst auf die *Lebensmitte* hin, in der die Bewußtseinsseele geboren wird. Die Verwandlung der anderen Seelenglieder, die an die Verwandlung der Bewußtseinsseele anknüpft, wäre demnach erst nach diesem Zeitpunkt möglich. Die Zeit der Lebensmitte wird in der Tat von Steiner als «die günstigste Zeit» für die «Entfaltung spiritueller Anlagen» bezeichnet, ein Prozeß, der sich dann im weiteren Leben fortsetzen kann.[91]

Dieser Prozeß kann jedoch auch schon vor der Lebensmitte in den zwanziger Jahren einsetzen, die Lebensmitte wird in diesem Zusammenhang von Steiner als «Kulminationspunkt» bezeichnet. Mit den Übungen in Richtung von Imagination, Inspiration und Intuition kann daher auch schon in den zwanziger Jahren begonnen werden. In dieser Zeit der Empfindungsseele werden ja die anderen zwei Seelenglieder vorbereitet, offenbar können auch aus ihrem keimenden Leben schon Kräfte für die Ausbildung der höheren Erkenntnisarten geschöpft werden. (Dabei ist sicher auch die Gefahr eines Zuviel gegeben.) Die Vorbereitung der Bewußtseinsseele hat dabei eine besondere Bedeutung, da, wie wir sahen, das Licht dieses Seelengliedes über der ganzen Seelenentwicklung liegt. In jenem Licht eines erweiterten Bewußtseins können auch schon aus der keimhaften Bewußtseinsseele imaginative Bilder aufsteigen, und mit der Ausbildung von Inspiration und Intuition kann daran anschließend begonnen werden.

Einen weiteren Aspekt zu dieser Frage liefert die Beobachtung, daß sich durch geistige Schulung die Reifung und Verwandlung der Seelenglieder verkürzen kann und daß sich dadurch – ähnlich wie bei großen, jung verstorbenen Persönlichkeiten – die Phasen des Lebenslaufes zusammenschieben können. Der junge Mensch hat dann schon Einsichten und Offenbarungen, die einer Verwandlung der Seelenglieder entspringen. Unter den früh Verstorbenen, früh Vollendeten dieser Art ragt *Novalis* hervor, der am Ende seines 29. Lebensjahres gestorben ist.[92] Bei *Hölderlin*, der schon vor der Lebensmitte dem Sterbeprozeß seiner seelischen

Krankheit verfiel, spielte sich vor dem Ausbruch der Krankheit eine teilweise Vorwegnahme der Bewußtseinsseele und eine beginnende Verwandlung seiner Seelenglieder ab.[93] Von solchen gesunden Vorwegnahmen müssen die von Steiner oben geschilderten ungesunden unterschieden werden; bei ihnen gibt es keine entwicklungsgerechte Reihenfolge und keine echte Verwandlung.

Auf eine Gefahr des Schulungsweges, die mit der einseitigen Entwicklung einzelner Seelenkräfte im Lebenslauf zusammenhängt, sei hier noch besonders eingegangen. Steiner beschreibt in diesem Zusammenhang eine «Spaltung der Persönlichkeit», die im Verlauf einer geistigen Schulung eintreten kann.[94] Damit ist nicht eine Spaltung des eigentlichen, des höheren Ich gemeint, sondern eine Spaltung im persönlichen Seelenleben, in dem sich die drei Seelentätigkeiten Denken, Fühlen und Wollen abspielen. Infolge dieser Spaltung kann sich das Ich nicht mehr vollständig spiegeln, sein Spiegelbild, die Gestalt des Erden-Ich im Seelenleben, die Persönlichkeit erscheint gespalten wie das Spiegelbild der Sonne in einem wellenbewegten See. Wie die Sonne selbst von der Spaltung des Spiegelbildes nicht betroffen ist, so wird auch das eigentliche Ich von keiner Spaltung, von keiner Krankheit erreicht.

Während des Lebens im Leib wird, wie schon erwähnt, das Seelenleben durch den Leib zusammengehalten, und nach «natürlichen Gesetzen» folgt auf eine Vorstellung ein Gefühl oder ein Willensentschluß. «Man wird gefragt, und man gibt Antwort.» Oft ergibt es sich wie von selbst, daß der Mensch auf eine Frage rasch eine Antwort gibt, die dann oft auch an der Oberfläche bleibt. Beim geistigen Schulungsweg, der aus dem Leib herausführt, wird die natürliche Verbindung der drei Seelenkräfte unterbrochen. So bleibt dann eine Frage zunächst stehen, ohne daß eine mehr oder weniger reflektorische Antwort darauf folgt. Der Willensentschluß zu dieser Antwort muß neu gefaßt werden, wodurch dann allerdings auch eine wesentlichere Antwort zustandekommen kann. Das bedeutet: Das Ich muß wacher und aktiver eingreifen, aus einem «höheren Bewußtsein» muß die seelische Einheit wiederhergestellt werden. Ist das Ich durch die entsprechenden Übungen nicht genug erkraftet worden, so fallen die drei Seelenkräfte mehr oder weniger auseinander. «Für eine äußerliche Betrachtungsweise – auch für die materialistische der Schulmedizin – unterscheidet sich das Bild eines solchen, auf Abwegen befindlichen Menschen, vor allen Dingen dem Grade nach, nicht viel von demjenigen eines Irrsinnigen oder wenigstens einer schwer nervenkranken Person.»[94]

Der Unterschied wird deutlich bei der *schizophrenen Psychose*. Beim schizophrenen Menschen, durch Krankheit aus seinem Leib gelockert, tritt eine Spaltung zwischen Denken, Fühlen und Wollen ein, die vom Ich nicht mehr überbrückt werden kann. Infolge der Spaltung zwischen Denken und Wollen kann der Kranke nicht mehr das wollen und ausdrücken, was er denkt; er kann z. B. auf eine Frage ebenfalls längere Zeit keine Antwort geben – um dann u. U. das Gegenteil von dem zu sagen oder zu tun, was er gedacht hat. Aus solchen und anderen Spaltungen kann ein Chaos im Seelenleben entstehen, in dem es dann wieder zu neuen Spaltungen kommen kann.[16] Beim gesunden, aber auf Abwegen begriffenen Geistesschüler verlagert sich infolge der nicht so tiefgehenden Spaltung lediglich der Akzent auf *eine* Seelenkraft, die der Mensch in seinem Lebenslauf besonders entwickelt hat; die anderen Seelenkräfte treten dabei zurück und verkümmern, die Einheit des Seelenlebens bleibt jedoch in diesem Rahmen gewahrt.

Hat der Geistesschüler besonders das *Fühlen* ausgebildet, so entsteht durch die Abspaltung und Steigerung dieser Seelentätigkeit eine Neigung zur «Gefühlsschwelgerei», die sich mit Abhängigkeit gegenüber anderen Menschen und mit seelischer Aushöhlung und Kraftlosigkeit verbinden kann. Die einseitige Entwicklung des *Denkens* kann infolge seiner Abspaltung zu ausgesprochener «Weisheitsgier» führen, verbunden mit seelischer Kälte und lebensfeindlicher Beschaulichkeit. Der Geistesschüler, bei dem besonders das *Wollen* betont ist, kann zu einer «Gewaltnatur» werden, «die von einer zügellosen Handlung zur anderen schreitet.»[94]

Im Hinblick auf die Seelenglieder kann man bei der Gefühls-schwelgerei wieder an eine Fehlentwicklung der *Empfindungs-seele*, bei dem Speichern des einseitig gewordenen Denkens an eine Entartung der *Verstandesseele* ohne Gemüt, bei dem über-mächtigen Wollen an die willenserfüllte *Bewußtseinsseele* denken, die sich dem Geist entzogen hat. Im letzteren Fall hat sich die Bewußtseinsseele dem Triebleben der Empfindungsseele oder des Empfindungsleibes geöffnet. Bei solchen Menschen, die zu Ge-waltnaturen werden, kann besonders der Machttrieb als Willens-antrieb hervortreten.

Als *Beispiel* für die Vorstufen und ersten Schritte auf dem Weg zur Imagination, Inspiration und Intuition sei die *geistige Schulung des Arztes* angeführt, die ebenfalls schon in den zwanziger Jahren ein-setzen kann. Steiner legt dem Arzt ans Herz: Die innere Welt des Organismus, der erkrankten Organe, solle durch *Imagination*, die Naturreiche und die ihnen entstammenden Heilmittel sollten durch *Inspiration* erforscht werden. Imagination und Inspiration sollten bei der Therapie in der *Intuition* zusammenfließen.[95] Die Stufe der Imagination vor der Inspiration wird, was die inspira-tive Erkenntnis der Naturreiche und der Heilmittel anbetrifft, nicht besonders erwähnt, ist jedoch nach dem oben Ausgeführten auch hier gegeben.

Vom erkrankten Menschen, vom erkrankten Organ wie von der Heilpflanze, der heilenden Substanz versucht der Arzt sich zunächst Bilder zu machen, Bilder auf dem Weg zur Imagination. Will er sich innerlich mit der Wirksamkeit des Heilmittels verbin-den, so muß er auf die Bilder wieder verzichten und darauf lau-schen, was ihm die Pflanze, die Substanz sagt. Vielleicht kann er an ein «inspirierendes» Gefühlserlebnis vom Gegenstand seines Erkennens anknüpfen, wenn er sich nun in das Kräfteweben ver-senkt, das ihn bei der Bildwerdung erfüllte. Das Gefühlserlebnis kann ihm, bewußter werdend, mehr vom Wesen der Pflanze und der Substanz mitteilen, vielleicht kann er auch schon die Empfin-dung haben: Es will in neuer Gestalt hereinkommen. Dem tonlosen «Schwingen», «Tönen» der seelischen Stimmung gegenüber, durch die sich zunächst das Wesen des Heilmittels äußert, kann das Krankheitsbild als stumme Frage neu heraufgeholt werden. Wird das inspirierende Heilmittel die Antwort darauf? Man erinnert sich an das Wort des *Novalis*, das schon von der Heilung inspiriert ist: «Jede Krankheit ist ein musikalisches Problem, die Heilung eine musikalische Auflösung.»[96]

Erwacht aus dieser spirituellen Stimmung vollends der Heilerwille, der schon im Suchen des Heilmittels tätig war, so fühlt sich der Arzt – mindestens einen Augenblick lang – mit seinem Kranken vereint. Er trifft danach die intuitive Willensentscheidung: das ist *das* Heilmittel für *diesen* individuellen Kranken in *dieser* Potenz, in *dieser* Form der Verabreichung! Ein Heilmittel, so gefunden oder wiedergefunden, wird, das lehrt die Erfahrung, in seiner Wirksamkeit gesteigert. – Mögen solche Sternstunden zunächst selten und selbst nur Vorstadien künftiger Forschung und Therapie sein, so können sie doch bis in den ärztlichen Alltag hinein ausstrahlen und nicht nur für die Genesung des Kranken, sondern auch für den inneren Weg des Arztes eine wesentliche Hilfe bedeuten.

Aus diesem Beispiel kann auch hervorgehen, was schon den bisherigen Ausführungen zugrunde lag: Die wahre geistige Schulung entfremdet den Menschen nicht, wie manchmal behauptet wird, dem praktischen Leben, sie verbindet ihn vielmehr intensiver und umfassender mit ihm. Und immer gilt dabei die Mahnung *Steiners*: Es «darf keine Disharmonie aufkommen zwischen den höheren Erlebnissen und den Vorgängen und Anforderungen des alltäglichen Lebens. Des Menschen Aufgabe ist durchaus auf der Erde zu suchen.»[94]

Das anfangs dieses Kapitels Ausgeführte ergänzend, ist zuletzt noch auf die Möglichkeit einer engeren zeitlichen Beziehung des Lebenslaufes zum Schulungsweg hinzuweisen. Die verschiedenen *Altersstufen* können zu Organen für die geistige Schulung werden. «In einem gewissen Sinn» ist auch der Geistesschüler «von seinem Lebensalter abhängig». Für sein übersinnliches Erkennen werden seine «Lebensalter» «Auffassungsorgane», die ihm Inspirationen vermitteln können. Solche Inspirationen sind anders, unvollständiger, wenn er sie in jüngeren Jahren hat. Unter Umständen muß er warten, bis ein bestimmtes Lebensalter erreicht ist, um etwas Bestimmtes erforschen zu können.[97]

Besonders am Anfang der vierziger Jahre ergeben sich, wie schon erwähnt, für die geistige Entwicklung neue Möglichkeiten. Der Mensch kann sich nun nicht nur um die Verwandlung der Seelenglieder bemühen, mit der schon während ihrer Entwicklung begonnen werden und die bis ans Lebensende weitergehen kann, er ist imstande, auch die Verwandlung seiner *leiblichen Wesensglieder* in einer neuen Art einzuleiten.[98] Während die bisherigen Verwandlungen der leiblichen Wesensglieder, die zur Bildung der Seelenglieder führten, auf der Ebene der seelischen Entwicklung stattfanden, vollziehen sich die neuen Verwandlungen auf der Ebene geistiger Entwicklung. Die erste Verwandlung betrifft den *Empfindungsleib*, dessen Kräfte diesmal nicht in die Bildung einer Empfindungsseele, sondern in die Gestaltung des *Geistselbstes* einmünden. Dieser Prozeß setzt schon ein, wenn das geisterfüllte Ich der Bewußtseinsseele, wie beschrieben, in das Seelenleben auszustrahlen beginnt. Durch das Wesensglied «Geistselbst», das heute im allgemeinen erst keimhaft entwickelt werden kann, dient das Selbst, das Ich ganz dem Geiste.

So wie die Bewußtseinsseele die gegenwärtige Zeit prägt, so soll das Geistselbst die nächste Kulturepoche prägen. Seine Tätigkeit kann zu einer sozialen Gesinnung in der Menschheit führen; was einmal durch geistige Schulung eines Seelengliedes vom einzelnen Menschen errungen wurde, das geht in die Substanz eines neuen Wesensgliedes ein. Im Hinblick auf den mit der Pubertät geborenen, nun verwandelten Empfindungsleib kann man erkennen: Was einmal dunkler Drang zum andern Menschen hin war, der schon in der Empfindungsseele sich aufhellte, das ist jetzt menschheitliche Brüderlichkeit geworden. Die soziale Gesinnung, die durch Imagination, Inspiration und Intuition erworben werden kann, erscheint demgegenüber als eine Vorstufe beim einzelnen Menschen. Indem sich das Ich mit dem Wirken des auferstandenen *Christus* verbindet, gewinnt es die Kraft für die Ausbildung des Geistselbstes. Und damit trägt jeder einzelne dazu bei, daß die Brüderlichkeit sich in der Menschheit ausbreiten kann.[53]

Hier muß also der Mensch nicht nur bis zur Lebensmitte, sondern bis zum Anfang der vierziger Jahre warten, ehe er neue Möglichkeiten für die sozialen Ausstrahlungen seines Ich hat, ehe er die Verwandlung seines Empfindungsleibes einleiten kann. Mit dieser Feststellung sei zum Abschluß auf ein Motiv hingewiesen, das für den Lebenslauf ebenso gilt wie für den Schulungsweg: Man muß warten lernen. Zu den erwähnten Übungen muß die Übung der *Geduld* treten, Ungeduld behindert das Fortschreiten auf allen Entwicklungswegen. So wie man auf eine physische Geburt warten muß, warten sollte, so sollte man auch auf die Geburtsvorgänge der seelischen und geistigen Entwicklung warten, allerdings erst, nachdem man alles, was möglich war, zu ihrer Vorbereitung getan hat. Dann kann man es auch als *Gnade* erleben, wenn sich aus der geistigen Welt Neues im Lebenslauf verkörpert, Neues dem Schulungsweg offenbaren will.

Christof Lindenau

Menscheninteresse:
Vom übenden Umgang
mit der sozialen Frage

In einem Beitrag zu der von ihm redigierten Zeitschrift «Luzifer-Gnosis» beschreibt Rudolf Steiner im August 1905 die Begegnung des Geistesschülers mit jenem übersinnlichen Wesen, das den Menschen davor bewahrt, unvorbereitet die Schwelle vom Sinnes- zum Geistgebiet der Welt zu überschreiten. Heute bildet dieser Beitrag unter dem Titel «Der Hüter der Schwelle» das vorletzte Kapitel seines Buches «Wie erlangt man Erkenntnisse der höheren Welten?» (GA 10) Rudolf Steiner macht darin drei uns von Anfang an tief berührende Aussagen. Die erste zielt auf die schreckliche, gespenstische Gestalt, in der dieses Geistwesen vor dem Schüler steht. Die zweite darauf, daß diese Gestalt ein Bild dessen ist, wie der Geistesschüler im Laufe seiner bisherigen Leben geworden ist. Und die dritte darauf, daß er selbst es ist, der diesem Geistwesen das Leben gegeben hat. Was dem Geistesschüler an der Schwelle zur geistigen Welt begegnet, stellt somit ein von ihm selber geschaffenes Bild dar: ein Bild, das ihm gleich ist.

Auch auf einem ganz anderen Felde haben wir ein Bild, das uns gleicht, in die Welt hineingeschaffen. Und die Kräfte, die in diesem Bilde zum Ausdruck kommen, leben ebenfalls in uns selbst. Ja mehr noch: wir selber leben von ihnen. Ohne sie wären wir ganz andere, als wir heute sind. So verdanken wir ihnen beispielsweise, daß wir uns anderen Menschen gegenüber zu behaupten vermögen, daß wir uns nötigenfalls sogar gegen sie durchsetzen können. Wir verdanken es bis zu einem gewissen Grade diesen Kräften, daß wir uns selber finden, uns selbst «verwirklichen» konnten.

Dieses Bild ist die menschliche Gesellschaft. Zu Unrecht erkennen wir uns nicht sogleich in ihm wieder. Doch mindestens in seinen Anfängen würden wir, wenn wir darauf ausgingen, auch in uns selber auffinden, was wir an oft grauenvollen Zügen in diesem Bilde gewahr werden. Wir würden in der einen oder anderen Form in uns selber entdecken, was wir um uns herum beobachten: das Gewinnstreben durch die Ausnutzung der Bedarfssituation anderer Menschen, das Machtstreben durch die Einengung ihrer Mündigkeit, die Fremdbestimmung durch Manipulation ihres Verhaltens. Nur weil wir selber noch mit uns unbekannt sind, erscheint uns fremd, was sich auf diese Weise heute zwischen Menschen und Menschengruppen abspielt. Wie jedoch, so lautet die eine Frage, der wir hier nachgehen wollen, kommen wir auf diesem Felde zu einer Erkenntnis unserer selbst?

Die andere Frage, der wir uns hier zuwenden wollen, geht einen entscheidenden Schritt über diese Selbsterkenntnis hinaus. Wie erwecken und entwickeln wir in uns die Kräfte, aus denen heraus wir dieses «Bild» so als unsere Aufgabe begreifen, wie das Bild, das der Hüter der Schwelle dem Geistesschüler vorhält, von diesem als seine Aufgabe erkannt werden muß? Als eine Aufgabe, die in der tätigen Umbildung der verzerrten, häßlichen Gestalt zu einer regelmäßigen und menschlich-schönen besteht? Im Sinne dieser beiden Fragen wollen die folgenden Ausführungen auf einen Weg hinweisen, auf dem auch das Problem der menschlichen Gesellschaft – das soziale Problem – zur Aufgabe der Geistesschulung werden kann.

Vom Gedankenexperiment
zur Lebensbeobachtung

Eine der möglichen Voraussetzungen dieses Weges besteht in dem folgenden Gedankenexperiment. Zu der uns ganz selbstverständlichen Ansicht, daß wir die Welt um uns herum durch die Sinne unseres physischen Leibes hindurch wie durch verschiedenartige Fenster auffassen, ist eine entgegengesetzte Ansicht denkbar. Unsere Vorstellungsgewohnheiten widersetzen sich allderdings mit überraschender Zähigkeit dem Versuch, dieser Denkmöglichkeit auch tatsächlich nachzugehen. Denn sie stellt uns vor die scheinbar abstruse Aufgabe, uns selber, statt innerhalb des physischen Leibes befindlich, außerhalb desselben in der ihn umgebenden Welt vorzustellen, und der Organisation unserer Sinne anstelle der Durchsichtigkeit eines Fensters die reflektierende Funktion eines Spiegels zuzuschreiben. Wäre das wirklich so, würden wir uns also beispielsweise eines Gegenstandes, an den wir zum Zwecke der besseren Wahrnehmung herantreten, nicht deshalb bewußt, weil wir durch die Fenster unserer Augen zu ihm hinausschauen, sondern weil wir uns unsere bereits vorhandene Verbundenheit mit ihm an den von der Organisation unserer Augen gelieferten Bilder wie anhand eines Spiegelbildes vergegenwärtigen. Ob dies tatsächlich der Fall ist, oder ob die heute gewöhnliche Auffassung zu Recht besteht: das kann durch Denken allein selbstverständlich nicht ausgemacht werden. Für das reine Gedankenexperiment kommt es aber darauf auch nicht an; sondern vielmehr darauf, zwei Gedanken ohne Vorliebe und Abneigung mit gleicher Hingabe nebeneinanderzustellen. Gemäß dem einen sind wir mit unserem physischen Leibe untrennbar verbunden; was wir durch

Wahrnehmung kennenlernen sollen, liegt «draußen». Wir befinden uns dem Wahrzunehmenden gegenüber und gebrauchen nun die Sinnesorganisation unseres physischen Leibes, um uns durch sie hindurch wie durch Fenster ein Bild von der Welt machen zu können. Dem anderen Gedanken gemäß sind wir bereits draußen mit der Welt verbunden und wollen sie deshalb durch Wahrnehmung kennenlernen. Dazu stellen wir uns unserem physischen Leib gegenüber, um dessen Sinnesorganisation wie einen Spiegel zu gebrauchen, an dem wir uns Bilder von dem machen können, womit wir jeweils schon verbunden sind.

Ein solches Gedankenexperiment, sorgfältig durchgeführt, versetzt uns jedoch in die Lage, die Wahrheit auf diesem Felde wirklich selber zu suchen. Und das ist nicht wenig. Denn auch, wenn es sich dabei herausstellen sollte, daß einzig und allein die heute bereits übliche Auffassung der Sache der Wirklichkeit entspricht, so wissen wir dies dann aus unserer eigenen Erkenntnisbemühung, und nicht, weil es uns lediglich so überliefert ist. Zu dieser Wahrheitssuche gilt es jedoch, die eine wie die andere der beiden Auffassungen weder vorschnell als selbstverständlich anzunehmen, noch voreilig als unmöglich abzulehnen, sondern sie geduldig an das Leben heranzutragen, sie an ihm zu prüfen und sie anhand der Erfahrungen, die wir dabei machen, fortwährend weiterzubilden und in sich zu differenzieren. Was im Leben spricht eigentlich dafür, daß wir uns selbst wie in einem innerhalb unserer Leibesorganisation befindlichen Mittelpunkt suchen müssen? Und was spricht dafür, daß wir uns viel eher im Umkreis dieser Organisation zu suchen haben? Je intensiver es uns gelingt, in der Besinnung auf das eine oder das andere Ereignis unseres Lebens wiederholt solche Fragen zu stellen, um so mehr werden wir gewahr, wie jede unserer Lebenserfahrungen ein neues Gesicht zu zeigen beginnt. Insbesondere ist dies für die Vorgänge des menschlichen Miteinanders der Fall.

Eine intime Aufmerksamkeit auf den Ablauf eines Gespräches wird beispielsweise entdecken, daß für das Zuhören und Aufnehmen dessen, was der andere sagt, in dieser Hinsicht etwas anderes gilt als für das eigene Sprechen. Wir sind darauf angewiesen, von uns loszukommen, um wirklich dem zuzuhören, was der andere Mensch sagt. Um das Anliegen eines anderen wirklich wahrzunehmen, müssen wir das Anliegen, das wir selber mit dem Gespräch verbinden, wenigstens eine Zeitlang in uns zum Schweigen bringen. Eine von uns anzumeldende Kritik an dem Gesagten hat beispielsweise sofort die Tendenz, die Intensität des Aufnehmens abzuschwächen; eine unerwartet einsetzende, nicht mit dem Gespräch zusammenhängende Sorge kann diesen Vorgang sogar ganz unterbrechen. Und das ist häufig auch dann der Fall, wenn wir nun von uns aus zu dem Gespräch beitragen wollen. Denn dazu ist es selbstverständlich notwendig, daß wir uns unserem eigenen Anliegen ausdrücklich zuwenden. Dem Laufe des Gespräches folgend, hatten wir möglicherweise sogar vergessen, was wir eigentlich dazu sagen wollten; und die Anstrengung, sich dessen wieder zu erinnern, oder der Versuch, das zu Sagende vorzuformulieren, läßt uns nicht mehr richtig bei dem, wovon gerade die Rede ist, dabei sein. Weswegen sich so oft, wenn wir endlich unseren Beitrag zu geben bereit sind, das Gespräch schon an einer anderen Stelle befindet.

Gewiß, das muß nicht so sein. Und je elastischer wir zu einem Gespräch beizutragen vermögen, um so weniger werden wir es nötig haben, die Aufmerksamkeit von seinem gegenwärtigen Stand abzuwenden. Aber schon das Geschilderte zeigt, daß ein Gespräch ein viel komplizierteres Geschehen ist, als gemeinhin angenommen wird. Wir bemerken, daß der Vorgang des Zuhörens dabei mehr auf die eine, der des Sprechens aber mehr auf die andere der beiden in unserem Gedankenexperiment nebeneinandergestellten Auffassungen deutet. Das gibt uns Anlaß, den gedanklichen Ansatz unserer Erkenntnisbemühungen so weiterzubilden, daß wir nicht mehr, wie das unter Umständen zunächst der Fall war, erwarten, die eine der beiden Auffassungen werde sich auf jeden Fall als zutreffend, die andere aber als unzutreffend erweisen, sondern daß wir eine Gültigkeit beider in den wechselnden Situationen des Lebens mindestens für möglich halten. Auf die oben geschilderten Gesprächsvorgänge angewandt, hieße dies zum Beispiel, daß wir für den Vorgang des Zuhörens notwendig von unserer eigenen leiblichen Organisation loskommen, für den des Sprechens jedoch sie wieder – beispielsweise die des Gedächtnisses usw. – neu ergreifen müssen.

Auf einem ähnlichen, wenn auch viel umfassenderen Rhythmus zwischen dem Seelisch-Geistigen und dem Leiblich-Physischen des Menschen beruht für die Geistesforschung der Wechsel von Schlafen und Wachen.[1] Verfolgen wir Schlafen und Wachen bis in ihre feinen, das Menschenleben nur partiell umfassenden Formen, so zeigt sich im Zusammenhang mit den zur Rede stehenden Gesprächsvorgängen, daß die Bedingung, für das Anliegen anderer richtig «aufzuwachen», darin besteht, für unser eigenes Anliegen eine Zeitlang «einzuschlafen»; und daß umgekehrt wir für die Anliegen der anderen gewöhnlich «einschlafen», wenn wir für unsere eigenen «erwachen» wollen. Gewiß, eine genauere menschenkundliche Betrachtung – und um eine solche Betrachtung handelt es sich ja hier – müßte geltend machen, daß es sich bei diesem «Schlafen für» beziehungsweise «Wachen für» auch qualitativ (und nicht lediglich der Ausdehnung nach) um andere Prozesse handelt als um die, die wir gewöhnlich als Wachen und Schlafen bezeichnen. Dennoch ist es für die hier angeregte Lebensbeobachtung nicht unwichtig, sich klarzumachen, daß der beispielsweise innerhalb eines Gespräches zu beobachtende Rhythmus im Menschenwesen keine Ausnahme darstellt, sondern sich mit dem Rhythmus zwischen dem Geistig-Seelischen und dem Physisch-Leiblichen im Schlafen und Wachen zusammenschauen läßt.

Wie am Verlauf eines Gespräches, so lassen sich überall im Leben Vorgänge beobachten, die nicht nur auf die eine oder die andere der nebeneinandergestellten Grundauffassungen deuten, sondern auch darauf, daß wir beide brauchen, um diese Vorgänge wirklich zu verstehen. Dabei kommt nicht nur der aufgezeigte Rhythmus in Betracht, sondern oft auch die Metamorphose, die ein Vorgang dadurch erfahren hat, daß der entgegengesetzte während des Lebens auf ihn zurückwirkt. Schon jeder der beiden betrachteten Gesprächsvorgänge selber, das Zuhören wie das Sprechen, sind, wie die eingehende Beobachtung zeigt, einer Steigerung durch die entgegengesetzte Verhaltensweise fähig. So besteht eine Kultur des Zuhörens nicht allein darin, daß wir dabei von uns selber loskommen, sondern auch darin, daß wir uns während des Zuhörens schöpferisch ein Bild von dem Anliegen des anderen, ja von diesem anderen selber zu machen vermögen; oder eine Kultur des Sprechens nicht allein darin, daß wir aktiv uns und unser eigenes Anliegen ergreifen, sondern es im Sprechen auch aus der fortwährenden Wahrnehmung unserer Zuhörer zu gestalten vermögen. Stets aber bemerken wir, daß es sich überall um Vorgänge handelt, die zwar in der Welt der Sinne zum Ausdruck kommen, die sich aber nicht voll in der Sinneswelt ausleben.

Worum also handelt es sich bei dieser Art von Lebensbeobachtung? Vor allen Dingen darum, daß wir uns eine in sich differenzierte, aber außerordentlich bewegliche Vorstellung des eigenen Menschseins erwerben. Denn was wir zusammengefaßt unser Ich nennen, ist selber ein durch und durch lebendig Bewegliches. Dieser Beweglichkeit gegenüber erweist es sich im Grunde genommen auch noch als eine verhältnismäßig grobe Vorstellung, davon zu sprechen, daß das Ich in dem einen Zustand eine Art «Mittelpunkt» innerhalb der leiblichen Organisation bildet, in dem anderen aber sich außerhalb dieser Organisation mit ihrem «Umkreis» verbindet. Dennoch ist diese Vorstellung geeignet, uns auf den Weg einer selbständigen Wahrheitssuche zu bringen. Wie die physische Atemluft sich einmal innerhalb des Lungenorganismus befindet und einmal außerhalb, so ist es – in seiner einfachsten Erscheinungsform – auch hier. Nur daß das Ichwesen des Menschen nicht, oder jedenfalls nicht allein, passiv den «Atembewegungen» seines «Lungenorganismus» folgt, sondern diese auch aktiv zu gestalten vermag. Das Menschen-Ich ist selber ein Atemwesen. Und sich als ein solches immer bewußter zu erleben, bedeutet einen wichtigen Schritt auf dem hier eingeschlagenen Weg.

Sozialität und Antisozialität

Eine Besinnung des Menschen auf sich selbst stößt über kurz oder lang auf die Tatsache, daß kaum etwas so intensiv unser Leben bestimmt wie das, wofür wir uns interessieren. Wir stellen uns durch unser Interesse in das Leben hinein. So können wir uns für unser eigenes Wohlergehen, für unsere Ausbildung, unsere soziale Stellung usw., also für uns selbst und unsere eigenen Angelegenheiten interessieren, aber auch für andere Menschen und für deren Angelegenheiten. Im ersteren wendet sich unser Ich sich selber, im letzteren anderen Menschen zu. Das Interesse des einen Menschen am anderen um dieses anderen selbst willen verstärkt, wie leicht einzusehen, den Zusammenhang der Menschen untereinander. Es erweist sich als der Quellort von Vorgängen, die das gesellschaftliche Miteinander aufbauen und erhalten. Jedoch auch das Interesse an sich selber ist, recht betrachtet, aufbauender Natur. Das läßt sich schon am Beispiel eines einfachen Arbeitstages zeigen. Wer – nachdem er sich während seiner beruflichen Arbeit fortwährend um andere und deren Wohlergehen gekümmert hat – nun nach Feierabend für sich und sein eigenes Wohlergehen sorgt, der sorgt damit gleichzeitig für den Aufbau der eigenen Kräfte und Leistungsfähigkeit, ohne die er auch für andere am nächsten Arbeitstag nichts zustande bringen könnte. So gehört beides, Ruhe und Arbeit, wie ein Pendel, das nach beiden Seiten ausschlägt, wie Einatmen und Ausatmen, im Menschenleben zusammen.

Zum Problem wird die Sache erst dort, wo das Interesse an sich selbst und das Interesse an anderen Menschen sich nicht mehr nebeneinander entfalten, sondern das letztere durch das erstere eingeengt und abgestumpft wird. Wo also das Interesse an sich selbst nicht einfach dazu führt, sich auch selber tätig zum Beispiel um das eigene Wohlergehen usw. zu kümmern, sondern einzelne Menschen oder Menschengruppen es darauf anlegen, andere in ihre auf sich selbst bezogenen Bestrebungen einzuspannen. Dadurch bringen sie Zerstörungsprozesse in das gesellschaftliche Miteinander herein. So viel auch immer das Interesse am eigenen Wohlergehen aufbauend auf uns selber zurückwirken mag: auf diese Art in die Gesellschaft hineingetragen bewirkt es in ihr Abbauvorgänge. Es hindert uns, uns tatsächlich für das Wohl anderer zu interessieren.

Nicht nur, daß wir dann bestenfalls für das Wohl anderer gerade noch so viel tun, als eben nötig, damit diese anderen bereit sind, sich fortwährend unserem Streben nach dem eigenen Wohlergehen anzupassen: Wir versuchen, diese Bereitschaft auch auf andere Weise herzustellen. Dazu steht heute ein breites Arsenal von Mitteln und Möglichkeiten zur Wahl. Eine solche Bereitschaft, sich bewußt und unbewußt unserem Wünschen und Wollen zu fügen, wird zum Beispiel durch alles bewirkt, was als Werbung und Reklame die Konsumgewohnheiten anderer Menschen so bearbeitet, daß dadurch der Umsatz des von uns betriebenen Produktes steigt; oder durch alles, was als Parteipropaganda das Wahlverhalten der Bürger so beeinflußt, daß sich dadurch der für die eigene Partei abgegebene Stimmanteil vermehrt; oder einfach durch alles, was als Weisungsgebundenheit andere Mitarbeiter so konditioniert, daß sie am besten dem Betriebsziel oder dem Ziel der eigenen Karriere dienen können. Dabei sind dies noch die mildesten Mittel. Da die Konzentration finanzieller Überschüsse in den Händen weniger Menschen notwendig bei anderen entsprechende finanzielle Unterschüsse und damit z. B. eine Verknappung der ihnen zugänglichen Produktionsmittel, Engpässe der Versorgung und materielle Not bewirken, gehört eine solche Konzentration ebenfalls zu den Mitteln, andere gefügig zu machen. Schließlich sei daran erinnert, daß man jemand durch die

Aussicht auf Sanktionen, durch Strafandrohung usw. zwingen kann, sich fremdem Wollen zu beugen. Immer handelt es sich darum, andere Menschen durch solche Vorgänge von außen her zu steuern, um sie dadurch zur Förderung der eigenen Ziele – oder der Ziele, die sich die Gruppe gesetzt hat, der man selber angehört – zu veranlassen. Nur dort, wo wir diese Zusammenhänge und unsere eigene Verstrickung in diese klar durchschauen, kann sich in dieser Hinsicht etwas zum Besseren wenden. Auch wenn es sich bei den angeführten Verfahren im Sinne der heutigen Gesetzgebung um die selbstverständlichen und legalen Mittel handelt, gesellschaftliche Vorgänge zu gestalten, darf nicht übersehen werden, daß sie sozial, d. h. im Hinblick auf das menschliche Miteinander, abbauender Natur sind. Soziale Abbaukräfte mit Aufbaukräften zu verwechseln aber hieße hier, die sozialen Fragen mit denselben Kräften lösen zu wollen, die sie haben entstehen lassen. Unter diesem Gesichtspunkt ist es daher von größter Bedeutung, mit Rudolf Steiner in dem Interesse am anderen Menschen um seiner selbst willen eine «soziale», in dem Interesse an sich selbst – soweit es eben auf die angezeigte Art in die Gesellschaft hineingetragen wird –, aber eine «antisoziale» Kraft zu erkennen. Genauso wenig, wie es zum Beispiel in bezug auf den seelischen Bereich möglich ist, eine Psychologie ohne Psyche, d. h. eine Seelenlehre ohne Seele zu entwickeln, so wenig ist es im Handeln und Leben möglich, eine soziale Gesellschaft ohne die sozialen Impulse zu entwickeln, die aus dem wirklichen Interesse von Mensch zu Mensch herrühren.

Gewiß, was durch die aufgezeigten Mittel der Machtausübung, Gewinnmaximierung und Fremdbestimmung als Anpassungsbereitschaft in all den Menschen entsteht, die Objekt dieser Anwendung sind, ist auch eine Form von Sozialität. Aber nicht eine solche, die dem vom Menschen für andere aufgebrachten Interesse entspringt, sondern eine solche, die ihm von außen her abgenötigt wird: eben von jenen Umständen, die ihn zwingen, sich fremden Wünschen zu fügen. Und zweifellos ist es diese Form von Sozialität, die heute überall angestrebt wird. Wenn jedoch künftig immer weniger Menschen sich an die bisherige Art der Gesellschaftsgestaltung anpassen wollen, wenn die Menschen mehr und mehr beginnen, solche Anpassungen zu verweigern, und wenn diese Weigerung von dem Bewußtsein getragen ist, daß ein solches Sich-Anpassen keineswegs der vollen Würde des Menschen entspricht: so erhebt sich hier die entscheidende Frage, wie es nun weitergehen soll. Bricht dann das Chaos über uns herein? Sind vom Menschen gewollte, der Entfaltung des menschlichen Lebens gemäße Verhältnisse dann prinzipiell nicht mehr möglich? Oder gibt es einen anderen Weg zur Gestaltung der menschlichen Gesellschaft als den, der auf Anpassung abzielt? Der überwiegenden Anzahl unserer Zeitgenossen wird es eine schier unüberwindliche Schwierigkeit bereiten, sich vorzustellen, daß die aus dem unmittelbaren Interesse an anderen Menschen oder Menschengruppen entspringende Form von Sozialität sehr wohl fähig ist, die umfassenden Aufgaben unserer gesellschaftlichen Gegenwart anzugehen. Und doch ist dies so. Dabei fußt diese Überzeugung auf einer Entdeckung, die von jedem Menschen nachvollzogen werden kann, der auf diesem Felde tätig werden will, ja im gewissen Sinne sogar nachvollzogen werden muß, wenn dieses Tun je ein schöpferisches werden soll. Und gerade um die Frage, wie diese Art von Sozialität schöpferisch, d. h. zum Keimort einer künftigen sozialen Kunst wird, handelt es sich heute. Ehe aber hier von dieser Entdeckung die Rede sein soll, wollen wir uns von dem bisher erarbeiteten Ansatz her dem Geheimnis der Menschenbegegnung nähern.

Zum Verständnis
der menschlichen Begegnung

Das Bild des Menschen als eines spirituellen Atemwesens, zu dem wir unsere durch Verdichtung der Aufmerksamkeitskräfte gewonnenen Beobachtung verarbeitet haben, läßt uns auf das Ereignis der Menschenbegegnung ganz anders hinschauen als bisher. Wir werden gewahr, wie wenig es beispielsweise angeht, hier einfach von den «zwischenmenschlichen» Kräften zu sprechen, die dabei eine Rolle spielen, da diese Kräfte doch recht eigentlich die menschlichen sind. Oder wir sehen, wie unzureichend es ist, die Begegnung mit einem anderen Menschen danach zu beurteilen, ob «etwas (vom anderen zu uns selber) herüberkommt» oder nicht, da dieses Etwas immer nur der Mensch selbst sein kann, und wir uns im Zweifelsfalle fragen müssen, ob es uns selber denn gelungen ist, ihm interessevoll entgegenzugehen. Aber nicht der andere Mensch schlechthin ist es, dem wir in der Begegnung entgegengehen, sondern der Mensch, dem dieses oder jenes zum Inhalt seines Daseins geworden ist: sei es nun eine Frage, die ihn beschäftigt, sei es eine Idee, die ihn umtreibt, oder sei es ein Vorhaben, das ihn erfüllt. Und um damit sogleich auf ein Lebensgebiet hinzudeuten, das intensiv auf eine bewußte Pflege der so verstandenen Menschenbegegnung angewiesen ist, darf hinzugefügt werden: Dieser Inhalt kann auch in den Fragen, Gedanken und Vorhaben bestehen, die Menschen in ihrem Umgang mit der anthroposophisch orientierten Geisteswissenschaft erfüllen, für Vorhaben, Gedanken und Fragen also, wie sie auch den Inhalt des vorliegenden Buches bilden, aber ebenfalls Inhalt von Menschenbegegnungen überall in der Welt sein können.

Solche Menschenbegegnungen sind es auch, die in den Zweig-zusammenkünften der Anthroposophischen Gesellschaft angestrebt werden. Worum handelt es sich bei diesen Zusammen-künften? Den besprochenen Inhalten nach beispielsweise um die Anregung, sich noch mit viel umfassenderen Rhythmen des menschlichen Daseins zu beschäftigen als dem geschilderten Atemrhythmus des Menschen-Ich. Wir haben einen solchen schon in dem Rhythmus von Schlafen und Wachen beziehungs-weise in den Vorgängen angedeutet, die dem Wechsel von Schlaf- und Wachzuständen zugrunde liegen. Ein anderer, noch weiter ausgespannter Rhythmus führt den Menschen zur Wiederholung seiner Lebens auf der Erde. Und durch die Wiederholung des Er-denlebens in die damit zusammenhängenden Möglichkeiten, die in einem Erdenleben abgebrochenen oder mißlungenen Men-schenbegegnungen in einem anderen Erdenleben fortzuführen oder überhaupt erst gelingen zu lassen. Auch durch seine wieder-holten Erdenleben erweist sich der Mensch als ein spirituelles Atemwesen. Aber nicht nur vom einzelnen Menschen und seinen Daseinsrhythmen, sondern auch von solchen Rhythmen ist dort die Rede, welche die ganze Menschheitsentwicklung und die Ent-wicklung der physischen und der geistigen Welt umspannen.

Von einer solchen Beschäftigung stellen sich allerdings viele Menschen vor, daß sie notwendig ein Umgang mit bloßen Dog-men sein müsse. Sie berücksichtigen dabei nicht, daß es sich beim Studium der anthroposophisch orientierten Geisteswissenschaft um dieselbe Art von Verarbeitung handelt, von der wir weiter oben schon im Zusammenhang mit dem geschilderten Gedan-kenexperiment gesprochen haben. Daß es darauf ankommt, die aufgenommenen Gedanken weder voreilig zu akzeptieren, noch vorschnell zu verwerfen, sondern daß sie dem ernsthaften Wahr-heitssucher eben vor dieselbe Aufgabe stellen wie andere Aus-sagen auch: vor die Aufgabe, sie zu prüfen. Zunächst, indem wir sie auf alles anwenden, was wir aus eigener Beobachtung und Er-fahrung von der Welt und dem Menschenleben bereits kennenge-lernt haben, um uns dabei zu fragen, ob sich diese Beobachtungen und Erfahrungen in ihrem gegenseitigen Zusammenhang jetzt besser verstehen lassen, als uns das bisher möglich war. Dann aber auch, indem diese Gedanken selber in uns zu «Organen der Aufmerksamkeit» werden, durch die wir neue Beobachtungen und Erfahrungen machen. Hinzu kommt, daß durch eine solche Verarbeitung geisteswissenschaftlicher Gedanken der Mensch nicht nur *über* die Welt geistiger Wesen und Vorgänge etwas erfährt, sondern daß er selber dadurch allmählich eine erste Beziehung zu diesen Vorgängen und Wesen aufnimmt, die ihn intensiver in die Ganzheit des Lebens hineinstellt, als dies vorher der Fall war.

Je mehr nun die an diesen Zusammenkünften beteiligten Menschen das Studium der Geisteswissenschaft auf die angedeutete Art ergreifen, um so intensiver werden sie aneinander auch für das Geistige erwachen, das die Seele des anderen bewegt. Solange wir in uns selber verbleiben, kommen wir beispielsweise gar nicht darauf, diese oder jene Frage gegenüber einem bestimmten Geschehen zu stellen, obwohl wir durchaus schon begonnen haben, uns mit den geistigen Untergründen dieses Geschehens zu beschäftigen. Indem wir aber bei diesen Zusammenkünften Menschen begegnen, die gerade mit einer solchen Frage ringen, werden wir an ihnen für etwas wach, für das wir durch uns selber noch schlafen. Ja, es kann sogar sein, daß wir auf die Begegnung mit ihnen noch eine ziemliche Zeitlang angewiesen sind, weil wir durch uns selber zunächst ohnmächtig bleiben, uns für diese Frage auch wachzuhalten. – Ebenso ist das der Fall, wenn es um Gedanken und Beobachtungen geht, die zu einer Antwort auf solche Fragen beitragen können. Indem wir an anderen Menschen auch für das aufwachen, was sie schon beobachtet und gedanklich verarbeitet haben, werden sie in der Begegnung für uns so etwas wie ein Wahrnehmungsorgan, mit dessen Hilfe wir die Welt von einem Gesichtspunkt aus kennenlernen, der uns durch uns selber bisher teilweise oder ganz verschlossen war. Gewiß, diese durch den anderen Menschen vermittelte Art des Kennenlernens einer Sache macht das Kennenlernen aus eigener, unmittelbarer Erfahrung nicht überflüssig; aber das Leben zeigt überall, wie der erste

Schritt zu einer eigenen Erfahrung im besten Sinne darin liegen kann, sie zunächst durch das geistige Auge eines anderen erblickt zu haben. – Und dasselbe gilt für die Beziehung zu den Wesen und Vorgängen der geistigen Welt, die sich für den Menschen im Laufe seines Studiums der Geisteswissenschaft ergeben hat. Das Erwachen am Geistig-Seelischen anderer Menschen führt uns über das gewöhnliche Gegenstandsbewußtsein hinaus in ein solches, dessen Inhalt nicht die Welt der Gegenstände, sondern der sie hervorbringenden Vorgänge und Wesen – wenn auch in einer allerersten und vorläufigen Form – betrifft. Ist es diesen Menschen gelungen, ein schöpferisches Verhältnis zu jenen Wesen und Vorgängen zu entwickeln, so kann die Begegnung mit ihnen für uns auf die geschilderte Weise zu einem wichtigen Ereignis werden.

Durch all dies wird deutlich, daß eine hingebungsvolle Pflege der anthroposophischen Zweig- und Gruppenarbeit der gegenwärtigen Zivilisation etwas einzufügen vermag, das geeignet ist, verwandelnd auf sie zurückzuwirken und so zum Werden einer neuen sozialen Kultur beizutragen. Menschen beginnen durch diese Arbeit füreinander auf neue Weise bedeutungsvoll zu werden. Denn selbstverständlich kann auch auf diesem Felde die interessengetragene Begegnung mit anderen Menschen nicht das eigene sorgfältige Studium der Geisteswissenschaft ersetzen. Jedoch kann sie zunächst einmal dieses Studium sinnvoll vorbereiten. Und sie kann vor allem auf die mannigfaltigste Weise das eigene Studium ergänzen. Damit bekämpft sie die Einseitigkeit, die sich nur allzuleicht einstellt, wenn wir ein solches Studium alleine betreiben. Das aber heißt: Wir nehmen durch jede solcher Begegnungen etwas in uns auf, was sich innig mit dem Werdegang unseres eigenen Selbst verbindet.

Und damit kommt noch eine andere Seite des zur Rede stehenden Geheimnisses der Menschenbegegnung in den Blick: die Seite der lebensgestaltenden Wirksamkeit der Menschenbegegnung. Auf diese Wirksamkeit werden wir aufmerksam, wenn wir uns beispielsweise im Rückblick auf unser Leben immer wieder die Frage stellen, was wir den Menschen verdanken, denen wir da oder dort begegnet sind und die uns ein kürzeres oder längeres Stück auf unserem Lebenswege begleitet haben; und wenn wir zugleich die innere Aktivität aufbringen, auf ungewöhnliche Weise nach einer Antwort auf diese Frage zu suchen. Denn nicht dadurch werden wir diese Antwort finden, daß wir nun einfach unser Gedächtnis befragen, ob uns dieser oder jener Mensch damals sympathisch oder antipathisch war, ob wir ihn befreundet oder verfeindet mit uns erlebten, usw. Sondern vielmehr dadurch, daß wir uns dafür zu interessieren beginnen, wie ein solcher Mensch uns erlebte, was er an uns durchmachte, mit welchen Empfindungen er auf uns hinblickte. Es waren vielleicht nicht immer freuden-, sondern oft sorgenvolle Erfahrungen, die es mit uns durchmachte. Er lebte sein eigenes Leben: Was aber haben diese Erlebnisse, Empfindungen und Erfahrungen für ihn und für sein Leben bedeutet?

Je mehr wir in dieser Weise unsere Erinnerung an einen Menschen nur gebrauchen, um uns auf die angedeutete Art in ihn einzufühlen, um so mehr bemerken wir, daß wir gar nicht mehr so selbstverständlich im Mittelpunkt des erinnerten Lebensschauplatzes stehen wie bisher. Menschen, die uns damals umgeben haben und die wir auch in der Erinnerung wie von außen betrachtet haben, beginnen uns seelisch in ungeahnter Weise gegenwärtig zu werden. Was uns beispielsweise als die gegen uns gerichtete Denk- oder Handlungsweise eines Menschen noch in der Erinnerung unangenehm berührt, erhält nun einen vollständig anderen Charakter, wenn uns daran die damals für diesen Menschen vorliegende Notwendigkeit aufgeht, sich vielleicht uns gegenüber zu schützen oder doch abzugrenzen. Wir werden immer mehr gewahr, daß wir den Menschen, die uns damals mehr oder weniger geduldig getragen und ertragen haben, etwas verdanken. Ja, wir werden gewahr, daß das, was wir ihnen verdanken – da unser Werdegang nun einmal so und nicht anders verlaufen ist –, im Grunde wir selber sind. Wir verdanken ihnen unser gewordenes Selbst. Der menschliche Umkreis, der auf dem erinnerten Lebensschauplatz zunächst so selbstverständlich von uns als seinem

Mittelpunkt bestimmt schien, wird uns im Verlaufe dieser Übungen immer mehr als ein solcher lebendig, der diesen Mittelpunkt erst schaffend hervorbringt.

Sich auf diese Weise in den Werdegang der eigenen, aus dem Schöpferischen der Menschenbegegnung heraus geborenen Biographie zu vertiefen, bedeutet jedoch nicht allein einen Zuwachs an Selbsterkenntnis, sondern vor allem einen weiteren Beitrag zum Werden einer neuen sozialen Kultur. Denn was hier an vergangenen, schon abgeschlossenen Menschenbegegnungen erübt wird, erweist sich auch in den gegenwärtigen Begegnungen als aufkeimende Fähigkeit, sich schöpferische Bilder – soziale Imaginationen – vom Wesen des anderen Menschen zu machen. Dazu sei an dieser Stelle besonders auf die Darstellung über die grundlegende Bedeutung solcher Biographie-Übungen in dem Vortrag «Soziale und antisoziale Triebe»[2] von Rudolf Steiner verwiesen.

Brüderlichkeit, Gleichheit, Freiheit:
Keimkräfte der sozialen Dreigliederung

Die entscheidende Entdeckung, die es auf dem beschriebenen Felde zu machen gilt, besteht nun darin, gewahr zu werden, daß das Interesse an anderen Menschen um ihrer selbst willen in den unterschiedlichen Situationen des Lebens keineswegs ein einheitlicher Vorgang bleibt. Sogar ein und demselben Menschen gegenüber wird dieses Interesse, je nachdem in welchem Zusammenhang des sozialen Miteinanders er uns entgegentritt, zu etwas Mannigfaltigem. So wird in manchen Situationen dieses Interesse – allen sentimentalen oder plakativen Mißbrauch solcher Ausdrücke abgestreift – sich elementar als eine Art von Solidarität, von Brüderlichkeit darstellen. In anderen Situationen werden wir dieses Interesse unmittelbar als ein Streben nach Ebenbürtigkeit, nach Gleichheit spüren. Und wieder andere Situationen werden uns dieses Interesse spontan als Gefühl für die Freiheit des anderen empfinden lassen. Das aber heißt: Was wir bisher als mehr oder weniger abgenutzte Schlagworte aus der Devise der Französischen Revolution kennen, bekommt durch diese Entdeckung einen neuen, rein menschlich erfüllten Inhalt. Es gibt, recht betrachtet, nicht nur eine einheitliche, sondern drei unterschiedliche Arten von Sozialität, deren jede aus dem aktiven Interesse am anderen Menschen entspringt.

Zwar werden die Eindrücke, die zu dieser Differenzierung führen, heute im gewöhnlichen Verlauf des gesellschaftlichen Lebens durch unser viel robusteres Sinnesbewußtsein alsbald überblendet und gehen, wenn wir uns nicht üben, sie immer wieder neu zu erwerben, ohnehin in der Konvention und Routine des Alltags unter. Aber die Entdeckung, daß das reine für den anderen Menschen wachwerdende Interesse sich innerlich in drei verschiedene

Qualitäten, in drei unterschiedliche Impulse hinein entfaltet, wird – wenn sich genügend Menschen finden, die hier einen neuen Ansatz für ihre in die soziale Welt eingreifende Arbeit suchen – dennoch allmählich zu einer Gestalt der menschlichen Gesellschaft führen, die dann nicht mehr auf der oben gekennzeichneten Anpassung, sondern im Gegenteil gerade auf der eigenständigen Aktivität des einzelnen Menschen beruht.

Zu diesem Ziel ist es allerdings u. a. notwendig, eingehend die Bedingungen zu erforschen, unter denen die aufgezeigten, in dieser dreifachen Sozialität sich regenden Keimkräfte einer neuen Gesellschaftsgestaltung sich entwickeln. So gehört zu einer ersten Orientierung auf diesem Gebiet hinzu, gewahr zu werden, daß der Mensch immer schon mit drei verschiedenen Seiten seines Wesens im Leben der menschlichen Gesellschaft steht. Wir beobachten dazu beispielsweise zunächst aufmerksam die verschiedenartigen Vorgänge, die sich etwa in einem Kaufhaus abspielen, um dann hinterher aufzuarbeiten, was wir davon im Gedächtnis behalten haben. Je nachdem, um welche Tageszeit wir die Verkaufsräume betreten, werden uns dabei die Vorgänge der einen oder anderen Art mehr ins Auge fallen. Im ganzen aber haben wir es

1. mit Vorgängen zu tun, in denen die beteiligten Menschen stehen, insofern sie einen Bedarf an Waren oder einen Bedarf an Geld haben. Der Warenbedarf seitens der Kundschaft wird mehr oder weniger gut durch die in dem Kaufhaus angebotenen Waren befriedigt; der Geldbedarf seitens der das Kaufhaus betreibenden Firma wird mehr oder weniger gut durch die Summe befriedigt, welche die Kundschaft an Geld auszugeben bereit ist. In diesem doppelten Sinne geht es bei den zur Rede stehenden Vorgängen jedesmal um Bedarfsbefriedigung.

2. mit Vorgängen zu tun, in denen die beteiligten Menschen stehen, insofern sie bis in manuelle Geschicklichkeit und körperliche Kräfte hinein über Fähigkeiten und Fertigkeiten verfügen und diese einsetzen, um beispielsweise die durch Verkauf entstandenen Lücken in den Regalen zu ergänzen oder Kunden zu beraten oder gekaufte Waren zu verpacken oder zu kassieren oder

zurückgebrachte Ware umzutauschen usw. Bei allen diesen Vorgängen handelt es sich darum, daß die Mitarbeiter des Kaufhauses durch Zusammenarbeit die Leistung erbringen, welche die Firma ihrer Kundschaft versprochen hat.

3. mit Vorgängen zu tun, die anderen, schon genannten vorausgehen bzw. sie als deren Grundlage durchziehen. In ihnen stehen die beteiligten Menschen einfach durch ihre Mündigkeit. Sie bestehen in dem Treffen von Verabredungen und Vereinbarungen, im Abschließen von Verträgen und im Berücksichtigen von Verordnungen und Gesetzen, durch die überall die gegenseitigen Rechte oder Pflichten geregelt werden. So etwa in dem Berücksichtigen des Ladenschlußgesetzes, das den Zutritt der Kundschaft zu den Verkaufsräumen regelt, oder in dem Abschließen von Arbeitsverträgen zwischen den Mitarbeitern der Firma, insofern darin z. B. Zeit, Ort und Art der Arbeit sowie Entgelt festgelegt wird, oder im Verabreden aller Rechte und Pflichten, die das Aussuchen und Bezahlen, die Mitnahme oder Lieferung der Ware samt einer eventuellen Rückgabe- oder Umtauschsmöglichkeit betreffen. Alle diese Vorgänge lassen sich als Vereinbarung gegenseitiger Rechte und Pflichten charakterisieren.

Eine solche erste Orientierung gilt es nun in weiteren Beobachtungen und Übungen zu entfalten: Wie greifen Vereinbarungen von Rechten und Pflichten, Zusammenarbeit und Bedarfsbefriedigung in anderen Institutionen des gesellschaftlichen Lebens ineinander? Wann im menschlichen Miteinander lernen wir einen Menschen als mündiges, wann als fähiges und wann als bedürfendes Wesen kennen bzw. wann treten wir selber anderen Menschen als Mündige, Fähige oder Bedürfende aktuell gegenüber? Wie sind die Gegenstände des täglichen Lebens in das Miteinander der Menschen eingebunden, insofern dieses Miteinander aus Vereinbarung, Zusammenarbeit und Bedarfsbefriedigung besteht? Bei dem übungsweisen Verfolgen jeder dieser Fragen werden wir bemerken, wie wir zunächst etwas als Beispiel – eine Institution, einen Menschen, einen Gegenstand – aus vielen anderen herausgreifen müssen; wie das Beispiel aber im weiteren Verlauf der Arbeit an Bedeutung verliert, da wir ständig in drei Richtungen über das so Gewählte hinaus uns in seinen sozialen Umkreis hineinfragen, der dabei für uns immer reicher wird, um dann schließlich von diesem Umkreis her neu zu verstehen, was wir anfangs als Beispiel in den Mittelpunkt unserer Aufmerksamkeit gestellt hatten.[3]

Im Verlaufe dieser Übungsarbeit wird deutlich, daß die angezeigten drei Formen des menschlichen Miteinanders es sind, die das eigentliche Geburtsmilieu der zur Rede stehenden dreifachen Sozialität bilden, und es gehört sogar zu einem der sichersten Kennzeichen, daß wir uns das gemeinte Interesse am anderen Menschen um seiner selbst willen nicht nur einbilden, sondern tatsächlich entfalten, wenn dadurch beispielsweise ein je konkretes Bild unserer Mitmenschen als Bedarfswesen entsteht, oder wenn daraus ein je individuelles Bild von ihnen als Mündigkeitswesen erwächst, oder wenn sich dabei ein je spezifisches Bild von ihnen als Fähigkeitswesen entwickelt. Denn solche Bilder unserer Mitmenschen sind es, die zuerst das angedeutete Streben nach Solidarität oder Brüderlichkeit, nach Ebenbürtigkeit oder Gleichheit und nach der Freiheit des anderen als Impuls in uns loslösen. Das Bild des anderen als eines fähigen Wesens wird in uns zum Streben nach dessen Freiheit, das Bild des anderen als eines mündigen Wesens zum Streben nach Gleichheit mit ihm und das Bild des anderen als eines bedürfenden Wesens zum Streben nach Brüderlichkeit ihm gegenüber.

Worum handelt es sich nun, wenn im Sinne des anthroposophischen Sozialimpulses von einer Dreigliederung des Gesellschaftsorganismus gesprochen wird? Nicht darum, Zusammenarbeit, Vereinbarung und Bedarfsbefriedigung voneinander zu trennen, sondern darum, jeden dieser drei gesellschaftlichen Lebensbereiche optimal zu gestalten und zu verwalten. Und dazu eben bedarf es der angezeigten dreifachen Sozialität. So wird eine Zusammenarbeit verständlicherweise um so fruchtbarer, je mehr jeder einzelne Mitarbeiter selbständig und eigenverantwortlich an ihr mitwirkt. Das aber heißt: je mehr es gelingt, sie aus dem Element gegenseitiger Freiheit heraus zu gestalten. Ebenso werden die abzuschließenden Vereinbarungen um so tragfähiger, je mehr jeder einzelne den anderen als ebenbürtigen Partner anerkennt. Das aber heißt: je mehr es gelingt, sie aus dem Element gegenseitiger Gleichheit heraus zu vollziehen. Und so werden auch alle Vorgänge der Bedarfsbefriedigung um so lebensgemäßer ausfallen, je mehr sich dabei jeder einzelne um die Bedürfnisse der anderen kümmert. Das aber heißt: je mehr es gelingt, sie aus dem Element gegenseitiger Brüderlichkeit heraus geschehen zu lassen. (Gewiß, Rudolf Steiner nennt, was gemäß seiner Lebensbedingungen am besten aus dem Element der Brüderlichkeit heraus gestaltet wird, «Wirtschaftsleben», so wie er «Rechtsleben» das nennt, was optimal aus dem Element der Gleichheit, und als «Geistesleben» das bezeichnet, was am fruchtbarsten aus dem Element der Freiheit gestaltet wird; da aber diese Bezeichnungen zu einer Anzahl von Mißverständnissen geführt haben, wurden hier solche gewählt, die mit diesen Mißverständnissen weniger belastet sind: eben Bedarfsbefriedigung, Vereinbarung und Zusammenarbeit.)

Ebenso, wie die heutige Gesellschaftsordnung nur dadurch möglich wurde, daß Gewinnmaximierung, Machtausübung und Fremdbestimmung nicht allein Sache der einzelnen blieben, sondern sich gesellschaftliche Formen zu ihrer Ausübung herausbildeten – Aktiengesellschaften sind gesellschaftliche Formen der Gewinnmaximierung, Polizeistaaten solche des Machtgebrauches, Ämterhierarchien solche der Fremdbestimmung, usw. –, so liegt für den Impuls zur Ausgestaltung einer dreigliedrigen Gesellschaft die Notwendigkeit vor, ebenso gesellschaftliche Formen der Brüderlichkeit, der Gleichheit und der Freiheit zu erfinden. Nur muß allerdings dabei betont werden, daß von diesen Erfindungen zu sprechen immer nur im Hinblick auf die konkrete gesellschaftliche Situation einen Sinn hat, an der sie gemacht werden; aber ebenso deutlich muß unterstrichen werden, daß solche Erfindungen sich zweifellos ergeben werden, wenn an dieser Situation genügend viele Menschen beteiligt sind, die den Impuls der hier geschilderten dreifachen Mitmenschlichkeit individuell ergriffen haben und sich zur rechten Zeit miteinander verbinden.

Ein neues Menschenbild
als Grundlage der Sozialkunst

Gegen das hier Vorgebrachte kann eingewendet werden, daß es sich dabei weit mehr um Ausführungen einer anthroposophisch orientierten «Sozialpsychologie» denn um eine Behandlung brennender sozialer Gegenwartsfragen handele. So richtig nun allerdings die Feststellung ist, daß es hier tatsächlich in allererster Linie um die Grundzüge einer sozialen Menschenkunde geht, so wenig sollte dies als Einwand aufgefaßt werden. Vielmehr lassen sich die eigentlichen sozialen Fragen der Gegenwart überhaupt erst von solchen menschenkundlichen Einsichten her – durch ihre Verarbeitung im Sinne der anthroposophischen Geistesschulung – fruchtbar stellen. Denn erst durch sie erfahren diese Fragen eine Orientierung nach jener Zukunft, die nicht nur fortgerechnete Vergangenheit ist, sondern die Keime einer menschenwürdigen Entwicklung der menschlichen Gesellschaft in sich birgt.

Es gehört entscheidend zur anthroposophischen Arbeitsweise, einer in das Menschenleben eingreifenden Arbeit nicht Rezepte und Programme zugrunde zu legen, sondern eine diesbezügliche meditativ zu erarbeitende Menschenkunde. «Abends meditieren Sie über Menschenkunde», so spricht Rudolf Steiner beispielsweise die Lehrer der ersten Waldorfschule an, «und morgens quillt es aus Ihnen heraus: ja mit dem Hans Müller mußt du jetzt dies oder jenes machen, oder: bei diesem Mädchen fehlt es an dem und dem; usw. Kurz, Sie wissen, was Sie für den speziellen Fall anwenden müssen.»[4] Dieser Vortrag will darauf aufmerksam machen, daß Erziehung nur so weit ein künstlerischer Prozeß, eine wirkliche Erziehungs*kunst* werden kann, als der Lehrer nicht mit einer durch Programme und Rezepte gebundenen Marschroute vor seine Schüler hintritt, sondern allein mit einer durch meditative Arbeit erworbenen Empfänglichkeit für die Intuitionen, aus denen er seinen jeweiligen Unterricht formt. Das aber gilt genauso für alles gesellschaftsorientierte Handeln. Auch dieses muß, soll es je zu einer menschenwürdigen Gesellschaft führen, zu einem sozial-künstlerischen werden. Und der Weg dazu führt heute über eine Menschenkunde, die wie die oben angedeutete auf das menschliche Miteinander, auf die Begegnung von Mensch zu Mensch ausgerichtet ist.

Wenn also als die heute im Hinblick auf den anthroposophischen Sozialimpuls vorliegenden Aufgaben genannt werden müssen:

1. Forschung auf sozialem Felde,
2. Aufklärung möglichst vieler Menschen und
3. Mitwirkung an modellhaften Einrichtungen,

so hängt dennoch die Fruchtbarkeit jeder dieser Bemühungen für den zur Rede stehenden Sozialimpuls davon ab, ob es uns gelingt, durch eine solche Verarbeitung menschenkundlicher Gedanken selber für die Bestrebungen, Angelegenheiten und Bedürfnisse anderer Menschen und Menschengruppen in dreifacher Richtung wach zu werden. Erst durch eine solche Arbeit entstehen für eine Erforschung sozialer Vorgänge die dazu erforderlichen geistigen «Wahrnehmungswerkzeuge», für die Aufklärung anderer die dabei notwendige Glaubwürdigkeit und für das Mitwirken an Modellen die dafür gebrauchten sozialen Fähigkeiten. Deshalb sei hier noch einmal auf die geisteswissenschaftliche Menschenkunde zurückgegriffen.

Wie oben bereits angedeutet, lassen sich diese Einsichten voll in das Bild einfügen, das Rudolf Steiner in seinem Buch «Die Geheimwissenschaft im Umriß» von dem Wesen des Menschen entwirft. Über seinen durch unser gewöhnliches Sinnesbewußtsein zu beobachtenden physischen Körper hinaus werden dort dem

Menschen drei weitere Glieder seines Wesens zugeschrieben, welche sich allein auf geistige Weise beobachten lassen: das den physischen Körper mit Leben durchdringende Wesensglied des Ätherleibes, das im physischen Körper Bewußtsein entzündende Wesensglied des Astralleibes und das die Welt und sich selbst begreifende Ich-Wesen. Gerade durch die je verschiedene Eigenheit dieser Glieder und durch ihre unterschiedlichen Daseinsbedingungen ist der Mensch in mehrfachem Sinne ein geistiges Atemwesen. Versuchen wir daher, diesen Gedanken noch einmal von dieser Viergliederung des Menschenwesens her zu differenzieren.

Wir richten dazu unser Augenmerk zunächst wieder auf den Wechsel von Wachen und Schlafen. Er kommt dadurch zustande, daß der Astralleib seinen eigenen Daseinsbedingungen nach der «Sternenwelt» angehört, d. h. der Welt, die dem ausgebreiteten Sternenhimmel geistig zugrunde liegt. Indem er nun von Zeit zu Zeit seine bewußtseinsentzündende Tätigkeit im physischen Leibe aufgeben muß, um wieder aus der Welt, der er seiner Eigenart nach angehört, neue Kraft schöpfen zu können, schlafen wir ein. Und wir wachen auf, indem er diese bewußtseinsentzündende Tätigkeit wieder aufnimmt. Wird nun das Einschlafen als ein den ganzen Menschen umfassender Ausatmungsvorgang, das Aufwachen als ein ebenso umfassender Einatmungsvorgang aufgefaßt, so können wir in dem durch den Ätherleib belebten physischen Leib den «Lungenorganismus» dieses Vorganges, seine «Atemluft» aber in dem aus- und einströmenden vom Ich durchsetzten Astralleib sehen.

Neben diesem Rhythmus von Schlafen und Wachen muß nun die geisteswissenschaftliche Menschenkunde also noch von zwei anderen sprechen, die auf eine ähnliche Weise zu begreifen sind. So beginnen wir einen noch viel weitergespannten Atemrhythmus zu ahnen, wenn wir die Geburt des Menschen als eine noch mächtigere Einatmung und den Tod als eine ebenso mächtige Ausatmung zu verstehen suchen. In diesem Rhythmus besteht der «Lungenorganismus» in dem physischen Körper allein, wäh-

rend die «Atemluft» den ganzen aus der geistigen Welt herabstei-
genden oder in die geistige Welt hinaufsteigenden übersinnlichen
Menschen, also Ätherleib, Astralleib und Ich-Wesen, umfaßt. Allerdings existiert hier der «Lungenorganismus» nur einen «Atemzug» lang: er zerbricht, wenn sich in der Exkarnation Ätherleib,
Astralleib und Ich aus der physischen Körperlichkeit lösen, um in
einem rein geistigen Dasein zwischen dem Tode und einer neuen
Geburt diejenigen Kräfte zu finden, derer sie bedürfen, um wiederum einen neuen physischen «Lungenorganismus» aufzubauen.

Jener Atemrhythmus dagegen, von dem in dem vorliegenden
Beitrag vor allem die Rede war, vollzieht sich im Vergleich zu
dem zwischen Wachen und Schlafen außerordentlich rasch und ist
noch mehr in die Willkür des Menschen hereingerückt als jener.
«Lunge» dabei ist der nicht nur vom Ätherleib belebte, sondern
auch vom Astralleib mit Bewußtsein durchdrungene physische
Leib, während die «Atemluft» hier alleine in dem Ich-Wesen des
Menschen gesehen werden muß, das dadurch einmal innerhalb
der physisch-ätherisch-astralischen Leiblichkeit und einmal in ihrem Umkreis, d. h. in der gleichen Welt lebt, in der auch seine
Mitmenschen leben.

Diese Andeutungen mögen genügen, um die Einbettung der
oben skizzierten sozial orientierten Menschenkunde in das Menschenbild der Anthroposophie zu ergänzen. Eine Überleitung
zum meditativen Umgang mit diesen Gedanken kann unter ande-
rem in dem Spruch gefunden werden, den Rudolf Steiner seiner
Mitarbeiterin Marie Steiner widmete:

Ein Atemzug aus der Geistwelt ist
Was im Erwachen in den Leib
Was im Einschlafen aus dem Leib
Als wesendes Licht entströmend
Erlebt sich im Wechselsinn des Daseins.

Im Atem des Geisteswebens bin ich
Wie Luft im Lungenleibe.
Nicht Lunge bin ich,
Nein Atemluft.
Doch Lunge ist, was weiß von mir!
Erfaß ich dies, erkenne ich
Mich im Geiste der Welt.

Sicher mit seinem Einverständnis formte Marie Steiner in ihrer
künstlerischen Darstellung diesen Spruch um, indem sie ein Wort
darin zu einem anderen fortbildete:

Ein Atemzug in der Geistwelt ist
Was im Erwachen in den Leib
Was im Einschlafen aus dem Leib
Als wesendes Ich entströmend
Erlebt sich im Wechselsinn des Daseins.

Im Atem des Geisteswebens bin ich
Wie Luft im Lungenleibe.
Nicht Lunge bin ich,
Nein Atemluft.
Doch Lunge ist, was weiß von mir!
Erfaß ich dies, erkenne ich
Mich im Geiste der Welt.

Statt einer Zusammenfassung

Zu Beginn der vorliegenden Ausführungen wurde von einem Wesen gesprochen, dem der Geistesschüler an der Schwelle zur geistigen Welt begegnet, und das ihn davor bewahrt, noch unreif für diese Welt die Schwelle zu ihr zu überschreiten. Dieser Hüter der Schwelle trägt ihm ein Bild dessen entgegen, was er im Laufe seiner vergangenen Erdenleben geworden ist. Bald, nachdem er dieses Bild erkannt hat, tritt ihm aber noch ein zweites Hüter-Wesen in den Weg. Es unterscheidet sich von der gespenstischen Gestalt des ersten durch seine erhabene Schönheit und den unbeschreiblichen Glanz, der von ihm ausgeht. Rudolf Steiner nennt ihn, gegenüber dem zuerst geschilderten «kleineren», den «größeren» Hüter der Schwelle. Dieser «große Hüter» trägt dem Menschen ein Bild dessen entgegen, was er in ferner Zukunft einmal werden kann. Dies aber wird ihm nur dann gelingen, wenn er nicht allein die Kräfte findet, sich selber so weit zu vervollkommnen, daß er um seinetwillen der durch das Erdenleben gebotenen Entwicklungsmöglichkeiten nicht mehr bedarf, sondern wenn er darüber hinaus alle die so erworbenen Kräfte zugunsten der Gemeinsamkeit mit seinen Mitmenschen, zur Befreiung der ganzen Menschheit angewendet hat.

Im Sinne dieser Darstellung ist es auf dem Schulungsweg der große Hüter der Schwelle, der uns auf das anfangs angeführte zweite Bild unserer selbst hinweist: auf das Bild, das die menschliche Gesellschaft heute bietet und auf die Aufgabe, seine heutige menschen-unwürdige Gestalt in eine künftig menschenwürdige zu verwandeln. Von der Begegnung des Geistesschülers mit diesem zweiten Hüter der Schwelle spricht Rudolf Steiner im letzten Kapitel seines Schulungsbuches «Wie erlangt man Erkenntnisse der höheren Welten?» Es trägt den Titel «Leben und Tod. Der große Hüter der Schwelle» und wurde zuerst im September 1905 als Aufsatz in der Zeitschrift «Luzifer-Gnosis» veröffentlicht. Im Oktober des gleichen Jahres erschien in dieser Zeitschrift dann der erste Teil jenes Aufsatzes, der heute unter dem Titel «Geisteswissenschaft und soziale Frage» gedruckt vorliegt[5] und der in seinem im Herbst 1906 erschienenen dritten Teil die Veröffentlichung einer sozialen Gesetzmäßigkeit enthielt, die Rudolf Steiner von Anfang an das «Soziale Hauptgesetz» nennt. Da jedoch dieser Aufsatz damals von niemandem aufgegriffen wurde, hat Rudolf Steiner ihn nicht fortgeführt.

Den Geist, aus dem dieser Aufsatz damals von Rudolf Steiner begonnen wurde, heute zu ergreifen, darauf kommt für die Zukunft alles an.

Anmerkungen

Die Werke Rudolf Steiners werden nach der Gesamtausgabe (GA) im Rudolf Steiner Verlag, Dornach zitiert.

Jörgen Smit: Der meditative Erkenntnisweg der Anthroposophie

1 Siehe «Anweisungen für eine esoterische Schulung» (GA 245) S. 16 und 105 f.

2 Eine Darstellung dieser Übung in einem größeren Zusammenhang findet sich in dem Vortrag von Rudolf Steiner «Das Anschauungserlebnis der Denktätigkeit und der Sprachtätigkeit», Dornach, 20. April 1923, in «Was wollte das Goetheanum und was soll die Anthroposophie» (GA 84).

3 Rudolf Steiner: «Wie erlangt man Erkenntnisse der höheren Welten?» GA 10, Kapitel «Die Stufen der Einweihung, 1. Die Vorbereitung».

4 «Wie erlangt man Erkenntnisse der höheren Welten?», a. a. O.

5 Vergleiche die Darstellung Rudolf Steiners im Vortrag vom 28. März 1910 in der Vortragsreihe «Makrokosmos und Mikrokosmos» (GA 119).

6 Siehe Vortrag Rudolf Steiners über «Okkulte Wissenschaft und okkulte Entwicklung-Einweihung», 1. Mai 1913, in «Vorstufen zum Mysterium von Golgatha» (GA 152).

7 Vgl. Rudolf Steiner, Vortrag vom 30. November 1919 in «Die Sendung Michaels», GA 194.

8 Vgl. Rudolf Steiner «Der positive und der negative Mensch», Vortrag vom 10. März 1910 in «Pfade der Seelenerlebnisse» (GA 59).

9 Vgl. Rudolf Steiners Darstellung in einem Brief an die Mitglieder der Anthroposophischen Gesellschaft vom 18. Mai 1924 über «Die Bildnatur des Menschen» (GA 260 a).

1 Vortrag vom 1.9.1918 in «Die Wissenschaft vom Werden des Menschen» (GA 183).

2 «Die Rätsel der Philosophie» (GA 18), Kap. «Skizzenhaft dargestellter Ausblick auf eine Anthroposophie».

3 Vortrag vom 2.9.1923 in «Initiationswissenschaft und Sternenerkenntnis» (GA 228).

4 «Ein Weg zur Selbsterkenntnis des Menschen» (GA 16), I. Meditation.

5 Vortrag vom 29.8.1919 in «Allgemeine Menschenkunde als Grundlage der Pädagogik» (GA 293); «Die Philosophie der Freiheit» (GA 4), I. Anhang.

6 Vortrag vom 30.8.1915 in «Zufall, Notwendigkeit und Vorsehung» (GA 163).

7 Vortrag vom 9.1.1924 in «Meditative Betrachtungen und Anleitungen zur Vertiefung der Heilkunst» (GA 316).

8 S. auch G. Kühlewind: «Die Wahrheit tun», Kap. «Über das geisteswissenschaftliche Studium»; Stuttgart 1982; «Vom Normalen zum Gesunden», Kap. 5.1. und 5.2., ebenda, 1986.

9 Vorträge vom 5. und 6.5.1918 in «Kunst und Kunsterkenntnis» (GA 271).

10 «Wie erlangt man Erkenntnisse der höheren Welten?» (GA 10), Nachwort 1918.

11 G. Kühlewind: «Die Wahrheit tun», Kap. «Über das geisteswissenschaftliche Studium»; Vortrag vom 18.10.1919 in «Soziales Verständnis aus geisteswissenschaftlicher Erkenntnis» (GA 191).

12 Vortrag vom 12.6.1919 in «Der innere Aspekt des sozialen Rätsels» (GA 193); Vortrag vom 18.1.1920 in «Geistige und soziale Wandlungen in der Menschheitsentwicklung» (GA 196); Vortrag vom 7.8.1920 in «Geisteswissenschaft als Erkenntnis der Grundimpulse sozialer Gestaltung» (GA 199); Vortrag vom 14.8.1921 in «Menschwerden, Weltenseele und Weltengeist» (GA 206); Vortrag vom 19.6.1915 in «Das Geheimnis des Todes» (GA 159–160).

13 «Vom Menschenrätsel» (GA 20), Kap. V.

14 Vortrag vom 24.7.1917 in «Menschliche und menschheitliche Entwicklungswahrheiten» (GA 176), «Die Schwelle der geistigen Welt» (GA 17), Kap. II und Nachwort 1918; Vortrag vom 15.12.1917 in

«Geschichtliche Notwendigkeit und Freiheit» (GA 179); Vortrag vom 2. 5. 1915 in «Wege der geistigen Erkenntnis und der Erneuerung künstlerischer Weltanschauung» (GA 161).

15 Werke von Rudolf Steiner, die in der Sprache der Bewußtseinsvorgänge gehalten sind: «Grundlinien einer Erkenntnistheorie der Goetheschen Weltanschauung, mit besonderer Rücksicht auf Schiller» (GA 2); «Wahrheit und Wissenschaft» (GA 3); «Die Philosophie der Freiheit» (GA 4); «Goethes Weltanschauung» (GA 6); «Die Mystik im Aufgange des neuzeitlichen Geisteslebens und ihr Verhältnis zur modernen Weltanschauung» (GA 7); «Das Christentum als mystische Tatsache und die Mysterien des Altertums» (GA 8); «Die Stufen der höheren Erkenntnis» (GA 12); «Ein Weg zur Selbsterkenntnis des Menschen» (GA 16); «Die Schwelle der geistigen Welt» (GA 17); «Vom Menschenrätsel» (GA 20); «Von Seelenrätseln» (GA 21); «Anthroposophische Leitsätze» (GA 26). Im bildhaften Mitteilungsstil: «Theosophie» (GA 9); «Wie erlangt man Erkenntnisse der höheren Welten?» (GA 10); «Aus der Akasha-Chronik» (GA 11); «Die Geheimwissenschaft im Umriß» (GA 13); «Die geistige Führung des Menschen und der Menschheit» (GA 15).

16 «Von Seelenrätseln» (GA 21), Kap. I. und VI. / 6.

17 «Goethes Weltanschauung» (GA 6), Kap. «Persönlichkeit und Weltanschauung».

18 «Theosophie» (GA 9), Kap. «Leib, Seele und Geist».

19 «Luzifer-Gnosis» (GA 34), «Die Erziehung des Kindes vom Gesichtspunkt der Geisteswissenschaft».

20 S. G. Kühlewind: «Das Leben der Seele zwischen Überbewußtsein und Unterbewußtsein», Anmerkung 4.; Stuttgart 1986.

21 G. Kühlewind: «Vom Normalen zum Gesunden», Kap. 4.

22 Vortrag vom 22. 2. 1907 in «Das christliche Mysterium» (GA 97).

23 «Wie erlangt man Erkenntnisse der höheren Welten?» (GA 10), Kap. «Bedingungen».

24 Vortrag vom 6. 5. 1922 in «Menschliches Seelenleben und Geistesstreben im Zusammenhang mit Welt- und Erdentwicklung» (GA 212).

25 S. auch G. Kühlewind «Bewußtseinsstufen», Kap. «Konzentration und Kontemplation» und «Das Grunderlebnis des Geistes.»; «Vom Normalen zum Gesunden», Kap. 5. 3. Über die Dauer der Übungen und ihr Verhältnis zum Alltag: G. Kühlewind: «Die Diener des Logos», Kap. VII. «Erkenntnisweg und Alltag», Stuttgart 1981.

26 «Anweisungen für eine esoterische Schulung» (GA 245), Kap. I.

27 S. Georg Kühlewind: «Vom Normalen zum Gesunden», Kap. 4. 6. und 5. 3.

28 Vortrag vom 20. 8. 1922 in «Das Geheimnis der Trinität» (GA 214).

29 Vortrag vom 30. 9. 1921 in «Anthroposophie als Kosmosophie» (GA 207).

30 Georg Kühlewind: «Das Licht des Wortes», Kap. «Das wortlose Denken», Stuttgart 1984.

31 «Die Schwelle der geistigen Welt» (GA 17), Kap. I.

32 Vortrag vom 6. 5. 1918 in «Kunst und Kunsterkenntnis» (GA 271)

33 Ein Beispiel wird in «Die Geheimwissenschaft im Umriß» (GA 13), Kap. «Die Erkenntnis der höheren Welten» im Hinblick auf das Rosenkreuz gegeben.

34 S. besonders Vortrag vom 2. 10. 1920, abends in «Grenzen der Naturerkenntnis» (GA 322); G. Kühlewind: «Die Wahrheit tun», Kap. «Über das reine Wahrnehmen»; «Das Licht des Wortes», Kap. 18. und 19.

35 «Ein Weg zur Selbsterkenntnis des Menschen» (GA 16), Kap. I.; Vortrag vom 29. 8. 1919 in «Allgemeine Menschenkunde als Grundlage der Pädagogik» (GA 293); «Die Philosophie der Freiheit» (GA 4), Kap. IV und VI, I. Anhang 1918.

36 «Die Stufen der höheren Erkenntnis» (GA 12), Kap. «Inspiration und Intuition».

37 «Wie erlangt man Erkenntnisse der höheren Welten?» (GA 10); «Theosophie» (GA 9); «Anweisungen für eine esoterische Schulung» (GA 245), «Die Geheimwissenschaft im Umriß» (GA 13).

38 «Von Seelenrätseln» (GA 21), Kap. I und IV. / 6. S. auch Georg Kühlewind: «Das Leben der Seele zwischen Überbewußtsein und Unterbewußtsein», Kap. «Das Unterbewußte».

39 «Die Stufen der höheren Erkenntnis» (GA 12), Kap. «Die Inspiration»; G. Kühlewind: «Die Wahrheit tun», Kap. «Über die Reinheit des Strebens» und «Die zweite Stufe der Meditation».

40 Vortrag vom 1. 7. 1924 in «Esoterische Betrachtungen karmischer Zusammenhänge», dritter Band (GA 237).

41 Vortrag vom 27. 8. 1911 in «Weltenwunder, Seelenprüfungen und Geistesoffenbarungen» (GA 129).

42 Vortrag vom 14. 11. 1923 in «Der übersinnliche Mensch, anthroposophisch erfaßt» (GA 231); Vortrag vom 9. 9. 1922 in «Die Philosophie,

Kosmologie und Religion in der Anthroposophie» (GA 215); Vortrag vom 26. 10. 1908 in «Geisteswissenschaftliche Menschenkunde» (GA 107).

Rudolf Treichler: Seelische Entwicklung und geistige Schulung

1 Die vorliegende Abhandlung stellt eine Weiterführung dessen dar, was in dem Buch des Verfassers: «Die Entwicklung der Seele im Lebenslauf» (Stuttgart ²1982) über seelische Entwicklung und geistige Schulung besonders im letzten Kapitel dargestellt wurde.

2 R. Steiner: «Die Erziehung des Kindes vom Gesichtspunkte der Geisteswissenschaft», in: Luziger-Gnosis (GA 34. Auch als Einzelausgabe).

3 H. Thomae: «Psychologische Probleme des Erwachsenenalters». In «Universitas» 7/1957.

4 B. Lievegoed: «Lebenskrisen – Lebenschancen». München 1979.

5 R. Steiner: «Theosophie», Kap. «Vom Wesen des Menschen» (GA 9) und Vortrag vom 14. 3. 1910 in «Metamorphosen des Seelenlebens» (GA 59).

6 R. Treichler: «Die Entwicklung der Seele im Lebenslauf. Stufen, Störungen und Erkrankungen des Seelenlebens», Stuttgart ²1982. Taschenbuchausgabe, Frankfurt/M. 1984.

7 W. Hoerner: «Zeit und Rhythmus», Stuttgart 1978.

8 F. Seitelberger: «Handbuch der Kinderheilkunde», VIII. 1. S. 48, Berlin 1969.

9 W. Bühler: «Der Leib als Instrument der Seele», Stuttgart ⁹1984.

10 R. Steiner: Vorträge vom 30. 8. und 3. 9. 1919 in «Allgemeine Menschenkunde als Grundlage der Pädagogik» (GA 293).

11 R. Steiner/I. Wegman: «Grundlegendes für eine Erweiterung der Heilkunst nach geisteswissenschaftlichen Erkenntnissen», Kap. I (GA 27).

12 W. Holtzapfel: «Krankheitsepochen der Kindheit», S. 37, Stuttgart ⁴1984.

13 H. Müller-Wiedemann: «Mitte der Kindheit», S. 104, Stuttgart ²1980, Taschenbuchausgabe, Frankfurt/M. 1983.

14 R. Steiner: Vortrag vom 15. 6. 1919 in «Geisteswissenschaftliche Behandlung sozialer und pädagogischer Fragen» (GA 192).

15 R. Steiner: Vortrag vom 3.1.1922 in «Die gesunde Entwicklung des Leiblich-Physischen als Grundlage der freien Entfaltung des Seelisch-Geistigen» (GA 303).

16 R. Treichler: «Der schizophrene Prozeß», Stuttgart ²1981.

17 R. Steiner: Vortrag vom 15.4.1921 in «Geisteswissenschaftliche Gesichtspunkte zur Therapie» (GA 313).

18 R. Steiner: Vortrag vom 2.11.1910 in «Anthroposophie-Psychosophie-Pneumatosophie» (GA 115).

19 F. W. Zeylmans van Emmichhoven: «Die menschliche Seele», S. 107, Basel 1953. Der Ur-Teil wird hier noch etwas anders gesehen als von Zeylmans.

20 Weitere Aspekte vgl. H. Köhler: «Die Stille Sehnsucht nach Heimkehr. Zum menschenkundlichen Verständnis der Pubertätsmagersucht», Stuttgart 1987.

21 W. Bühler: «Meditation als Erkenntnisweg. Bewußtseinserweiterung mit der Droge», S. 30 ff., Stuttgart 1974. O. Koob: «Droge und Suchtentstehung». Soziale Hygiene, Bad Liebenzell 1981.

22 B. Lievegoed: «Lebenskrisen – Lebenschancen», S. 50 ff., vgl. Anm. 4.

23 N. Glas: «Das Antlitz offenbart den Menschen», S. 16, Stuttgart 1981.

24 R. Steiner: Vortrag vom 13.8.1921 in «Menschenwerden, Weltenseele und Weltengeist» (GA 206).

25 R. Steiner: «Die Philosophie der Freiheit», Kap. IX (GA 4).

26 R. Steiner: «Die Geheimwissenschaft im Umriß», Kap. «Gegenwart und Zukunft» der Welt- und Menschheitsentwicklung (GA 13).

27 V. Frankl: «Anthropologische Grundlagen der Psychotherapie», S. 13 u. 256, Bern 1975.

28 R. Treichler: «Grundzüge einer geisteswissenschaftlich orientierten Psychiatrie», in: Fr. Husemann / O. Wolff: «Das Bild des Menschen als Grundlage der Heilkunst», Bd. III, 3. Aufl. Stuttgart 1986.

29 «Der menschliche Charakter», in: «Metamorphosen des Seelenlebens» (GA 59).

30 E. Fucke: «Das anthroposophische Studium», S. 29, Stuttgart 1981.

31 R. Steiner: «Zwei Vorträge über Psychoanalyse», Vortrag vom 10.11.1917 (GA 178).

32 R. Steiner: Vortrag vom 4.11.1910 in «Psychosophie» (GA 115).

33 R. Steiner: «Die verborgenen Tiefen des Seelenlebens» (GA 61).

34 G. Kühlewind: «Das Leben der Seele zwischen Überbewußtsein und Unterbewußtsein», Stuttgart 1982.

35 R. Steiner: Vortrag vom 3. 11. 1910 in «Psychosophie» (GA 115).

36 R. Steiner: «Wie erlangt man Erkenntnisse der höheren Welten?» Kap. «Die Bedingungen zur Geheimschulung» (GA 10).

37 R. Steiner: «Die Geheimwissenschaft im Umriß», Kap. «Die Erkenntnis der höheren Welten» (GA 10). Vgl. a. die vorhergehenden Beiträge von J. Smit und G. Kühlewind.

38 O. Koob: «Erkennen und Heilen», S. 71 ff., Stuttgart 1984. R. Steiner: «Nervosität und Ichheit» (GA 143).

39 R. Steiner: «Die Mission der Wahrheit», in: «Metamorphosen des Seelenlebens» (GA 59).

40 R. Steiner: Vortrag vom 3. 10. 1922 in «Geistige Wirkenskräfte im Zusammenleben von alter und junger Generation» (GA 217).

41 G. Sheehy: «In der Mitte des Lebens», S. 303, Frankfurt/M. 1978.

42 R. Steiner: Vortrag vom 29. 5. 1917 in «Menschliche und menschheitliche Entwicklungswahrheiten» (GA 176).

43 H. E. Lauer: «Vom richtigen Altwerden», S. 44, Freiburg 1972.

44 M. Moers: «Die Entwicklungsphasen des menschlichen Lebens», S. 60 ff., Ratingen 1953.

45 R. Steiner: «Das Wesen des Egoismus», in: «Metamorphosen des Seelenlebens» (GA 59).

46 H. E. Lauer: «Vom richtigen Altwerden», S. 93 ff., s. Anm. 94.

47 G. Sheehy: «In der Mitte des Lebens», S. 251 ff., s. Anm. 92.

48 Ch. Bühler: «Die Psychologie im Leben unserer Zeit», S. 294 ff., Hamburg 1962.

49 R. Steiner: «Wie erlangt man Erkenntnisse der höheren Welten?», Kap. «Veränderungen im Traumleben» (GA 10).

50 R. Steiner: Vorträge vom 25., 26. 8. 1911 in «Weltenwunder, Seelenprüfungen und Geistesoffenbarungen» (GA 129).

51 B. Lievegoed: «Der Mensch an der Schwelle», S. 86 ff., Stuttgart 1985.

52 R. Steiner: Vortrag vom 24. 8. 1923 in «Initiationserkenntnis» (GA 227).

53 R. Steiner: Vortrag vom 7. 12. 1918 in «Die soziale Grundforderung unserer Zeit» (GA 186).

54 R. Steiner: «Wie erlangt man Erkenntnisse der höheren Welten?», Kap. «Die Erleuchtung» (GA 10).

55 R. Steiner: «Die Mission der Andacht», in: «Metamorphosen des Seelenlebens».

56 R. Treichler: «Lebenslauf, Seelenentwicklung und seelische Störungen», in: «Das Goetheanum», 1976, S. 2.

57 J. W. Goethe: «Gespräche mit Eckermann», Juli 1828.

58 R. Steiner: Vortrag vom 27. 12. 1911 in «Die Welt der Sinne und die Welt des Geistes» (GA 134).

59 R. Steiner: Vortrag vom 26. 12. 1921 in «Die gesunde Entwicklung...» (GA 303).

60 R. Steiner: Vortrag vom 16. 4. 1923 in «Die pädagogische Praxis vom Gesichtspunkte geisteswissenschaftlicher Menschenerkenntnis» (GA 306).

61 R. Steiner: «Brief an die Mitglieder» vom 12. 3. 1924 (GA 260 a).

62 R. Steiner: Vortrag vom 21. 8. 1923 in «Initiationserkenntnis» (GA 227).

63 G. Kühlewind: «Die Wahrheit tun», S. 68 ff., Stuttgart 1978.

64 R. Steiner: Vortrag vom 12. 5. 1914 in «Wie erwirbt man sich Verständnis für die geistige Welt?» (GA 154).

65 R. Steiner: Vortrag vom 26. 6. 1917 in «Menschliche und menschheitliche Entwicklungswahrheiten» (GA 176).

66 R. Steiner: 1. Leitsatz in: «Anthroposophische Leitsätze» (GA 26).

67 R. Steiner: Vortrag vom 26. 10. 1922 in «Anthroposophische Grundlagen für die Arzneikunst» (GA 314).

68 J. W. Goethe: Brief an Herder vom 17. 5. 1787.

69 R. Steiner: «Die Philosophie der Freiheit», Kap. V und VII (GA 4).

70 H. Witzenmann: «Intuition und Beobachtung», S. 25, Stuttgart 1978.

71 R. Steiner: «Die Schwelle der geistigen Welt», 2. Kap. (GA 17).

72 R. Steiner: Vortrag vom 24. 6. 1921 in «Menschenwerden, Weltenseele und Weltengeist» (GA 205).

73 F. Carlgren: «Der anthroposophische Erkenntnisweg», S. 140, Frankfurt/M. 1984.

74 P. E. Schiller: «Der anthroposophische Schulungsweg», S. 68 u. 113, Dornach 1979.

75 R. Steiner: Vortrag vom 20. 8. 1923 in «Initiationserkenntnis» (GA 227).

76 R. Steiner: «Gesundheit und Krankheit im Seelenleben», in: «Die Erkenntnis des Übersinnlichen in unserer Zeit» (GA 55).

77 H. Poppelbaum: «Im Kampf um ein neues Bewußtsein», S. 79, Freiburg / Br. 1948.

78 R. Steiner: Vortrag vom 19.8.1923 in «Initiationserkenntnis» (GA 227).

79 R. Steiner: Vortrag vom 29.3.1913 in «Welche Bedeutung hat die okkulte Entwicklung des Menschen für seine Hüllen und für sein Selbst?» (GA 145).

80 R. Steiner: Vortrag vom 6.12.1918 «Die soziale Grundforderung unserer Zeit» (GA 186).

81 R. Steiner: «Die Kernpunkte der sozialen Frage» (GA 23); vgl. auch den folgenden Beitrag von Chr. Lindenau.

82 R. Steiner: Vortrag vom 4.9.1915 in «Zufall, Notwendigkeit und Vorsehung» (GA 163).

83 R. Steiner: Vortrag vom 31.3.1920 in «Geisteswissenschaft und Medizin» (GA 312).

84 R. Steiner: Vortrag vom 27.8.1919 in «Allgemeine Menschenkunde...» (GA 293).

85 R. Steiner: Vortrag vom 1.10.1920 in «Grenzen der Naturerkenntnis» (GA 322).

86 Ebenda, Vortrag vom 30.9.1920.

87 R. Steiner: Vortrag vom 29.9.1923 in «Was wollte das Goetheanum und was soll die Anthroposophie?» (GA 84).

88 R. Steiner: «Theosophie», Kap. «Das Wesen des Menschen» (GA 9).

89 R. Steiner: «Die Stufen der höheren Erkenntnis», Kap. «Die Imagination» (GA 12).

90 R. Steiner: Vortrag vom 3.10.1920 in «Grenzen der Naturerkenntnis» (GA 322).

91 R. Steiner: «Der Lebenslauf des Menschen vom geisteswissenschaftlichen Gesichtspunkt», in «Die Erkenntnis des Übersinnlichen...» (GA 55).

92 Fr. Hiebel: «Novalis», Bern ²1972.

93 R. Treichler: «Friedrich Hölderlin. Leben und Dichtung, Krankheit und Schicksal», Stuttgart 1987.

94 R. Steiner: «Wie erlangt man Erkenntnisse der höheren Welten?» Kap. «Die Spaltung der Persönlichkeit» (GA 10).

95 R. Steiner: Vortrag vom 2.10.1920 in «Grenzen der Naturerkenntnis» (GA 322).

96 Novalis Fragment Nr. 1625. Näheres zum ärztlichen Aspekt bei:

R. Treichler: «Vom inneren Weg des Arztes», in: «Beiträge zu einer Erweiterung der Heilkunst», 2/1983.

97 R. Steiner: Vortrag vom 16. 8. 1924 über «Die Lebensalter als Auffassungsorgane» in «Das Initiatenbewußtsein» (GA 243).

98 R. Steiner: «Die Geheimwissenschaft im Umriß», Kap. «Wesen der Menschheit» (GA 13).

Christof Lindenau: Menscheninteresse

1 Dazu sei hier auf das Kapitel «Wesen der Menschheit» aus Rudolf Steiners «Geheimwissenschaft» hingewiesen.

2 Vortrag vom 12. 12. 1918 in «Die soziale Grundforderung unserer Zeit» (GA 186).

3 Vgl. dazu auch: Christof Lindenau: «Die Keimkräfte der sozialen Dreigliederung und ihre Pflege», Bad Liebenzell 1983, und «Soziale Dreigliederung: Der Weg zu einer lernenden Gesellschaft», Stuttgart 1983.

4 Vortrag vom 21. 9. 1920 in «Meditativ erarbeitete Menschenkunde» (GA 302).

5 In «Luzifer-Gnosis» (GA 34).

Literaturhinweise

Nachfolgend werden die wichtigsten Werke Rudolf Steiners aufgeführt, in denen er über die Meditation und den Schulungsweg spricht. Sie sind in der Rudolf Steiner Gesamtausgabe (GA) des Rudolf Steiner Verlages, Dornach erschienen.

1. Schriften

«Theosophie. Einführung in übersinnliche Welterkenntnis und Menschenbestimmung» (1904, 30. Aufl. 1978, GA 9). Kap. «Der Pfad der Erkenntnis».

«Wie erlangt am Erkenntnisse der höheren Welten?» (1904, 22. Aufl. 1975, GA 10).

«Die Stufen der höheren Erkenntnis» (1905, 6. Aufl. 1979, GA 12).

«Die Geheimwissenschaft im Umriß» (1910, 26. Aufl. 1977, GA 13). Kap. «Die Erkenntnis der höheren Welten».

«Ein Weg zur Selbsterkenntnis des Menschen. In acht Meditationen» (1912, 6. Aufl. 1968, GA 16).

«Die Schwelle der geistigen Welt. Aphoristische Ausführungen» (1913, 6. Aufl. 1972, GA 17).

«Kosmologie, Religion und Philosophie» (1922, 3. Aufl. 1979, GA 25).

«Anthroposophische Leitsätze. Der Erkenntnisweg der Anthroposophie – Das Michael-Mysterium» (1924/25, 8. Aufl. 1982, GA 26).

«Philosophie und Anthroposophie. Gesammelte Aufsätze 1904–1923» (2. Aufl. 1984, GA 35).

2. Öffentliche Vorträge

«Metamorphosen des Seelenlebens. Pfade der Seelenerlebnisse» (1909/ 10, 1. Aufl. 1984, GA 58/59).

Des weiteren spricht Rudolf Steiner in vielen der sogenannten «Architektenhausvorträge (Berlin 1903–1918, GA 52–67) über die Meditation und den Schulungsweg.

«Was wollte das Goetheanum und was soll die Anthroposophie?» (1923/ 24, 2. Aufl. 1986, GA 84).

3. Vorträge vor Mitgliedern der Anthroposophischen Gesellschaft

«Ursprungsimpulse der Geisteswissenschaft» (1906/07, 1. Aufl. 1974, GA 96).

«Das christliche Mysterium (1906/07, 2. Aufl. 1981, GA 97).

«Anthroposophie-Psychosophie-Pneumatosophie» (1909–1911, 3. Aufl. 1980, GA 115).

«Makrokosmos und Mikrosmos» (1910, 2. Aufl. 1962, GA 119).

«Wiederverkörperung und Karma und ihre Bedeutung für die Kultur der Gegenwart» (1912, 3. Aufl. 1978, GA 135).

«Welche Bedeutung hat die okkulte Entwicklung des Menschen für seine Hüllen – physischen Leib, Ätherleib, Astralleib – und sein Selbst?» (1913, 4. Aufl. 1976, GA 145).

«Die Philosophie, Kosmologie und Religion in der Anthroposophie» (1922, 2. Aufl. 1980, GA 215).

«Initiationserkenntnis» (1923, 3. Aufl. 1982, GA 227).

«Anthroposophie. Eine Zusammenfassung nach einundzwanzig Jahren» (1924, 5. Aufl. GA 234).

«Das Initiatenbewußtsein» (1924, 4. Aufl. 1983, GA 243).

«Anweisungen für eine esoterische Schulung» (1903–1914, 5. Aufl. 1979, GA 245).

Rudolf Steiner spricht in vielen weiteren Vorträgen immer wieder über den anthroposophischen Schulungsweg und die Meditation. Einen ersten Überblick gibt die Auswahl:

«Wege der Übung» (Ausgewählt und herausgegeben von Stefan Leber, 3. Aufl. Stuttgart 1984).

Über die Autoren:

Jörgen Smit, geboren 1916 in Bergen/Norwegen. 30 Jahre Waldorflehrer in Norwegen, dann Leiter des pädagogischen Seminars in Järna/Schweden. Seit 1975 Vorstandsmitglied am Goetheanum. Leiter der pädagogischen Sektion und der Jugendsektion. Internationale Vortragstätigkeit.

Georg Kühlewind, geboren 1924, studierte zuerst Wirtschaftswissenschaft, danach Naturwissenschaft und war 30 Jahre als Hochschullehrer an einer Technischen Universität tätig. Intensive Forschungsarbeit für Technik und Industrie. Vortrags- und Kurstätigkeit.

Rudolf Treichler, geboren 1909, nach dem Medizinstudium Facharztausbildung in Psychiatrie und Neurologie. Von 1959 bis 1974 ärztliche Leitung der Friedrich-Husemann-Klinik in Buchenbach bei Freiburg. Leiter der psychiatrischen Hochschulwochen am Goetheanum in Dornach. Vortrags- und Kurstätigkeit.

Christof Lindenau, geboren 1928, ist Leiter des Arbeitszentrums Nordrhein-Westfalen der Anthroposophischen Gesellschaft in Deutschand. Forschungsarbeit auf dem Gebiet der sozialen Dreigliederung. Vortrags- und Kurstätigkeit.

RUDOLF STEINER THEMENTASCHENBÜCHER
THEMEN AUS DEM GESAMTWERK

VERLAG FREIES GEISTESLEBEN